ÁGUA POR TODOS OS LADOS

LEONARDO PADURA

ÁGUA POR TODOS OS LADOS

SELEÇÃO E EDIÇÃO DOS TEXTOS
LUCÍA LÓPEZ COLL

TRADUÇÃO
MONICA STAHEL

© desta edição, Boitempo, 2020
© Leonardo Padura, 2019

Título original: *Agua por todas partes*
Published by agreement with Tusquets Editores, Barcelona, Spain

Direção-geral	Ivana Jinkings
Edição	Thais Rimkus
Tradução	Monica Stahel
Assistência editorial	Carolina Mercês
Revisão	Carolina Hidalgo Castelani
Coordenação de produção	Livia Campos
Capa	Ronaldo Alves
Diagramação	Antonio Kehl

Equipe de apoio Artur Renzo, Débora Rodrigues, Dharla Soares, Elaine Ramos, Frederico Indiani, Heleni Andrade, Higor Alves, Isabella Marcatti, Ivam Oliveira, Kim Doria, Luciana Capelli, Marina Valeriano, Marissol Robles, Marlene Baptista, Maurício Barbosa, Pedro Davoglio, Raí Alves, Tulio Candiotto

---

CIP-BRASIL. CATALOGAÇÃO NA PUBLICAÇÃO
SINDICATO NACIONAL DOS EDITORES DE LIVROS, RJ

P141a
Padura, Leonardo
  Água por todos os lados / Leonardo Padura ; tradução Monica Stahel ; seleção e edição de textos Lucía López Coll. - 1. ed. - São Paulo : Boitempo, 2020.

  Tradução de: Agua por todas partes
  ISBN 978-65-5717-004-5

  1. Criação (Literária, artística, etc.). 2. Ensaios cubanos. I. Stahel, Monica. II. Coll, Lucía López. III. Título.

20-65529
CDD: 868.992314
CDU: 82-4(729.1)

Meri Gleice Rodrigues de Souza - Bibliotecária - CRB-7/6439

É vedada a reprodução de qualquer parte deste livro sem a expressa autorização da editora.

1ª edição: agosto de 2020

BOITEMPO
Jinkings Editores Associados Ltda.
Rua Pereira Leite, 373
05442-000 São Paulo SP
Tel.: (11) 3875-7250 | 3875-7285
editor@boitempoeditorial.com.br | www.boitempoeditorial.com.br
www.blogdaboitempo.com.br | www.facebook.com/boitempo
www.twitter.com/editoraboitempo | www.youtube.com/tvboitempo

Sumário

Descomedimento, singularidade e escrita 9

Primeira parte: A maldita circunstância da água por todos os lados 15

A cidade e o escritor 19

O *reguetón* de Havana 29

A maldita circunstância da água por todos os lados 37

A geração que sonhou com o futuro 51

Sonhar em cubano: crônica em nove *innings* 65

Fotos de Cuba 79

Eu gostaria de ser Paul Auster 85

Segunda parte: Para que se escreve um romance? 91

O sopro divino: criar um personagem 97

O romance que não foi escrito. Adendos a *O homem que amava os cachorros* 107

A liberdade como heresia 143

O romance da sua vida. José María Heredia ou a escolha da pátria 169

Para que se escreve um romance? 203

Terceira parte: Vocação e possibilidade 227
Cuba e a literatura: vocação e possibilidade 231
Revolução, utopia e liberdade em *O século das luzes* 239
Virgilio Piñera: história de uma salgação 263
Havana nossa de cada dia 273

Descomedimento, singularidade e escrita

Com insistente frequência, jornalistas de diversos lugares do mundo me perguntam sobre as razões de minha decisão sobre continuar escrevendo e vivendo em Cuba. O que Cuba tem ou não tem para ser tão importante perguntar a um escritor os motivos pelos quais ele vive em *seu* país? O que há de intrigante na decisão de se fixar no próprio e escrever a partir do pertencimento, da proximidade e da intimidade? Penso que, se tivesse optado por viver fora de meu país, decerto a pergunta sobre por que escolhi sair, estabelecer-me em outro lugar, exilar-me talvez, seria muito mais pertinente e lógica. Porque o que deveria ser normal, apesar dos pesares que houvesse (e há), seria um escritor cubano viver em Cuba. O contrário, pelas causas que o tivessem influenciado ou decidido, é que seria – e é – extraordinário.

É claro que posso inferir que a conjuntura política e a complexa singularidade da existência cotidiana ou a soma de peculiaridades históricas e presentes que envolvem a vida cubana podem causar tal curiosidade jornalística. Mas, ao mesmo tempo, esse acúmulo de particularidades e originalidades, e até de dificuldades e carências, também pode funcionar como um ímã capaz de atrair o escritor para sua geografia, sua cultura, sua circunstância, que pode ser altamente dramática e, às vezes, definitivamente sufocante. E de passagem, mas com igual importância, implica confrontá-lo com o ato fundamental de exercício do arbítrio contido na decisão de abandonar seu território (às vezes para sempre) ou permanecer e escrever nele e sobre ele. Este último é meu caso: sou um escritor cubano que vive e escreve em Cuba porque não posso e não quero ser outra coisa, porque (e sempre posso dizer que apesar dos mais diversos pesares) preciso de Cuba para viver e escrever.

Mas o que tem Cuba, o que é Cuba? Quando me fazem essas perguntas costumo repetir que Cuba é um país maior que a geografia da ilha. A política, a cultura, a economia e o esporte cubanos têm projeções às vezes universais, e, quer o assuma ou não cada cubano pessoalmente, a verdade é que essa condição funciona como algo que nos afeta, nos define. Ainda mais quando alguém é escritor e pretende entender e dizer algo de seu país e da gente que o habita...

É fato constatado que, desde o tempo em que o domínio espanhol se estendia por territórios africanos, asiáticos e americanos, Cuba e sua capital, Havana, foram, pela localização geográfica, peça significativa de um império no qual "o sol nunca se punha". "Chave do Golfo (do México)" e "Antemural das Índias (Ocidentais)", assim foi chamada a ilha na qual chegou a estar a terceira cidade mais importante da América colonial, apenas superada pelas grandes capitais vice-reais do México e do Peru.

Depois das independências latino-americanas concretizadas no início do século XIX, Cuba, outras vezes chamada "Pérola do Caribe", tornou-se o território mais dinâmico e próspero do reduzido império ibérico, possessão de onde saíam muitas das riquezas que tanto ajudavam a manter a corte madrilena e a economia peninsular. No entanto, a prosperidade econômica e a privilegiada geografia cubanas também foram, às vezes, fonte de suas maiores desgraças: por essa razão a ilha não se tornou uma nação independente na mesma ocasião que as demais repúblicas americanas, e a emancipação, finalmente alcançada depois de longos anos de guerra, sofreu uma ingerência militar estadunidense oportunista que coroaria sua pretensão de invasão com uma emenda constitucional que dava aos Estados Unidos o poder de intervir nos assuntos internos da justamente denominada "república mediatizada", que finalmente nasceu em 1902.

Contudo, a ilha, tão afagada e ao mesmo tempo tão fustigada pela história, ainda teria um destino que a lançaria com mais força em seu descomedimento e sua singularidade: uma revolução que triunfa em janeiro de 1959 e logo começa a mudar tudo, que em 1961 declara seu caráter socialista e que, ainda hoje, cem anos depois da Revolução de Outubro e um quarto de século após o desaparecimento da União Soviética e de qualquer rastro de socialismo real na Europa do Leste, continua mantendo sua condição de Estado de economia e política socialistas, ao estilo do projeto utópico do século XX.

Em meio a todas essas tensões e esses descomedimentos, a peculiaridades e singularidades, foi-se forjando um caráter ou um espírito que condiz com tais atributos: porque o pertencimento nacional cubano, o fato de ser cubano, acarreta grandes doses desses descomedimentos e dessas peculiaridades.

Não por acaso, mas respondendo a essa conjuntura, Cuba foi forjando mitos que, em muitos casos, correspondem a uma verdade comprovável. Podemos lembrar alguns: onde se produz o melhor tabaco do mundo? Quantos runs são melhores que os produzidos nas fábricas de Santiago de Cuba? Acaso a música cubana não é reconhecida, ouvida, dançada em todo o planeta? Não foi o cubano José Raúl Capablanca o mais genial dos campeões mundiais de xadrez e um dos poucos que não nasceu na Rússia? Não seria Alicia Alonso uma figura mundial do balé, talvez a mais excelsa Giselle de todos os tempos? Não foi notícia mundial o restabelecimento de relações entre Cuba e os Estados Unidos e, pouco depois, a morte de Fidel Castro? Não coube a Cuba, em 1961, ser o primeiro país da América Latina isento de analfabetismo e, em 1962, o epicentro da Crise dos Mísseis, momento em que o mundo esteve mais perto da guerra nuclear? Não foi o cubano Javier Sotomayor o homem que atingiu maior altura sobre a terra apenas com o impulso de suas pernas? Não seria Varadero a praia mais bonita do Caribe? E nós, homens cubanos (e não só os cubanos), não achamos que nossas compatriotas, sínteses de tantos sangues, são as mulheres mais belas da Terra? Então, somos ou não somos descomedidos…?

Para um escritor, todo o peso dessa singularidade e dessas evidências extremas pode ser um desafio extenuante. Assumir, entender e tentar expressar alguma essência da peculiaridade cubana implica um desafio cultural e criativo que não podemos evitar e que só se consegue expressar quando se encontra não sua singularidade tão visível e limitada, mas a universalidade que a expande e a torna permanente. E esse é o desafio que, como escritor, aceitei.

Por isso, quando me perguntam por que vivo e escrevo em Cuba, tenho diversas respostas possíveis a oferecer. Prefiro, porém, a mais simples: porque sou cubano e tenho um alto senso do que esse pertencimento significa. Talvez meu caso seja excessivamente exemplar quanto a essa defesa da permanência, porque milito, aos sessenta anos, na rara espécie de indivíduo moderno que ainda mora na mesma casa em que nasceu, em um bairro da periferia havanesa, o mesmo bairro da periferia de Havana em que nasceram meu pai, meu avô e meu bisavô.

É fácil concluir que sempre me senti *mantillero**, mas também sou um escritor havanês – e, portanto, cubano, porque as peculiaridades e as tribulações da história e da vida cubanas são meus alimentos artísticos. No entanto, até mesmo para mim, em geral é difícil entender as essências cubanas; e expressá-las literariamente é um verdadeiro desafio. O simples fato de viver e escrever num país de sistema

---

* De Mantilla, bairro de Havana. (N. T.)

político socialista e monopartidário começa a complicar as coisas. Mas, se nesse país a realidade muda e ao mesmo tempo não muda em seus fundamentos, as dificuldades se multiplicam.

Nos últimos anos, Cuba entrou num lento processo de renovação de algumas de suas estruturas econômicas. No calor dessas variações, a ilha atingiu a condição de destino da moda ao qual chegam cada vez mais visitantes, inclusive viajantes estadunidenses que, com sua presença e suas exigências, vão alterando a fisionomia do país, de suas cidades, e até mesmo a maneira de pensar, agir e viver de muita gente. Hoje Havana abre hotéis de todas as estrelas possíveis e lojas para vender artigos de luxo, enquanto a avenida do Malecón, em frente do mar, é percorrida por turistas a bordo de dezenas de reluzentes carros conversíveis fabricados há mais de sessenta anos nos Estados Unidos (a cem dólares por hora de passeio), enquanto se abrem restaurantes privados com produtos que chegam a preços parisienses e se vendem (ou se pretendem vender) Toyotas japoneses a trezentos mil dólares e Peugeots franceses a duzentos e cinquenta mil.

Nessa mesma cidade, nesse mesmo país, no entanto, a maioria dos trabalhadores recebe salários oficiais que, em média, somam por volta de vinte e cinco ou trinta dólares mensais, e, até onde sei, ninguém morre de fome embora muitos vivam com a barriga roncando e outros tantos procurem os caminhos da emigração como solução para seus problemas. Como os cubanos conseguem sobreviver? Graças à arte de "resolver" e à prática da "inventividade", denominações eufemísticas das mais diversas e arrevesadas estratégias de sobrevivência, legais ou ilegais.

Desse amálgama do insólito, do inexplicável ou incompreensível, do cotidiano e do repudiável brotam outras novas peculiaridades e singularidades que podem funcionar como imagens próprias de um país e de uma cultura, e também como matéria-prima para a criação artística, não só literária.

Para um escritor que, como eu, vive e escreve em Cuba, a cercania da realidade do país e os pressentimentos da sociedade constituem elementos próximos, pois a vida cotidiana de meus compatriotas é, em muitos sentidos, também a minha. Como a maioria dos cubanos, não tenho acesso normal à internet, e a falha do *modem* de meu computador é uma tragédia familiar, laboral, existencial. Essa proximidade, no entanto, não me isenta de certas reações de estranhamento e de incapacidade de processar e compreender o mundo que me rodeia e do qual sou parte, como cidadão cubano. Essa conjuntura estranha talvez sirva, inclusive, para alentar certa responsabilidade artística e cidadã por tentar expressar e definir uma realidade alterada e difícil, na qual nossas palavras às vezes têm pouco ou nenhum espaço (edições limitadas de livros, difícil acesso aos meios de imprensa oficiais), e decerto a missão de tentar perpetuar as condições do descomedimento que nós, cubanos, vivemos neste momento. Também por isso permaneço e escrevo em Cuba. E talvez os textos que se seguem ajudem a entender como vivo, como escrevo, por que pertenço.

Mantilla, setembro de 2018

Primeira parte
A maldita circunstância da água por todos os lados

Uma revista de viagens que se propunha a exaltar as qualidades de Havana como destino turístico me pediu uma entrevista. Quando finalmente chegamos a um acordo quanto a dia e hora para o diálogo, a jovem repórter me disse: "Queremos que nos fale de um lugar de Havana que seja significativo para o senhor. Não importa que seja um ponto turístico. Só que seja havanês e importante para o senhor ou sua literatura".

Numa semana em que estava sobrecarregado de trabalho, mal prestei atenção na delimitação temática e, na tarde em que a jornalista chegou à minha casa para consumar o diálogo, quando eu soube da condição anunciada anteriormente, num minuto decidi e propus que, se não precisava ser um ponto turístico, para mim o lugar mais significativo de Havana era Mantilla, o bairro em que estávamos. Assim, sem mais interrogações, comecei a lhe falar de meu bairro natal, que é o de meus bisavós, meus avós, meu pai e quase toda a família Padura cubana. Contei como fora o bairro e enumerei o que restava do que havia sido. Como crescera e como se degradara. Eu disse que, se moro aqui, inclusive na mesma casa em que nasci, isso se deve, sobretudo, a uma razão essencialmente pessoal: é o lugar ao qual *pertenço* e onde muita gente ainda me identifica como filho de Nardo e Alicia, meus pais, muito mais conhecidos, importantes e populares que eu.

Mantilla, devo alertar novamente, é um bairro sem atrativos especiais (ou sem nenhum atrativo, segundo minha mulher, a quem condenei a viver aqui já por trinta anos), que se ergue na periferia sul de Havana, longe do mar, que corre ao norte junto ao Malecón. Como digo em alguns textos meus sobre o pertencimento, ainda hoje é um lugar onde, quando alguém se desloca para o centro, diz: "Vou a Havana". Mantilla é e não é Havana. Mantilla é Mantilla.

Mantilla é minha. E com Mantilla, ou a partir de Mantilla, me apropriei da cidade toda: a cidade em que nasci, cresci e vivo; onde há quarenta anos escrevo, me deleito e sofro; com uma conexão precária ou inexistente de internet, com vizinhos que gostam de ouvir música a todo volume (até põem a todo volume um barulho que se chama *reguetón*), o bairro em que caminho por ruas arruinadas e lixeiras transbordantes (embora, na verdade, esse não seja um privilégio de Mantilla, mas de todo o país). Enfim, a cidade que cobre tantas páginas nos romances de minha vida e nas obsessões de minhas reflexões e necessidades que exprimem um pertencimento cubano e havanês: *mantillero*.

Contam que, em certa ocasião, alguém perguntou à poeta Dulce María Loynaz, durante anos enclausurada em sua casa havanesa, por que decidira permanecer na ilha. E, mulher sábia que era, ela respondeu: "Porque cheguei primeiro".

A cidade e o escritor

1

O Malecón de Havana é um parapeito de blocos de cimento e concreto armado que corre pela margem norte da cidade, de frente para a corrente quente do golfo do México, e estende sua sólida estrutura desde os territórios da baía protetora, onde se fundou a vila, em 1519, até o fim do outrora aristocrático bairro de El Vedado, a oeste, justamente onde a cidade terminava quando nasceu o século XX e se iniciou a construção da barreira marinha. Margeando o muro do Malecón há uma calçada generosa, vez ou outra desgastada pela maresia e pelas ondas. Para além, corre uma faixa de asfalto de até seis pistas, por onde havaneses e forasteiros dão a vida por um passeio num carro conversível, à velocidade máxima permitida, inalando em igual proporção o escapamento de outros carros e a brisa que chega do mar.

Mas o Malecón não é apenas a marca física ou arquitetônica mais característica da capital da ilha de Cuba: é, sobretudo, a linha que marca o início ou o fim da cidade (e para muitos do país), dependendo do ponto de vista. Aos que sonham em ir embora para outro lugar do mundo amplo e alheio, é o início; a nós que nascemos nessas paragens e, por qualquer razão, decidimos permanecer aqui, é o fim do que é próprio, a última fronteira. Porque o muro do Malecón havanês constitui a evidência mais palpável de nossa insularidade geográfica e existencial: nessa longa serpente pétrea, sente-se, como em nenhum outro lugar, a evidência de que vivemos cercados de água, contidos pela água, condição que ninguém definiu melhor que o poeta Virgilio Piñera: "A maldita circunstância da água por todos os lados"*.

---

* Neste volume, as citações de textos escritos por Leonardo Padura publicados pela Boitempo foram aproveitadas; as demais foram traduzidas conforme o original de *Agua por todas partes*. (N. E.)

2

Mantilla é um bairro que começou a se formar no fim do século XIX, na periferia de Havana, longe do mar, à margem do velho caminho real. Como meu pai, meu avô, meu bisavô, nasci em Mantilla e, nesse bairro cada vez mais deteriorado e despersonalizado pela modernidade e por uma longa negligência, passei toda a vida. Mais ainda: faço parte da rara espécie das pessoas que sempre viveram na casa em que nasceram – a casa que meus pais construíram em 1954 e onde estou há sessenta e dois anos. Minha casa.

Creio que o fato de ter nascido e vivido num bairro da periferia no qual se estabeleceu, três ou quatro gerações antes da minha, um antecessor com meu sobrenome basco (mas vindo só Deus sabe de onde) e no qual desde então palpitou o coração de uma estirpe obstinada (o que confirma a remota origem basca da família) contribuiu em boa medida para me forjar um caráter e, sobretudo, um senso de pertencimento. Porque, mais que cubano, mais que havanês, sempre me senti *mantillero* – e, a partir dessa qualidade, que para outros pode ser insignificante, enxerguei a vida e a cidade, senti o que costumamos chamar de pátria e fiz minha literatura. A partir desse pertencimento obstinado decidi permanecer em minha circunstância e escrever nela e sobre ela.

3

Escrever nunca é fácil. Pretender ser escritor é quase uma loucura. Ou uma condenação. Ser escritor havanês implica, além do mais, um desafio.

Havana é uma cidade que se construiu com pedras e com palavras. Poucas urbes do mundo podem ostentar origem tão literária como a capital cubana. Foi nas primeiras décadas do século XIX, quando Cuba ainda era colônia do desmantelado império espanhol de ultramar, o momento mágico em que um grupo de escritores resolveu criar uma imagem do país possível e se empenhou no projeto espiritual da cidade de Havana. Para eles, era necessário ter uma imagem da nação que já começávamos a ser, e essa imagem teria como cenário uma cidade. Entre o mar impenetrável e os edifícios erguidos pelos homens, aqueles escritores liminares, fundadores conscientes da espiritualidade havanesa e cubana, colocaram personagens, crioulos e forasteiros, brancos e negros, ricos e pobres, bons e maus, que começaram a dar forma singular e modos de expressão a um ser nacional que, entre peculiaridades e estigmas, teve a condição da insularidade e o espaço urbano havanês como território cabal das confluências físicas e existenciais.

Desde aqueles tempos de fundação, a literatura, em especial o romance, encarregou-se de ir conformando e definindo a imagem e a espiritualidade da cidade e, por extensão, do país. Personagens, conflitos, cenários foram se mesclando e se solidificando em busca de uma identidade própria que se foi tornando densa e intensa com o passar do tempo. Durante um século e meio, os romancistas cubanos se empenharam nessa construção que sentiram imprescindível.

Nos últimos trinta anos, em contrapartida, os escritores trabalham na desconstrução da cidade: as ruínas físicas e as perdas morais da urbe tiveram reflexo na arquitetura e expressão verbal na literatura e fizeram-se ainda mais indeléveis graças a ela, à literatura que escrevemos, como um rompimento. E, como peso específico decisivo, sempre apareceu a condição insular: o território limitado, o senso do isolamento. Também não é estranho que tantos personagens de romances e contos cubanos procurem escapatória para além-mar. Menos inexplicável foi que muitos escritores tenham feito as malas e buscado outra vida em outro lugar, para além do Malecón, para além da maldita circunstância sentida por um personagem de Alejo Carpentier:

> Carlos pensava, aflito, na vida rotineira que agora o esperava [...], condenado a viver naquela urbe ultramarina, ilha dentro de uma ilha, com barreiras de oceano fechadas para toda aventura possível [...]. O adolescente padecia como nunca, naquele momento, a sensação de confinamento que produz viver numa ilha; estar numa terra sem caminhos para outras terras aonde se pudesse chegar rodando, cavalgando, caminhando, passando fronteiras...

Com dolorosa frequência os jornalistas me perguntam por que fiquei na cidade, na ilha, talvez no confinamento. E minha resposta é sempre a mesma: apesar dos pesares, não sou outra coisa que não um escritor cubano e tenho necessidade de Cuba para escrever. Simples assim.

4

Para mim, os dois escritores mais importantes da literatura cubana do século XX foram, sem dúvida, Alejo Carpentier (1904-1980) e José Lezama Lima (1910-1976).

Carpentier afirmou em mais de uma oportunidade sua condição de cubano e havanês. Por exemplo, em 1963 ele começava uma entrevista comentando: "Realmente, meu pai era francês, e posso dizer sem ironia que o fato de eu ter nascido em Cuba e ser um escritor cubano de expressão espanhola se deve ao caso Dreyfus". Lembro-me de ter lido em outro lugar que o romancista afirmava que sua chegada ao mundo acontecera na *calle* Maloja ou de La Maloja, rua muito havanesa, e até dava o número da casa natal. Ao que parece, entretanto, Alejo Carpentier, filho de francês e russa, nasceu em Lausanne, não em Havana, aonde chegou muito criança. Por que o escritor precisou reafirmar sua indubitável *cubanía**, seu profundo pertencimento havanês, ocultando por décadas que nascera na Europa? Seja qual for a razão, ninguém poderá negar que, por sua relação literária com a cidade, Carpentier talvez tenha sido o mais havanês dos autores havaneses.

Lezama Lima, por sua vez, nasceu num acampamento militar localizado na região que, no início do século XX, eram os arredores da cidade. Enquanto Carpentier viveu longos períodos fora da ilha, Lezama só viajou para o estrangeiro uma vez – e para a Jamaica, ilha vizinha.

Durante sua estada em Cuba, María Zambrano conta:

> Os dez poetas do grupo Orígenes de Lezama e sua revista [...] me foram apresentados. Pediram-me ajuda para que seu trabalho tivesse o reconhecimento que merecia. Prometi-lhes que o faria em minhas colaborações em revistas de prestígio da América e da Europa. Um dos dez, Cintio Vitier, me respondeu: "Não, María; nós somos daqui, queremos ser reconhecidos aqui". [...] Esse ser "daqui" ecoou em mim avassaladoramente; esse "aqui" era o lugar universal que eu havia pressentido e sentido na presença de José Lezama Lima, que nunca desejara exilar-se. Ele era de Havana como Santo Tomás era de Aquino e Sócrates era de Atenas. Ele acreditou em sua cidade.[1]

5

O exílio tem sido uma das constantes da literatura cubana: depois da busca do próprio, da definição de uma identidade, por meio de seus traumas, talvez a diáspora constitua sua constante primeira e mais permanente. Viveu e escreveu no exílio o primeiro poeta cubano, que, por ser poeta, foi também o primeiro a cantar a pátria e sua distância, a nostalgia e o desarraigamento. Vinte e nove de seus trinta e cinco anos de vida, José María Heredia passou fora da terra que

---

* Termo intraduzível, não dicionarizado em espanhol. O poeta e etnólogo cubano Miguel Barnet define-o por contraste com *cubanidad*: "*cubanidad* é a qualidade do cubano. E *cubanía* é a vocação de ser cubano". (N. T.)

[1] Prólogo à edição de *Paradiso* (México, Fondo de Cultura Económica, s./d.).

elegeu como sua pátria – passou tanto tempo no México que o México o disputa como seu. Viveram distantes por muitos anos Cirilo Villaverde, José Martí, Alejo Carpentier, Guillermo Cabrera Infante, Reinaldo Arenas, Eliseo Alberto. Hoje vivem distantes Abilio Estévez, Karla Suárez, Emilio García Montiel e várias dezenas de escritores cubanos. Mas, como o fundador Heredia, nenhum deles conseguiu nem consegue ir embora completamente. A ilha e a cidade os perseguiram e perseguem em suas peregrinações. Alguns deles, de tanto voltar os olhos, transformaram-se em estátuas de sal.

Mais que dramático, o pertencimento é trágico: dentro há a sensação de confinamento; fora, a praga da nostalgia. Para muitos, não há meio-termo.

6

Um escritor é um armazém de memórias. Escreve-se vasculhando as próprias memórias e as memórias alheias, adquiridas pelas mais diversas estratégias de apropriação. A partir daí, o romancista cria um mundo. "... Construir um mundo quer dizer construir as ramificações de cumplicidade que existem entre os personagens que você utiliza, as citações, os mitos, as referências, os lugares simbólicos, os lugares da memória", conforme disse Manuel Vázquez Montalbán, que devidamente achava que, como escritor, um romancista não é de um país, mas de uma cidade.

A cidade é então o mercado livre do qual se nutre o armazém de memórias e de lugares simbólicos do escritor, muitas de suas referências, o local material do qual ele não pode se distanciar (e não estou falando de imediações ou distâncias apenas físicas), sob pena de perder a memória e perder tudo. Ou quase tudo.

7

Havana é minha cidade e por isso pode me provocar uma mescla de pertencimento e alienação viscerais. Eu me identifico e comungo com lugares por alguma razão entranháveis – começando pelo Malecón e por meu bairro anódino da periferia, aos quais posso acrescentar o Paseo del Prado, a região outrora aristocrática de El Vedado, as ruas sombrias e às vezes fétidas da Habana Vieja (colonial), os parques do bairro de La Víbora, o grande estádio de beisebol. Arquiteturas que remetem a épocas, economias, estilos, funções diversas, embora todas carregadas de valores simbólicos talvez gerais, sem nenhuma dúvida individuais. São as colunas de minha cidade das entranhas, por isso entranhável.

Dramaticamente e ao mesmo tempo, sinto a ardilosa evidência de que esta cidade na qual nasci e vivo, à qual pertenço e da qual escrevo, começa a ser um lugar alheio, que me rechaça e que eu rechaço, que se empenha em maltratar minhas lembranças e nostalgias. Talvez porque envelhecemos e nossas percepções físicas e espirituais mudam. Talvez porque minha cidade esteja se transformando em outra cidade dentro da mesma cidade.

Antes eu disse que sou um escritor cubano, e essa afirmação é uma verdade e uma mentira. Porque na percepção de outro escritor que acato, da qual me aproprio e que volto a citar, mais que a um país, o romancista pertence a uma cidade. Uma cidade que é física, mas é também, sobretudo, um estado de espírito e um repositório de histórias, próprias por serem vividas ou por terem sido adquiridas graças a leituras e confidências. Um cofre aberto no qual se conservam pertences e do qual desaparecem ou em que se consomem propriedades das quais procuramos não nos desprender.

8

Uma cidade são também seus sons, cheiros e cores: Jerusalém é da cor do deserto e cheira a especiarias. Amós Oz o sabe. O som de Nova York é a sirene de uma ambulância, de um carro de bombeiros, de uma patrulha policial. John dos Passos o padeceu, Paul Auster o padece. O bairro espanhol de Nápoles cheira a café fresco. Roberto Saviano o apreciou.

Minha Havana soa a música e carros velhos, cheira a gás e a mar, e sua cor é o azul.

9

Meu senso de pertencimento a Mantilla e a Havana fez de mim o escritor que sou e me induziu a escrever o que escrevo. Minha cidade é uma mescla do lugar em que vivi com o território percorrido por meus avós e meus pais. É integrada por uma memória daquela Havana em que eles viveram até o fim ou de onde partiram – também até o fim – tantos escritores que me antecederam, que contribuíram para forjar sua imagem e sua alma, para dar voz a suas ruas e suas edificações, escritores que me acompanharam, que me foram sucedendo em meu tempo vital. Além disso, compõem-na a luz dos cabarés e o ritmo da música, as cores e as visões de tantos pintores. As obras de tantos construtores, desde o tal Bautista Antonelli, que ergueu as primeiras fortalezas coloniais, até meu pai, que ergueu minha casa. É a cidade dos grandes jogos de beisebol sobre os quais li ou que presenciei. E, é claro, é a Havana do Malecón, de onde sinto a presença envolvente do mar e a sensação de que algo próprio termina depois de se ter esparramado por três pontos cardeais.

Meu pertencimento a esta cidade, mais que dramático ou trágico, é essencial, como uma condenação: sou porque pertenço.

O senso do pertencimento surpreendeu-me quando eu ainda não sabia que o tinha ou o teria. Começou a se forjar como uma necessidade de busca das origens, em que me empenhei por décadas. Apoderou-se de mim com o estudo da vida e da obra de Inca Garcilaso de la Vega, o escritor que não sabia a onde e a que pertencia porque estava inaugurando um pertencimento até então inexistente: o hispano-americano. Levou-me, pela mão de Alejo Carpentier, em busca da identidade caribenha e cubana a partir de uma perspectiva universal, um processo no qual aprendi, graças a Miguel de Unamuno, que ao escrever "sempre havemos de achar o universal nas entranhas do local e, no circunscrito e limitado, o eterno". Permitiu-me, com Guillermo Cabrera Infante, entender o ser e o falar havaneses, que são os meus. Fez-me escutar a música que define a ilha da música e praticar o beisebol na ilha dos *peloteros**. O pertencimento e a busca das origens me condenaram a ser o romancista havanês que sou, com minhas cargas de amor, ódio e nostalgias.

10

Meus personagens, como eu, são havaneses. E quase sempre são pessoas aferradas a sua origem, a sua circunstância, a seu tempo, a sua cidade. Tipos que padecem a insularidade, mas que, ao mesmo tempo, se revolvem nela e, se precisam partir, sentem-se partidos: uma de suas metades vai, a outra fica.

Como eu, muitos deles viveram minha experiência geracional e tiveram ganhos e perdas comuns. Com eles, percorri a cidade, a senti e a descrevi. Por meio deles defini minhas nostalgias e frustrações citadinas. Com seus olhos, vi a cidade mais histórica, a mais fulgurante, mas também os levei a caminhar pelos bairros mais deteriorados da capital, doentes de um passado difuso, com um mau presente, vislumbrando um futuro incerto. Coloquei-os para ver o vasto mundo a partir de uma esquina de meu bairro.

---

*   *Pelotero* é o jogador de beisebol. (N. T.)

Quanto a Mario Conde, meu personagem fetiche, condenei-o, sem apelação possível, a viver de suas nostalgias havanesas, enfiado num bairro que se parece demais com Mantilla, e da calçada de sua casa de sempre ou de uma esquina de seu bairro ancestral impeli-o a descrever o que se vê e a lamentar o que se perdeu desse lugar cativante. Transmiti-lhe meu senso de pertencimento e o fiz irremediavelmente havanês, porque eu, seu criador, não sou outra coisa que não isto, um havanês que escreve.

11

Em meu romance *Máscaras* (1997), Mario Conde caminha pelo Prado havanês acompanhado por um velho dramaturgo que comenta:

> Dá pena esse lugar, não é mesmo?... Mas veja que ainda tem algo mágico, como um espírito poético invencível, não é? Olhe, embora as ruínas ao redor sejam cada vez mais extensas e a imundície pretenda engolir tudo, esta cidade ainda tem alma, senhor Conde, e não são muitas as cidades do mundo que podem se vangloriar de ter a alma assim, à flor da pele... Diz meu amigo, o poeta Eligio Riego, que por isso aqui nasce tanta poesia, embora eu diga que este é um país que não a merece: é demasiado leve e amante do sol...*

No romance seguinte, *Paisagem de outono* (1998), Conde convoca o furacão que se aproxima para que atravesse a cidade, a destrua e de suas ruínas nasça algo novo. "Furacão, furacão, chegar te sinto", ele clama, invocando José María Heredia**.

12

Havana vai se enchendo de turistas e se põe em função deles. Na cidade nascem restaurantes estatais e privados com cardápios de pratos e preços internacionais. Velhos hotéis e edifícios renascem das ruínas e da sujeira e atingem categoria de cinco estrelas *plus*, que só pessoas de outros lugares, de outras economias, podem pagar. Os velhos carros estadunidenses que deram caráter à urbe são submetidos por seus proprietários à cirurgia radical de cortar-lhes a capota e transformá-los em conversíveis destinados a levar os visitantes a passear pelo Malecón e pela

---

* Leonardo Padura, *Máscaras* (trad. Rosa Freire d'Aguiar, São Paulo, Boitempo, 2000), p. 122. (N. E.)
** Idem, *Paisagem de outono* (trad. Ivone Benedetti, São Paulo, Boitempo, 2016), p. 122. (N. E.)

Quinta Avenida de Miramar, como se na cidade tivesse se produzido uma volta do tempo e em suas ruas emblemáticas se encenasse um insólito *déjà-vu*. Alguns palacetes de El Vedado anunciam-se como pousadas. Habana Vieja adquire cores de Benetton que ela nunca teve e funciona como um parque temático do que foi a Cuba colonial e é a Cuba socialista da pós-modernidade, da pós-sovieticidade e talvez de outras posterioridades. A cidade mostra suas riquezas e, ao mesmo tempo, para mim torna-se estranha, distante, como os produtos Louis Vuitton e Armani hoje exibidos nas vitrines de algumas de suas lojas renascidas, empenhadas em caçar (suponho que sem muito sucesso) burgueses opulentos e desprevenidos, vindos de uma Moscou que antes não costumava acreditar em lágrimas. E agora tampouco.

Mas outra Havana, maior e mais popular, às vezes enfiada dentro da cidade-vitrine, vive com suas eternas angústias e esperanças adiadas, em seu cotidiano difícil, sem dúvida mais real, mais cubano. É a idade da periferia, de Mantilla e outros bairros similares, onde se estanca ou até cresce uma pobreza que a faz dolorosamente cativante, mas, ao mesmo tempo, estranha e hostil. Essa Havana é mais a Cuba dos cubanos.

13

Havana vive hoje sua história e seu drama, e eu tento escrevê-los. O Malecón e o mar, como sempre, marcam o início e o fim da cidade em que vivo e escrevo, sonho e perco o sono, sofro e até odeio, porque posso odiar o que é meu e às vezes deixa de sê-lo, porque posso odiar o que mais amo e depois escrever, em minha casa de Mantilla, sobre esses tremendos sentimentos e confessar meus amores e minhas dores. E, apesar dos pesares, enquanto escrevo e vivo, continuo sendo e pertencendo.

julho de 2017/abril de 2018

O *reguetón* de Havana

Hoje as batidas vêm da rua dos fundos. Ontem chegavam da casa ao lado e, no fim de semana, de algum ponto indeterminável na esquina. Por causa dessas batidas, sou um homem com a mente dividida: enquanto meus neurônios lutam pela concentração literária, a voz de um tal Daddy Yankee, propulsionada pelos golpes do baixo, abre caminho em meu cérebro como uma broca maligna, avisando-me sempre de novo que "ela gosta de gasolina" e que, portanto, "é preciso lhe dar gasolina". Meus vizinhos, apesar dos pesares, sempre têm um motivo para estar em festa: simplesmente celebram a vida – e o fazem a todo volume, como sempre lhes agradou.

Há alguns anos Havana tem o som dominante dessa música plástica e maçante, de letras agressivas e grosseiras que, graças justamente a suas características lamentáveis (plástica, maçante, agressiva e grosseira), tornou-se o ritmo da moda em todo o Caribe, mas, acho, especialmente em Havana, que, como capital da ilha, geralmente é espelho e síntese do país.

Nesta cidade, o *reguetón* é invasivo e onipresente: vem da casa ao lado, voa sobre o jardim e atravessa despudoradamente tuas paredes; sai de dentro do carro que passa pela rua e te bate no rosto; te agride no interior de um café ou de uma loja, transformando tua reclamação a um atendente indolente num vão movimento dos lábios. Por isso, tendo a pensar que, mais que um ritmo da moda, o *reguetón* e sua impertinência sintetizam um modo havanês de assumir e expressar a vida contemporânea. O *reguetón* se manifesta como música de lascívia e alienação, de aturdimento e pendência.

É verdade que nós, havaneses, sempre fomos exultantes e abertos, gregários e até promíscuos, familiares e melodramáticos. Por termos estado na passagem dos caminhos entre a Europa e a América, somos o resultado histórico e cultural de uma das mesclas mais singulares da era moderna e somos a destilação das virtudes e dos defeitos de nossos componentes europeus, africanos e até asiáticos. Cidade aberta para o mar, extensa, rica ou pobre por momentos, Havana sempre foi uma urbe pretensiosa, com uma visível tendência ao descomedimento: por isso, desde o século XIX, quando os havaneses começaram a ser essencialmente havaneses, a cidade desfrutou de uma preeminência capaz de colocá-la, com seus personagens, sua história, sua música, sua literatura e suas mulheres bonitas, no imaginário universal. Depois, a vitória revolucionária de 1959, a eterna discórdia com os Estados Unidos e a opção política pelo socialismo potencializaram um interesse pela ilha e por sua capital que se manteve em ascensão durante todos esses anos.

Quando nasceu e cresceu em Havana, a pessoa pode viver sem se dar conta de como é grandioso e trágico esse descomedimento que nos acompanha. Em meu caso, talvez o fato de sempre ter vivido num bairro da periferia (minha querida e exaurida Mantilla, da qual se foram – para Miami ou para o céu – tantos parentes e amigos) me dá uma visão quase exterior, às vezes privilegiada, de uma cidade que é minha, mas ao mesmo tempo me é relativamente estranha (cada dia mais estranha) por sua diversidade e complexidade, pois, apesar da estandardização social e econômica que o sistema socialista instaurado há décadas traz atrelada, Havana continua sendo uma cidade com muitos rostos e olhares, com diversas linguagens e até filosofias de vida.

Talvez essa condição de "periférico" e a visão interessada do escritor tenham me advertido de que a cidade dos últimos anos foi incorporando a seu repertório de qualidades algumas que, ao que parece, estavam tão submersas que mal eram visíveis: a falta de respeito ao direito alheio, a violência cotidiana, a indolência mais insultante com que se comportam e vivem muitos de seus habitantes e que hoje se pode constatar (pelo menos eu posso constatar) com um simples passeio pelos recantos menos iluminados e turísticos da cidade, ao passo que nesses outros (turísticos e iluminados) vemos persistir há alguns anos uma degradação social que parecia definitivamente extirpada da ilha: a prostituição.

Devo a meu amigo Fernando, autor da teoria do sétimo quilômetro, a metáfora que talvez melhor explique a conjuntura em que muitos cubanos têm vivido nos últimos anos. Fernando, devo avisar, é um homem capaz de falar do cinema de Tarkóvski e das utopias negativas de Orwell, mas também é um personagem dotado de um senso prático da vida. Segundo Fernando (que afirma que o descobriu depois de profundas cavilações), nós cubanos estamos envolvidos numa corrida de dez mil metros e há vários anos estamos correndo o quilômetro sete. Quer dizer, chegamos ao momento em que, mais perto da chegada que da saída, investimos o melhor de nossas forças, mas ainda nos falta o trecho mais difícil da corrida e, como o quilômetro sete parece ser infinito, não sabemos se as energias serão suficientes para ultrapassá-lo e ter a percepção de que poderemos chegar ao fim de um trajeto que, além do mais, parece ser elástico, pois tende a se distanciar cada vez que acreditamos vislumbrá-lo ao longe. "Todos os dias, quando acordo, sinto que estou no quilômetro sete", ele me diz,

> e, embora não saiba se vou resistir, saio correndo de novo, mas não como o bobo do Forrest Gump: saio correndo por "alguma coisa". Sei que se deixar de correr vou sair do jogo e, para viver com um mínimo de condições, tenho que estar na pista e correr, correr. Sabe de uma coisa? A corrida chega a se tornar um fim em si, e a meta não é chegar, mas resistir e continuar correndo.

Na teoria-metáfora de Fernando está assumida a capacidade que nos permitiu atravessar a dificílima década de 1990, quando a economia cubana chegou ao fundo com o desaparecimento do socialismo europeu. As estratégias de sobrevivência que então pusemos em prática foram infinitas (inclusive a renascida prostituição), embora na realidade (dizia-se com o maior humor macabro) para muitas pessoas os problemas da vida cotidiana da época se reduzissem a três: café da manhã, almoço e jantar. Todos os dias.

Com a discreta recuperação econômica que começa a se anunciar no fim do século passado e que se estende até hoje, criou-se a miragem de que o pior havia passado: os cortes de luz se reduziram até desaparecer por completo, a carência de medicamentos comuns foi superada em porcentagem importante, a vida cultural se reanimou e os mercados se reabasteceram de alguns produtos, embora a preços altos, às vezes inacessíveis, para o nível salarial médio. No entanto, subsistiram, com persistência sufocante, algumas carências cada vez mais agudas, como a de transporte urbano (verdadeira agonia cotidiana para quem necessita se deslocar para o trabalho, a escola, um hospital), a de moradia (reconhecida pelo governo como o mais grave problema social do país) e, sobretudo, na base, a economia cotidiana em duas moedas, que na realidade são três ou mais: o peso cubano e a divisa de circulação permitida, representada pelo chamado peso cubano convertível (CUC)[1].

---

[1] Em 2018, inclusive com câmbio de controle governamental, não foi possível concretizar a necessária unificação monetária e cambial que deformou e entravou a economia cubana e, com ela, a sociedade.

Como alguns velhos europeus que ainda tentam pensar os euros de hoje em marcos ou francos, cada cubano precisa pensar seus pesos cubanos não só em pesos convertíveis, e vice-versa, como também em dólares, num encadeamento aritmético de adições, subtrações, multiplicações e divisões só possível de executar num país altamente escolarizado como, sem dúvida, é o cubano. Contudo, além do intrincado problema aritmético, o verdadeiro cerne da questão cai no paradoxo de o cubano comum ganhar a vida com um salário pago em pesos, porém viver até 50% dela, ou mais, em pesos convertíveis ao câmbio de 24 pesos por 1 CUC e de 0,82 CUC por 1 dólar estadunidense (obtido dos modos mais diversos, mas especialmente pelos envios dos parentes exilados, que o governo dos Estados Unidos, como parte do embargo à ilha, pode dificultar).

Embora seja verdade que as necessidades básicas dos cubanos estão garantidas pelo Estado (saúde – em todos os níveis –, educação – inclusive a mais especializada – ou alimentação básica – por meio da caderneta de racionamento subsidiada), a vida cotidiana mostra que o mais alto salário governamental pago em pesos cubanos (digamos, do médico ou do policial) é insuficiente para suprir todas as necessidades. A fim de cobrir esse déficit e manter a cabeça fora da água, toda manhã Fernando e milhões de pessoas saem para correr o interminável sétimo quilômetro, ou, em "cubano", para *lutar*.

A realidade diária de um cubano, de um havanês, é tão peculiar que tentar explicá-la exigiria vários livros. Para um escritor, o desafio pode ser mortal, pois a singularidade de muitos processos e fenômenos clama de modo gritante pela explicação científica, mais que pela recriação literária, caso se pretenda oferecer uma avaliação lógica e, sobretudo, compreensível para quem vive em outras geografias ou para os supostos leitores do futuro. Para começar, como explicar uma economia doméstica em que os salários nunca dariam para custear comida, eletricidade, roupa e transporte, sem contar os previsíveis imprevistos (quebrou a privada do banheiro, a geladeira parou de funcionar, os sapatos do filho duraram menos que o esperado)? A explicação está, única e exclusivamente, numa capacidade prodigiosa de reciclar, de cortar de um lado para pôr em outro e, sobretudo, de *inventar e resolver*, verbos mágicos (junto com o já mencionado *lutar*) do cotidiano cubano, com os quais se tenta expressar a habilidade de sobreviver, dilatando os limites da legalidade (e muitas vezes os transgredindo, como se mostrou pública e oficialmente com a campanha nacional contra a corrupção em todos os níveis). O esquecimento em geral é um bálsamo para o espírito. Os cubanos de hoje, praticamente esquecidos das muitas tragédias da década de 1990, mas assediados pelas do presente, padecem diariamente a tensão de seus eternos problemas e muitas vezes reagem a eles com a exaltação e até a violência que se respira em toda a cidade, mas que se apalpa, como uma rede invisível, em suas regiões mais degradadas, superpovoadas, aviltadas pela história e pela vida, onde se forjou uma marginalidade compacta e cada vez mais espraiada, que às vezes adquire expressões violentas, quase inexistentes naqueles tempos do socialismo "abundante" dos anos 1980, quando quase todo o mundo conseguia se virar com seu salário.

Uma das sensações mais devastadoras que um havanês pode ter é a de gastar duas, três horas para cobrir o trajeto de um ponto a outro da cidade, que normalmente não exigiria mais de vinte ou trinta minutos. Sob o sol implacável do trópico, com a pressa mordendo os calcanhares, sem a possibilidade material de tomar um carro particular de aluguel, que por um trajeto cobra mais ou menos o salário médio diário de um trabalhador (nem sonhar com um táxi em CUC, com tarifas parisienses), as pessoas que dia após dia passam por esse transe chegam a se transformar em bombas antipessoais, que explodem diante da mais inesperada alteração. A experiência de viajar num ônibus urbano havanês, depois de esperar por uma hora, cercado por mais de uma centena de outros desesperados, todos sufocados pelo calor e pela umidade, geralmente se transforma numa experiência alucinante na qual, como em certos filmes proibidos para menores, pululam as cenas de sexo, violência e linguagem de adultos. As crônicas de frequentes explosões violentas dentro de um ônibus excederiam os volumes de *Os miseráveis*.

A vida em quase eterna aglomeração e promiscuidade, que é o modo mais comum nos municípios do centro da cidade (Diez de Octubre, Habana Vieja, El Cerro, Centro Habana), vai criando bolsões repletos de desespero e resignação, de frustração e marginalização, que a partir dos anos da crise de 1990 são cada vez mais agudas e visíveis, a ponto de alguns de nós, havaneses, preferirmos evitar determinadas regiões, em horas impróprias do dia, por um instinto básico de conservação[2]. Nessas regiões escusas, entretanto, é possível constatar que, nascido e crescido no mesmo lugar agreste e acanhado, mora o bom doutor Igor (com poucas esperanças de ter uma casa digna), médico que todas as manhãs investe seu talento na ciência artística da geriatria.

---

[2] Em 2014, 40% dos três milhões de moradias existentes em Cuba estavam com a construção em mau estado. Havana é a cidade mais afetada. Segundo o Ministério da Construção, em 2016 o déficit de moradias no país chegava a oitenta mil. Nos últimos anos, o ritmo de novas construções esteve abaixo de todas as necessidades. Em anos recentes, além disso, surgiram bairros ilegais, conhecidos como *asentamientos*, onde as pessoas vivem em condições materiais e sanitárias lamentáveis.

Ao lado dessa Havana dura e tensa, misturada com ela às vezes até se perderem as fronteiras, existe outra Havana especialmente visível nos antigos terrenos da média e alta burguesia (El Vedado, Kohly, Miramar são os nomes desses setores), onde as pessoas também sofrem a magreza de seus salários, a carência de transportes e até a aglomeração em algumas casas da vizinhança (os *solares* tão havaneses, em que várias famílias compartilham espaços daquilo que originalmente foi uma casa só). Nesses bairros favorecidos, porém, ainda se respira um ar menos denso, pelo menos das portas para fora, pois os havaneses com mais possibilidades econômicas foram se deslocando para esses setores, apesar das leis complexas que regulam a mudança de moradia (pois a compra legal é proibida, inclusive para os proprietários)[3]. Nesses bairros e em quase toda a cidade, a mudança física mais notória foi a proliferação de grades de aço para fechar sacadas, janelas, proteger portas e acessos a escadas, aquelas grades que dão certo aspecto de prisões voluntárias a tantas casas e edifícios da cidade.

O êxodo inexorável para o estrangeiro de pessoas de todas as raças, todas as profissões e todos os lugares de residência constitui uma das marcas dessa sensação de sufoco que certa vez qualifiquei como "cansaço histórico". Nós, membros de minha geração, que estudamos nas décadas de 1960 e 1970 e entramos na vida profissional na década de 1980, crescemos e nos desenvolvemos com a esperança contundente de um futuro melhor que talvez nos coubesse, embora sem preterir muitos sacrifícios (cortes de cana, missões internacionalistas na África, trabalhos voluntários e reuniões sindicais...). Chegamos a sonhar com a possibilidade, alcançada por alguns, até de ter carro e casa nesse futuro previsível... A partir de 1990, quando a esperança se desmontou e a subsistência mais elementar se impôs, milhares de pessoas lançaram-se na incerteza relativa do exílio, impelidas pela incerteza garantida de sua vida em Cuba. As gerações seguintes, contudo, mais pragmáticas e com a experiência das tribulações cotidianas e das frustrações históricas de seus pais e avós, muitas vezes rompem as amarras na menor oportunidade e tentam empreender sua vida em outro lugar..., pelo menos longe desse *reguetón* que me atormenta. Para grande quantidade desses indivíduos, o sonho histórico já não tem o mesmo sentido, e os novos apelos a mais sacrifícios (em quantidade e tamanho) leva-os a optar pela saída individual e por ignorar o empenho coletivo. O mais lamentável é observar que parte deles é de profissionais de altíssima qualificação (médicos, informáticos, cientistas, humanistas) que, com sua partida, privam o país de parte de sua inteligência.

---

[3] Em 2013, essa proibição foi abolida.

Nesta manhã ainda de verão, perdida a esperança de me concentrar, sem possibilidade nem sequer de enviar mensagens eletrônicas, já que meu velho *modem* repete que devo tentar mais tarde, pois as linhas estão congestionadas, saí caminhando pelas ruas de meu bairro. A que horas e onde trabalha toda essa gente que fervilha pelas calçadas e conversa indolente nas esquinas, assassinando sem remorso o melhor de sua vida: o tempo? Um grupo de mulheres faz fila para comprar cubinhos de sopa, sabão e azeite na loja que vende em CUC, e me parte o coração ver como elas contam as poucas moedas com que deverão suprir as mais diversas necessidades. Outras mulheres oferecem em voz baixa os produtos menos imagináveis, desde filés de peixe (a setenta pesos o quilo) até figurinhas de santos e abacates: é o irrefreável mercado clandestino. Numa barraca improvisada de madeira e zinco (um forno nos meses de verão), um homem vende carne de porco a preços exorbitantes, impostos pela sempre alterada lei da oferta (mínima) e da procura (invencível, causadora desses preços altos). Minha esposa me encarregou de comprar uns bifes para o jantar desses dias, e peço ao vendedor quatro libras (dois quilos) pelo preço estabelecido hoje: trinta e cinco pesos por libra. Como minha esposa e eu somos fregueses habituais, o homem me sorri e avisa: "Vou te dar o melhorzinho, sem pelanca e sem um pingo de gordura". Pago, contente com o bom negócio realizado, e, ao voltar para casa, faço a comprovação imprescindível em minha própria balança: falta meia libra de carne, ou seja, o bom vendedor não pretendia me roubar meia libra, mas dezessete pesos (salário de um dia de um profissional). Volto à vendinha, onde agora se ouve um *reguetón*, e, aborrecido, reclamo minha meia libra de carne ou meus dezessete pesos. O homem, chateado, me diz que sou um desconfiado. Digo que ele é um ladrão. A discussão parece assumir uma temperatura perigosa quando dois policiais de ronda se aproximam e, com má vontade, o homem me joga dois bifes dentro da sacola. Depois vou verificar que os supostos bifes são pura gordura e pelanca e que só me restam duas possibilidades: a *vendetta* siciliana ou me resignar a aceitar a trapaça e não sofrer um perigoso aumento da pressão sanguínea. A lei da oferta e da procura cedeu seu lugar à lei da selva.

Meus vizinhos continuam ouvindo *reguetón* (o mesmo ou um parecido?), e resolvo voltar à rua. Lembro de novo a teoria de Fernando e me pergunto quantos daqueles que compram, vendem ou aparentemente não fazem nada, mas são perigosos jacarés ao sol, conseguirão ultrapassar o sétimo quilômetro da corrida pela sobrevivência.

Entro no café onde compro meus cigarros. Vários homens, que exibem grossas correntes de ouro com medalhas de virgens, entrelaçadas com colares coloridos de *santería*, tomam cerveja (a um CUC cada uma: de onde tiram o dinheiro?) enquanto falam de carros comprados e vendidos. Ouço números: sessenta mil, oitenta mil, cento e vinte mil pesos por um carro estadunidense dos anos 1950 (os únicos que podem ser comprados e vendidos livremente)[4] e calculo por alto: três, quatro, seis mil CUC, e me pergunto de onde tiram os trocados necessários – não mais para tomar cerveja, mas para comprar aqueles carros que equivalem ao salário integral de um médico durante três, quatro, seis anos... Estou tão confuso que só agora descubro que os alegres bebedores de cerveja estão falando por cima das batidas monótonas do *reguetón* que também ali se ouve. Vejo, então, que atrás do balcão os atendentes cantam e dançam, como se estivessem numa festa. Eu me aproximo do caixa e receio ter me transformado no homem invisível. Mas não perco as esperanças de em algum momento recuperar minha corporeidade, de que eles se dignem a olhar para mim e eu possa voltar para casa, debaixo do sol ardente, mas armado de meus cigarros, para correr meu sétimo quilômetro contra o *reguetón* em que vivemos. Esse *reguetón* lascivo, grosseiro, às vezes até escatológico, que no fim das contas é uma consequência, não uma causa.

2007

---

[4] Também essa proibição foi revogada. A partir de então, o Estado resolveu vender carros. Um Toyota novo de categoria média custa trezentos mil dólares em Cuba. Graças a essa política, em 2018 os preços dos velhos automóveis estadunidenses e soviéticos haviam dobrado. Embora pareça que em Cuba nada muda, é evidente que, sim, as coisas mudam.

A maldita circunstância da água por todos os lados

1

Um de meus passeios preferidos, como de dezenas, centenas de milhares, talvez até milhões de havaneses (agora que somos dois milhões), é o percurso costeiro marcado pelo muro do Malecón. Na realidade, devo confessar que faz tempo que não o realizo da melhor maneira que se deve, ou seja, a pé, sem pressa, no fim da tarde, de leste para oeste, no sentido do tempo histórico de seu desenvolvimento, de La Habana Vieja ou colonial, onde nasceu a cidade, ao bairro de El Vedado, para onde ela cresceu ao longo do século XX. Nos últimos anos, com mais frequência, faço a travessia à velocidade do automóvel, mas, apesar da vertigem, a sensação que sempre me dá esse trajeto havanês é confusa e contraditória, embora patente, eu diria visceral. Como uma advertência cheia de significados profundos que vão além das evidências físicas visíveis.

Explico. Para quem não conhece Havana, minha cidade, devo dizer que o Malecón constitui uma e muitas coisas: antes de tudo, é um muro de cimento de cerca de um metro de altura e sessenta centímetros de largura, que há um século separa o mar da cidade. Com orgulho, nós havaneses dizemos que é o banco de parque público mais comprido do mundo, pois é costume autêntico sentar-se no muro do Malecón, às vezes de frente, outras vezes de costas para o mar, para tomar a brisa (quando há brisa) e praticar um dos mais adorados esportes nacionais: o *dolce far niente*. Em geral, quem se senta de frente para a cidade quer ver passar o tempo, as pessoas, contemplar a vida dos outros. Quem opta por se acomodar de frente para o mar quase sempre se dedica a olhar para dentro de si mesmo, enquanto observa a superfície plana ou encrespada do oceano, um eterno mistério, promissor como todos os enigmas.

Paralela ao muro, corre uma calçada de três, quatro metros de largura, pela qual se pode fazer essa caminhada a pé, e, mais além, uma avenida de seis pistas, na qual o percurso pode ser feito de carro, à velocidade máxima de até oitenta quilômetros por hora, melhor se for com todas as janelas baixadas para dar livre acesso aos eflúvios do mar. Do outro lado da avenida, depois da mencionada calçada, estão as edificações que, em luta diária com a agressividade da maresia, desfrutam e padecem da corrosiva proximidade do oceano, ao qual devem seus diversos ainda que certos graus de deterioração.

No entanto, a essência do Malecón havanês não é nem seu muro, nem sua avenida, nem suas edificações carcomidas, mas o fato de ser, de maneira precisa e evidente, a fronteira entre a terra e o mar. Uma terra quente e um mar que, diante da corrente do golfo do México que sobe rumo ao oceano Atlântico, pode ir do tranquilo ao furioso, às vezes num mesmo dia. Porque a fronteira marcada pelo Malecón não é só geográfica (terra e mar), física (sólido e líquido), mas também orgânica e espiritual (dentro e fora), pois representa a que indica com maior evidência para os cubanos, e especialmente para os havaneses, o que foi a essência de uma maneira de ser, de ver e de levar a vida: a insularidade. O Malecón indica o fim de uma coisa e o início de outra, dependendo do ponto de vista ou do estado de ânimo com que se queira vê-lo. Princípio ou fim da ilha; princípio ou fim do que está além, sempre como uma promessa mais ou menos tentadora, mais ou menos inatingível. O Malecón é a marca material e visual de uma condição geográfica, percebido às vezes como uma fatalidade, a qual o poeta Virgilio Piñera, em seu verso mais celebrado e citado, qualificou como "a maldita circunstância da água por todos os lados"[1].

2

O sentimento e o fato da insularidade inexorável que o Malecón havanês revela e resume tornaram-se mais evidentes e traumáticos porque, durante mais de cinquenta anos, os habitantes do país não puderam deslocar-se com liberdade além dos limites da ilha. Uma das leis revolucionárias incorporadas na década de 1960, quando o governo cubano adotou o socialismo como sistema político, foi a de controlar de modo estrito o movimento de seus cidadãos rumo ao que fica além do Malecón. Desde então, ergueram-se densos muros fronteiriços quando se instituíram figuras jurídicas, como a "autorização de saída", que deveriam ser concedidas

---

[1] *La isla en peso* [A ilha em peso], datado de 1943.

pelas autoridades cubanas de migração a quem pretendia viajar, ou a de "saída definitiva", que significava a concessão de autorização de partir sob a condição de que nunca mais se considerasse a volta ao país natal, que estava sendo abandonado. Para tornar mais patente essa impossibilidade de retorno, quem optava pela "saída definitiva" tinha apreendidos todos os bens (casa, carro, objetos materiais, inclusive a roupa que não coubesse nas malas), previamente inventariados pelas autoridades. Era um ato radical, para que o emigrante não quisesse nem tivesse para onde voltar, pois de fato se tornava apátrida, perdendo todo direito à cidadania.

Com aquelas fiscalizações e leis drásticas, pretendeu-se em algum momento controlar a migração em massa de profissionais que sangrou o país nos primeiros anos revolucionários; mais tarde, reprimir os possíveis anseios dos profissionais, esportistas, funcionários ou simples cidadãos que só podiam se mudar para tentar a sorte em outras terras se lhes fosse concedida a dolorosa "autorização de saída", que os transformava em pessoas sem pátria... Até pouco tempo atrás, além do mais, com essa lei pesada, castigava-se ou se premiava, permitia-se ou se impedia: a partir do poder, decidia-se o destino e os desejos das pessoas.

Alejo Carpentier, outro grande escritor cubano do século XX, refletiu em um de seus romances o que significa o sentimento opressivo da insularidade e as maneiras de torná-la mais patente com a impossibilidade de rompê-la por causa das barreiras legais impostas por determinadas leis. No início de um de seus grandes romances, *O século das luzes**, um personagem

> pensava, aflito, na vida rotineira que agora o esperava [...], condenado a viver naquela urbe ultramarina, ilha dentro de uma ilha, com barreiras de oceano fechadas para toda aventura possível [...]. O adolescente padecia como nunca, naquele momento, a sensação de confinamento que produz viver numa ilha; estar numa terra sem caminhos para outras terras aonde se pudesse chegar rodando, cavalgando, caminhando, passando fronteiras...

E, mais para o fim da obra, outro personagem, também havanês, sente que

> continuava preso com toda uma cidade, com todo um país, em cárcere. [...] Só o mar era porta, e essa porta estava trancada para ele com enormes chaves de papel, que eram as piores. Assistia-se na época a uma multiplicação, a uma

---

* Alejo Carpentier, *O século das luzes* (trad. Sérgio Molina, São Paulo, Companhia das Letras, 2004). (N. E.)

proliferação universal de documentos, cobertos de carimbos, selos, assinaturas e contra-assinaturas, cujos nomes esgotavam os sinônimos de "autorização", "salvo-conduto", "passaporte" e quantas fossem as palavras que pudessem significar uma autorização para deslocar-se de um país para outro, de uma comarca para outra – às vezes de uma cidade para outra. Almoxarifes, dizimeiros, portageiros, alcavaleiros e aduaneiros de outros tempos permaneciam apenas como pitoresco anúncio do bando policial e político que agora se dedicava, por toda parte – alguns por temor da revolução, outros por temor da contrarrevolução – a cercear a liberdade do homem no que se referia a sua possibilidade primordial, fecunda, criadora de se deslocar pela superfície do planeta que lhe coubesse por sorte habitar...

O curioso é que esses personagens são Carlos e Esteban, dois dos protagonistas de *O século das luzes* (1962), e que suas experiências remetem aos anos finais do século XVIII e aos iniciais do XIX, antes e durante outra revolução: a que começou em Paris com a tomada da Bastilha. Contudo, o mais significativo é que, enquanto se publicava esse grande romance, com a clara denúncia aos históricos confinamentos territoriais decretados pelo poder, em Cuba entrava em circulação uma lei que controlava ferreamente "a liberdade do homem [...] de se deslocar na superfície do planeta que lhe coubesse por sorte habitar"... Terrível conjunção poética.

O fato de tanto Carpentier como Piñera, antes de serem aplicadas as leis revolucionárias destinadas a controlar a emigração, se referirem de modo tão dramático ao sentimento de confinamento produzido pela insularidade geográfica e legal (pois *O século das luzes* foi concluído dois ou três anos antes de sua publicação, segundo atestou seu autor[2], e o poema *La isla en peso* data da década de 1940) talvez explique melhor como foi possível ter se manifestado essa condição de insularidade geográfica e legal num país moderno, do fim do século XX e do início do século XXI, e onde os cidadãos dependeram durante cinquenta anos de rígidas autorizações oficiais para sair ou voltar a seu país. E, é claro, entende-se melhor o que poderia significar no imaginário nacional a muralha sólida do Malecón havanês e o pélago que se estendia diante dele.

Até apenas um ano atrás, o sistema estabelecido em Cuba para viajar ao estrangeiro considerava, essencialmente, quatro variantes para atravessar as fronteiras

---

[2] Sobre a polêmica data de término e publicação de *O século das luzes*, detenho-me no ensaio dedicado a esse romance.

da ilha. A mais comum era o cidadão fazer parte de uma delegação oficial ou ser convocado para realizar um trabalho no exterior que contasse com o apoio, a vênia ou a necessidade governamental. Desse modo, viajavam funcionários, esportistas, jornalistas, artistas (éramos os que se deslocavam com maior liberdade, justo dizer) e também os colaboradores internacionais (Nicarágua, Venezuela etc.), os soldados participantes de campanhas como as de Angola ou Etiópia, nas décadas de 1970 e 1980, os muitos jovens que estudaram em universidades do antigo bloco socialista. O segundo meio era o da viagem pessoal, a que tinham acesso, sobretudo a partir da década de 1980, os cubanos convidados por algum familiar ou amigo para uma estadia no estrangeiro (maior anseio entre os cubanos maiores de idade com família nos Estados Unidos), e para isso era indispensável conseguir a autorização de saída conhecida como "carta branca". A terceira opção era a já mencionada "saída definitiva", que podia ser muito complicada caso se tratasse, por exemplo, de um profissional com formação universitária que, para empreender a viagem sem retorno, dependia de que lhe fosse concedida uma "carta de liberação" no trabalho, documento com tom reminiscente dos tempos de escravidão e indispensável para conseguir a outra epístola, a tal "carta branca", que abria as portas de saída da ilha. E a quarta rota era a da partida para o exílio sem autorização, opção que, por sua vez, se concretizava de duas maneiras fundamentais: a "saída ilegal", quase sempre em embarcações rudimentares através do estreito da Flórida, a que se aventuravam aqueles que não obtinham a autorização de saída, a carta de liberação nem o visto de outro país, especialmente os Estados Unidos, e se sentiam forçados a empreender uma travessia na qual morreu um número ignorado de cubanos; e a opção de "ficar", que podia ser posta em prática por quem viajava com autorização de saída e visto (aqueles funcionários, esportistas, artistas e estudantes) e resolvia não voltar ao país, mesmo sabendo que, como castigo, na maioria dos casos as fronteiras da ilha se fechavam por tempo indefinido para quem "ficava" (se desejasse voltar) e para seus familiares mais próximos (se desejassem emigrar). Somadas todas essas possibilidades, não deixa de ser curioso que de um país com fronteiras quase fechadas por lei, fisicamente insular por acréscimo, saíssem tantas pessoas empregando meios tão diferentes. O resultado de saídas e fugas foi o de conseguir que em cinco décadas cerca da quinta parte da população cubana se dispersasse pelos lugares mais recônditos do planeta – inclusive a Groenlândia...

Só no início de 2013, como parte da política de mudanças empreendida pelo governo de Raúl Castro, sucessor de seu irmão Fidel, a figura infame da "autorização de saída" foi finalmente abolida, embora não o fosse a da "carta de liberação", para algumas profissões e cargos. Durante anos, muitas vozes em Cuba, de pessoas que, tendo até a possibilidade de viajar, decidimos viver em Cuba, reclamavam o restabelecimento da liberdade de movimento dos cidadãos do país. E, depois de anúncios, controvérsias, advertências de limitações certas ou possíveis, a velha lei de migração finalmente foi modificada e, a partir de janeiro de 2013, as pessoas, praticamente em sua totalidade, podem viajar para onde querem, tendo apenas passaporte válido, e mudar-se para onde possam..., desde que lhes seja concedido o visto de entrada no país escolhido como destino, trâmite que na maioria dos casos continua sendo difícil, até mais difícil agora que os cubanos não precisam de autorização do governo para sair e voltar (ou não) à pátria...

Essa nova conjuntura, que já foi aproveitada por muitas pessoas com a intenção de ir embora do país por um tempo breve ou longo, fez alguns cubanos começarem a enxergar de modo diferente as centenas de metros de concreto armado do muro do Malecón..., pelo menos alentados por um sonho, por uma possibilidade. Sobretudo por um direito.

3

Essa fatídica insularidade "acentuada" que se viveu em Cuba durante meio século gerou uma infinidade de traumas de profundidades diversas, de um lado e do outro do muro do Malecón.

O certo é que o exílio, o desejo ou a necessidade de partir, é parte essencial da história e da espiritualidade cubanas desde muito antes de se construir o muro do Malecón ou de se ditarem as leis revolucionárias destinadas a controlar a migração. O primeiro escritor verdadeiramente cubano, José María Heredia (primo do parnasiano francês que, na realidade, era outro exilado cubano), foi também o primeiro homem cubano a sofrer os rigores do exílio, nos tempos coloniais, por causa de ideias independentistas. Depois que se viu obrigado a fugir de Cuba, no fim de 1822, Heredia não pôde regressar a sua pátria até 1836, quando, doente de tuberculose e desiludido com seus ideais, ousou pedir autorização ao governador espanhol da ilha, com a intenção de ver sua mãe pela última vez. O capitão-general Miguel Tacón concedeu-lhe, então, dois meses de permanência no país, sob a condição de não participar de nenhuma atividade pública... Foi nesse longo exílio, vivido nos Estados Unidos e no México, que Heredia escreveu vários de seus poemas mais importantes e publicou seus livros, constituindo a primeira grande obra lírica da literatura cubana, a mais alta expressão do romantismo em língua espanhola. Entre esses poemas sempre se destacam a comovente ode ao "Niágara" (escrita em 1824, logo depois de o poeta completar vinte anos), na qual funda a nostalgia pela pátria cubana perdida, em versos mais que célebres para todos os cubanos, quando diante da grandiosidade das cataratas pergunta à natureza:

> Mas o que busca em ti meus olhos anelantes
> Com inútil afã? Por que não olho
> Ao redor de tua caverna imensa
> As palmeiras ai! As palmeiras deliciosas,
> Que nas planícies de minha pátria ardente
> Nascem ao sorriso do sol e crescem
> E ao sopro das brisas do Oceano,
> Sob um céu puríssimo, se balançam?*

E no exílio Heredia também escreve o dilacerante "Himno del desterrado", cujos versos eram repetidos pelos combatentes das guerras independentistas da segunda metade do século XIX e entre os quais nos ficaram estas linhas premonitórias do caráter nacional: "Doce Cuba!, em teu seio se miram/ Em seu grau mais alto e profundo/ A beleza do físico mundo,/ Os horrores do mundo moral"**. Mas, também no exílio, longe, um Heredia ainda muito jovem se esgota como escritor, tem a percepção dessa castração e avisa que está quebrando sua lira, fechando seus livros.

O maior romancista cubano do século XIX, Cirilo Villaverde, viu-se forçado a partir para o exílio estadunidense, e um dos mais lúcidos pensadores da época, José Antonio Saco, terminará seus dias precisamente na metrópole espanhola.

É de conhecimento geral que outro grande poeta ibero-americano do século XIX, José Martí, também sofreu exílio. No entanto, longe, Martí não só escreveu suas melhores páginas, como preparou a guerra que finalmente levaria à independência de Cuba. Talvez por tantos anos de distância forçada, que o obrigaram a atravessar tantas vezes o oceano em busca de destinos transitórios

---

* "*Mas ¿qué en ti busca mi anhelante vista/ Con inútil afán? ¿Por qué no miro/ Alrededor de tu caverna inmensa/ Las palmas ¡Ay! Las palmas deliciosas,/ Que en las llanuras de mi ardiente patria/ Nacen del sol a la sonrisa, y crecen,/ Y al soplo de las brisas del Océano,/ Bajo un cielo purísimo se mecen?*" (N. E.)

** "*¡Dulce Cuba!, en tu seno se miran/ En su grado más alto y profundo/ La belleza del físico mundo,/ Los horrores del mundo moral*" (N. E.)

para viver e alimentar seu projeto político, Martí escreveu em um de seus versos mais conhecidos que *"el arroyo de la sierra/ me complace más que el mar"**.

Como Martí, Heredia, Villaverde e Saco, ao longo de dois séculos, dezenas de escritores cubanos, inclusive Alejo Carpentier e Virgilio Piñera, viram-se impelidos, voluntária ou involuntariamente, a partir para o exílio em determinados momentos da história cubana, transformando a distância física numa constante da literatura nacional. Depois, com a reviravolta histórica que uma revolução sempre implica, outra grande quantidade de escritores resolveu partir, mais cedo ou mais tarde, a maioria deles para nunca mais voltar: Severo Sarduy, Guillermo Cabrera Infante, Reinaldo Arenas, entre os mais conhecidos. Em muitos casos, a parte mais substancial e significativa de suas obras foi escrita a distância e, em muitíssimos casos, com o olhar e a alma na terra que começa e termina com o muro do Malecón.

Foi justamente Reinaldo Arenas, já no exílio, que imaginou, em um de seus romances, o modo pelo qual os cubanos poderiam derrotar o confinamento da insularidade: todos os habitantes da ilha se lançavam ao mar e, como podiam e com o que podiam, a desprendiam de sua plataforma insular e a punham para flutuar em busca de outros horizontes, de outras fronteiras.

Entretanto, houve escritores cubanos que fizeram da "maldita circunstância da água por todos os lados" e de proibições ou dificuldades para cruzar as fronteiras do país a essência de sua vida e sua literatura. Talvez o caso mais significativo e constante seja o do poeta e romancista José Lezama Lima, um dos grandes autores do século XX ibero-americano, que só uma vez saiu de Cuba: para a ilha vizinha da Jamaica, dez vezes menor (ou seja, mais insular que sua terra de origem). Toda a vida de Lezama transcorreu, portanto, naquela Havana cercada, em sua vertente norte, pelo muro do Malecón, a cidade em que o escritor se declarou um "viajante imóvel" enquanto se transportava para outros mundos perdidos, exóticos, ideais, através de suas leituras. Sua obra, apesar de sua fixação física na ilha, é a menos tipicamente cubana que se possa conceber, com respeito a suas densidades, linguagens, pretensões: ao lado de Carpentier, que perseguiu notoriamente o universal como fundamento de sua estética, Lezama o conseguiu pela distância poética que estabeleceu entre sua rasa realidade cotidiana de funcionário público e seu olhar ávido de homem dotado de um espírito sem fronteiras culturais nem temporais.

---

* "O rio da serra/ me agrada mais que o mar." (N. T.)

4

A insularidade revelada simbólica e fisicamente pela serpente pétrea do Malecón não perdeu seu sentido por uma mudança de leis favorável e recente. É verdade que a liberdade ganha pelos cidadãos cubanos com uma política de migração que quase chega à normalidade universal diminuiu tensões, gerou esperanças. Até mesmo concretizou sonhos de viajantes que não pretendiam a voluntária imobilidade lezamiana. No entanto, ir além do que é demarcado pelo mais famoso e concorrido passeio havanês e cubano continua sendo um desafio para pessoas que, na imensa maioria, não têm a possibilidade econômica de viajar como turistas e que, em muitos países de possível estada ou destino, são vistas em seus consulados havaneses como "potenciais imigrantes", exigindo-se delas os mais diversos documentos para obter um visto. O Malecón continua ali, firme em suas bases essenciais, testemunha – para alguns – de uma fatalidade geográfica[3].

Mas o fato de ter nascido numa ilha e, portanto, sentir-se cercado pela "maldita circunstância da água por todos os lados" gera tantos outros efeitos espirituais e materiais.

Embora, como destaquei antes, parte muito notável e abundante da literatura cubana – e em geral de sua cultura – tenha sido feita fora das quatro paredes da ilha, para o escritor cubano dos últimos cinquenta anos que, por qualquer razão, tenha decidido permanecer em sua terra, o mundo exterior foi um destino de difícil acesso literário.

A fronteira física do Malecón também foi, até apenas vinte anos atrás, um muro físico para as aspirações dos autores do país de se mostrarem literariamente. Outra lei, ou disposição, ou regulamentação (sabe Deus como se chamava), obrigava os escritores a comercializar suas obras com editoras do mundo por meio de uma agência literária, adjunta ao Ministério da Cultura, a única instância autorizada a gerir edições, assinar contratos e receber benefícios, com o devido lucro. Dominada pela ineficiência, pela ortodoxia política, pelas lentidões burocráticas, essa chamada Agencia Literaria Latinoamericana pretendia "vender" autores e obras em outros países, enquanto os credores tinham de esperar pacientemente que a instituição obtivesse resposta afirmativa. Ao se fechar o contrato de uma

---

[3] A partir da liberação da possibilidade de viajar concretizada em 2013, dezenas de milhares de cubanos viajam ao estrangeiro para, em brevíssimas temporadas, comprar produtos que importam e depois vendem em Cuba. Os chamados "mulas" viajam até para a Rússia a fim de importar peças de reposição de velhos carros soviéticos e para o Haiti, trazendo roupa e outros artigos. Toda essa mercadoria alimenta o mercado clandestino nacional cubano.

edição no exterior, o escritor recebia uma porcentagem das cifras acordadas e, durante anos, o dinheiro lhe chegava já convertido em pesos cubanos, que só lhe serviam para suprir gastos do lado de cá do muro do Malecón.

Outra reviravolta histórica começou a mudar essa situação. Felizmente para alguns, infelizmente para muitos, na década de 1990, depois do desaparecimento da União Soviética, em Cuba se começou a viver uma crise econômica tão profunda que nas paredes mais sólidas surgiram rachaduras... e por uma delas se esgueiraram os escritores cubanos em sua busca individual e desesperada por editores fora do país.

O empenho, que no início encheu tantos de ilusões, foi, contudo, degradado pela realidade: as histórias que os escritores cubanos acreditavam importantes e atraentes, as escritas que pretenderam ser inovadoras, a procedência que tinha algo de insólito e interessante, não o foi para a maioria das casas editoriais da língua – menos ainda para as de outros idiomas –, e a insularidade literária caiu como um fardo sobre as pretensões de muitos autores que não puderam atravessar o muro do mercado e, quando muito, tiveram de se conformar em continuar publicando em Cuba – se possível – ou em selos pequenos ou marginais do vasto mundo além dos mares que rodeiam a ilha.

Talvez a explicação para esse fracasso seja tão simples como a de que os confinamentos prolongados e a insularidade física e mental têm o efeito secundário e indesejável de provocar o localismo, ou seja, o olhar centrado no interior. O próprio Carpentier, citando Unamuno, em algum momento o observou referindo-se à cultura de todo o continente latino-americano: a essência da arte é "achar o universal nas entranhas do local". Mas como acessar o universal a partir da convivência contínua e autofágica do local? Como ver o que há além-mar se, por gerações, daqueles lugares só se vislumbraram lampejos, amostras autorizadas a ser exibidas por uma política também restritiva quanto ao que um habitante da ilha pode ou não pode consumir política e culturalmente? Os confinamentos físicos, é claro, podem provocar confinamentos mentais. Até castrações. Nem todos os imobilizados podem se tornar viajantes como Lezama Lima, porque, entre outras razões, nem todos somos Lezama Lima. Longe disso.

5

A insularidade também gera um efeito benéfico: o sentimento de pertencimento. Creio que poucos habitantes do mundo desenvolveram sentimento de pertencimento tão forte como o cubano – e, mesmo que tenha certeza de estar enganado, creio e quero ver assim. Talvez a manifestação mais patente dessa qualidade esteja não nos cubanos que permanecem na ilha, mas, certamente, naqueles que, às vezes com muito trabalho, sacrifícios e riscos, optaram pela distância do exílio. Um velho amigo, escritor cubano radicado na Espanha há duas décadas, expressou-me tal realidade com estas palavras: "O problema dos cubanos é que nem fugindo de Cuba saímos de Cuba"... Algo assim foi o que aconteceu com os independentistas Heredia e Martí no século XIX, atados poética e politicamente à pátria de origem. O mesmo aconteceu com Cabrera Infante e Reinaldo Arenas em seus desterros políticos recentes, quando continuaram escrevendo sobre Cuba e "em cubano", fazendo parte da cultura mãe, ao passo que se enquistavam num ódio permanente ao sistema político do país e até mesmo contra muitos compatriotas pelo simples fato de terem decidido permanecer na ilha. Também, mas sem ódio, foi o que aconteceu com Eliseo Alberto, mais cubano que nunca na distância e capaz de afirmar que "ninguém ama Cuba mais que eu".

Muitas vezes, demasiadas vezes, os jornalistas de diversas partes do mundo me perguntaram por que continuo vivendo em Cuba, uma vez que tenho editoras que publicam meus livros fora da ilha e possuo, inclusive, cidadania espanhola (e o conhecido passaporte que abre tantas portas), que, com acordo do Conselho de Ministros, o reino da Espanha me concedeu... E a única resposta possível tem sido sempre uma e a mesma: porque sou cubano, um escritor cubano, que escreve sobre Cuba e os cubanos e que, por vontade própria, decidiu – inclusive nos momentos mais duros de minha vida e da vida do país, como aqueles anos desoladores e de fome da década de 1990 – permanecer vivendo e escrevendo em Cuba. E acontece que o sentido do pertencimento não só me amarra a meu país, a minha cidade (com seu Malecón e seu muro), a meu bairro (vivo no mesmo lugar em que nasci), como me faz atentar para algo muito mais complicado: nunca vou ser outra coisa que não um escritor cubano – e, se vivesse em outro lugar, seria um desses cubanos que nunca poderia "sair" de Cuba.

Talvez o fato de ter nascido num bairro periférico de Havana, uma espécie de pequena vila com relativa independência da cidade (em meu bairro tínhamos de tudo, exceto funerária e cemitério), de ser de uma das famílias fundadoras da localidade, tenha alimentado muito esse sentimento de pertencimento a um território que da única colina do bairro era visível em sua totalidade, que em qualquer lugar do mundo em que estivesse me pertencia em sua diminuta totalidade.

Porque o decisivo, creio, é que um escritor *é* sua cultura, que inclui antes de tudo a língua e o modo pelo qual essa língua é utilizada, mas também as infinitas referências e circunstâncias próprias de uma identidade – o que venho chamando de *pertencimento*, talvez porque tem um matiz mais fatal, mais inapelável, mais insular... A música cubana, a desastrosa gastronomia nacional, a paixão pelo beisebol, o clima e a paisagem, o modo de agir, pensar e amar das pessoas e até a "maldita circunstância da água por todos os lados" compõem os tijolos de um espírito singular que o escritor apreende uma só vez, a menos que seja um transumante ou um homem dividido por duas culturas, como, em nosso caso, acontece com alguns dos chamados escritores cubano-americanos, nascidos lá ou aqui, cultivadores da língua de lá ou daqui, permeados de reminiscências históricas e de consciências daqui e de lá. Porém, o forte sentimento de pertencimento de que nós, cubanos, gozamos ou padecemos, mais as impossibilidades mantidas durante décadas para nos deslocarmos pelo mundo conforme nosso arbítrio, sedimentaram em muitos escritores cubanos (e em mim específica e profundamente) uma relação de dependência com um meio sem o qual nos seria (me seria) muito difícil continuar sendo escritores, a julgar pelo que conheço graças a minhas leituras e também a muitas conversas públicas e privadas... Ou, senão, por que Cabrera Infante e Reinaldo Arenas continuavam escrevendo sobre Cuba, sobre sua vida em Cuba? Por que uma escritora cubano-americana como Cristina García concebeu um romance intitulado *Sonhos cubanos** e Óscar Hijuelos, o mais bem-sucedido e reconhecido dos autores cubano-americanos, ganhador de um Pulitzer, alcançou sua grande notoriedade com um romance feito de lembranças familiares e voluptuosidades cubanas como *Os reis do mambo tocam canções de amor***...?

Escrever sobre Cuba e sobre os cubanos que foram e os que somos agora é uma missão fatal que me acompanha, mas que aceito com algo além de resignação. Aceito porque não posso deixar de fazê-lo – como o fato de viver num país com a "maldita circunstância da água por todos os lados" –, mas, sobretudo, porque quero. Ter voz e não a utilizar pode ser um pecado, ainda mais num país como Cuba. Viver dentro da ilha constitui, em contrapartida, uma decisão, um exercício do arbítrio, que aceitei de forma voluntária, porque quero ser alguém que vive perto de minhas nostalgias, de minhas lembranças, de minhas frustrações e, é claro, de minhas alegrias e meus amores. Ainda que não pratique com muita frequência algumas dessas sensações e revelações, como a de caminhar no fim

---

* Cristina García, *Sonhos cubanos* (trad. Celina Cavalcante Falck, Rio de Janeiro, Record, 1999). (N. E.)

** Óscar Hijuelos, *Os reis do mambo tocam canções de amor* (trad. Fernanda Pinto Rodrigues, Lisboa, Difusão Cultural, 1992). (N. E.)

da tarde pelo Malecón, sentar-me em seu muro de frente para a cidade para ver a vida ou de frente para o mar para ver a mim mesmo e pensar que para além do oceano há um mundo que tive a sorte de conhecer e desfrutar, mas que não me pertence, e para voltar a sentir que, do muro para dentro, há um país que, apesar de leis e proibições que chegaram a torná-lo hostil, me pertence. E ao qual eu pertenço.

maio de 2013

A geração que sonhou com o futuro

1

O inverno de 1977 foi o último em que Ramón Mercader del Río pôde passear seus dois magníficos galgos-russos pelas areias da praia de Santa María del Mar, poucos quilômetros a leste de Havana. O homem que, em agosto de 1940, cumprindo ordens de Joseph Stálin, havia assassinado Liev Trótski no México, residia em Cuba desde 1974 e o faria até sua morte, devorado por um câncer, em outubro de 1978.

Como era de esperar, Ramón Mercader vivia em Cuba em condições de anonimato, e só algumas pessoas muito confiáveis ou próximas sabiam qual era a verdadeira identidade daquele republicano espanhol, robusto e discreto, ao qual solidariamente o governo cubano concedera uma moradia magnífica numa das regiões mais atraentes do bairro havanês de Miramar, antigo setor da média e alta burguesia crioula. Para passar seus dias cubanos, foi escolhido para o assassino material de Trótski o último dos muitos nomes que utilizou ao longo da vida: Jaime Ramón López, mesmo nome com o qual seria enterrado no cemitério moscovita de Kúntsevo e sob o qual jazeria até meados da década de 1990. Só então, quando já não existia o país a cujo serviço havia trabalhado e assassinado, com total consciência de que agia como braço armado da revolução universal que nos legaria um mundo melhor, de plena justiça, democracia e dignidade humana, aquele homem, ao mesmo tempo tão singular e tão típico de seu tempo, recuperaria seu nome verdadeiro, pelo menos na lápide fúnebre.

Entre os pertences que Ramón ou Jaime López trouxe em 1974 de Moscou para sua permanência em Cuba, estavam aqueles belíssimos borzóis, DAX e *Ix*, que ele considerava parte de sua família e amava quase tanto quanto a seus filhos.

Porque, se é verdade o que ele escreveu em algumas cartas daqueles anos (com esse personagem, a desconfiança sempre é válida), Ramón Mercader era um pai amantíssimo de seus filhos (adotivos) Arturo, Jorge e Laura López e um dono tão preocupado com seus belíssimos cães (chama-os de "os aristocratas" numa carta que envia a um sobrinho) que no inverno levava-os a uma praia havanesa deserta para que corressem livremente e no verão fazia-os dormir num quarto climatizado com ar-condicionado (equipamento absolutamente de luxo na Cuba da década de 1970) para que aquelas criaturas siberianas resistissem melhor às altas temperaturas do estio tropical.

Quem leu meu romance *O homem que amava os cachorros** com certeza lembrará que menciono o essencial desta história real, sepultada por muito tempo e ficcionada apenas em seus detalhes dramáticos nas páginas de meu romance. E justamente dos que o leram surgiram duas perguntas sobre questões que em geral os intrigam com especial insistência: como se concretizou a possibilidade de Ramón Mercader vir viver em Cuba? E, já de dentro da ficção, que aspectos biográficos compartilhamos eu, o autor e o personagem do jovem escritor (Iván Cárdenas, no romance) que um dia se encontra, numa praia havanesa, com o dono dos borzóis e com ele trava uma relação sem ter a menor ideia de que se tratava, nem mais nem menos, do assassino de Liev Davídovitch Trótski?

Sobre a primeira pergunta, apesar do tempo transcorrido desde que publiquei o romance, além de leituras e conversas que continuei acumulando, ainda hoje sou incapaz de dar uma resposta com conhecimento de causa, pois o assunto nunca foi ventilado publicamente. É uma verdade vedada. Tanto que eu saiba, só no livro de Álvaro Alba, *En la pupila del Kremlin*[1], elaborado a partir do testemunho da hispano-soviética que diz chamar-se Karmen Vega (assim, com "K"), se oferece uma versão das entranhas do acordo. Segundo a camarada Vega, a negociação concluída com a acolhida cubana de Mercader foi obtida por ela mesma, a própria narradora da história, como resultado do favor solicitado a título pessoal ao líder cubano Fidel Castro por ocasião de uma estada sua em Moscou. A versão, a meu ver, é demasiado heroica, romântica e consagrada a ressaltar o protagonismo de Karmen Vega. Contudo, em meio à mais que possível fantasia, há alguma coisa que cheira a verdade: a negociação certamente se fez

---

* Leonardo Padura, *O homem que amava os cachorros* (2. ed., trad. Helena Pitta, São Paulo, Boitempo, 2015). (N. E.)

[1] Álvaro Alba, *En la pupila del Kremlin* (Madri, Asociación por la Paz Continental, 2011, Coleção Entrelíneas).

com decisões tomadas nos mais altos níveis de influência política (pelo menos por parte de Cuba), pois "a batata quente" (como se fazia chamar o próprio Ramón Mercader) não era presença desejada em nenhum lugar do planeta e, fora da União Soviética, só era possível que fosse admitido por outro país de sistema socialista e muito próximo da política soviética – e sob as já mencionadas condições de anonimato. Pela parte soviética, ao mesmo tempo, certamente não se exigia apenas o anonimato, mas também algo que Mercader sabia fazer muito bem: manter o mais estrito silêncio sobre as entranhas e responsabilidades de seu ato "heroico" e revolucionário.

A segunda pergunta, por sua vez, tem duas respostas, talvez até mais complicadas. Uma é que entre mim e o personagem de Iván Cárdenas, no sentido puramente biográfico, pessoal, não há relação alguma. Iván é um ser de ficção, construído com elementos de muitas vidas, reais ou possíveis, conhecidas em primeira ou segunda mão, pois me propus a transformá-lo em uma síntese de diversas experiências vividas por uma geração específica de cubanos, a geração à qual pertenço. E por isso a segunda resposta é que entre mim e Iván Cárdenas, sem haver nenhuma conexão biográfica, há, ao mesmo tempo, uma íntima relação. Meu personagem e eu compartilhamos a mesma época da vida, temos quase a mesma idade, e, por conseguinte, várias (eu diria muitas) dessas vivências que guarnecem sua biografia fictícia foram assimiladas a partir de uma perspectiva geracional semelhante.

Sendo assim, a vida e as tribulações do personagem, desde a década de 1970 até seu fim apocalíptico, também poderiam ter sido as minhas. E entre elas até posso incluir a comovente experiência de, aos vinte anos, ele ter-se encontrado (ou eu ter podido me encontrar) numa praia próxima de Havana com um tal Jaime López que passeava dois magníficos galgos-russos... e não ter podido nem sequer imaginar, nem Iván nem eu, que aquele indivíduo era nada mais nada menos que Ramón Mercader del Río, o assassino de Liev Trótski. E não porque o homem se apresentasse com outro nome ou porque fosse difícil – como sem dúvida era – associá-lo a um acontecimentos histórico de ressonâncias remotas..., mas porque nem Iván Cárdenas nem eu, que crescemos e fomos educados na sociedade socialista cubana, tínhamos (ou poderíamos ter) notícia de que havia um homem chamado Ramón Mercader que fora o assassino daquele fantasma difuso, inominável e maculado pelo movimento comunista internacional, que respondera pelo nome de Liev Davídovitch Trótski.

2

Minha geração, como a de Iván Cárdenas, como a do Mario Conde de vários romances meus, entrou na vida adulta na década de 1970. Tínhamos nascido nos anos 1950, crescido no agitado primeiro decênio revolucionário e a nós caberia abrir os olhos para a compreensão da realidade num dos momentos mais dramáticos da história cubana – tão cheia de momentos marcantes e dramáticos, pelo menos para nós, cubanos. No plano visível, no cotidiano, aquele momento em que passávamos pelos cursos pré-universitários e universitários foi uma etapa de grandes fervores internacionalistas: a ascensão da Unidad Popular e a presidência de Salvador Allende, no Chile, foi um deles e nos trouxe consequências imediatas. A mais lembrada dessas sequelas foi a avassaladora imposição das canções políticas latino-americanas. Vindas do próprio Chile e de outros cantos do continente, essas canções com sonoridades de quenas e tambores são completamente alheias à sensibilidade cubana original, que na realidade estaria mais em sintonia com a salsa, música nascente (da qual pouco ou nada se difundiu na Cuba daqueles anos), e até com o rock (limitado em sua programação, depois de quase excluído das emissoras de rádio e mais ainda de televisão, por ter sido considerado ideologicamente "nocivo" e uma manifestação cultural "estrangeirizante"). Assim, enquanto se assediavam de diversas maneiras os "combos", que por imitação tentavam produzir canções dos Beatles, de Chicago e de Blood, Sweat & Tears, ao passo que desconhecíamos o auge caribenho da música de Willie Colón, as canções de Rubén Blades e Héctor Lavoe ou os concertos da Fania*, entre nós, com toda a força de um meio de difusão controlado pelo Estado, se alçou a formação de trios e septetos de música folclórica andina, que interpretavam canções chilenas e peruanas com sonoridades estranhas, por jovens cubanos inclusive paramentados com ponchos multicoloridos capazes de derreter os intérpretes.

Aquele fervor latino-americanista, impulsionado pela morte de Che Guevara em terras bolivianas, aproximava-nos dos irmãos do continente com os quais tínhamos menos relação cultural; ao mesmo tempo, vinha acompanhado, para maior ardor, pela invasão cultural eslava, que teve seus representantes mais visíveis no cinema de guerra soviético – todos os filmes sobre a Grande Guerra Pátria

---

* Fania Records foi uma gravadora fundada nos Estados Unidos em 1964, por Jerry Masucci (advogado ítalo-americano) e Johnny Pacheco (músico nascido na República Dominicana), voltada especialmente para a gravação e divulgação da salsa. Em 1968, formou-se o grupo Fania All-Stars, como um mostruário dos artistas da gravadora. (N. T.)

nos chegavam de forma pontual – e os genericamente chamados "bonequinhos russos", os desenhos animados soviéticos, tchecos, húngaros que tiraram das telas de televisão os cartuns estadunidenses de nossas primeiras nostalgias e passaram a fazer parte da educação sentimental de nossos irmãos mais novos. Assim, no plano visual, tanto quanto no político e no econômico, o país se sovietizou profundamente, em todos os sentidos, inclusive o da informação, é claro. Ou, para ser mais preciso, o da manipulação da informação, concebido ao estilo patenteado pelos irmãos soviéticos.

Ainda consigo evocar, com viva nitidez, a manhã de 1973 em que, voltando de um jogo de futebol com alguns colegas do curso pré-universitário, fomos surpreendidos pelos gritos do jornaleiro que anunciava: "Mataram Allende, *vaya*, mataram Allende", enquanto as pessoas quase lhe arrancavam os jornais da mão. Em nossas mentes juvenis, abarrotadas de informações políticas, cheias de fervor latino-americanista, lotadas de sentimentos internacionalistas, carregadas da convicção histórica da necessidade da revolução mundial e da irrefreável ascensão do socialismo, aquela informação fatídica caiu como um fardo pesadíssimo, tão doloroso quanto havia sido em seu tempo a revelação da morte do Che, que no fim soubemos que estava na Bolívia, ou o anúncio dramático de que não se atingiriam dez milhões de toneladas de açúcar previstos para a safra de 1970, os ansiados dez milhões, simbólicos e reais, que tirariam o país do atoleiro econômico e para os quais havíamos entregado tanto trabalho e tanto sacrifício.

A música de tambores e quenas tornou-se, então, mais fúnebre – em meus ouvidos caribenhos, nunca deixara de soar assim, ou pelo menos triste, dolorida, até quando tenta ser festiva –, enquanto aos cinemas chegavam mais filmes soviéticos e, sempre ao ritmo das exigências da história e de nosso papel nela, nós nos preparávamos para cumprir, a partir de 1976, outra grande missão revolucionária: a guerra de Angola, a do internacionalismo, a da dívida ancestral com nossos irmãos africanos, a guerra de minha geração.

3

Minha geração foi a primeira, na história do país, a ter acesso maciço aos estudos superiores. Milhares de jovens de todas as raças e extrações sociais, educados nas escolas que o processo revolucionário fomentara por toda a ilha, chegamos a realizar durante a década de 1970 o sonho dourado de nossos pais, que, curiosamente, para nós parecia o mais natural e lógico do mundo. O que mais faríamos senão estudar, até o fim? Fazia parte de nossa missão, a de sermos melhores, jovens revolucionários, homens novos. Não foi nem um pouco por acaso que muitos de meus amigos da adolescência pré-universitária se tornaram, pouco depois, médicos, engenheiros, graduados nos mais diversos saberes. Inclusive vários deles ostentariam diplomas obtidos em universidades soviéticas, como a famosa Lomonósov ou a internacional Patrice Lumumba.

Minha geração foi, além disso, a que em sua formação acadêmica experimentou os primeiros dos muitos ensaios pedagógicos e organizacionais desenvolvidos no país ao longo das últimas décadas. No primário, tivemos aulas com os chamados professores "Makarenko" (basta o nome para indicar a origem e as intenções do programa); no curso secundário, inauguramos, entre outros, o sistema germano-democrático dos telecursos e o das escolas internas de regime semimilitar e totalmente militar; nos anos do pré-universitário, inauguramos as "escolas no campo", centros de estudo localizados fora das cidades, nos quais, também em regime de internato, os jovens dedicavam parte do dia ao estudo e a outra ao trabalho na agricultura, longe da tutela ou vigilância paterna. Enquanto isso, nós que estudávamos nas cidades cumpríamos entre seis e oito semanas anuais de trabalho agrícola, inclusive nos cortes de cana, pois, além de ajudar a economia nacional, cuidávamos de pôr em prática a teoria do "valor formativo" do trabalho, parte essencial da formação do Homem Novo.

Depois, em meus anos na universidade, tive o estranho destino de obter uma vaga na Escuela de Artes y de Letras, de ingressar na Escuela de Letras (sem Artes) e de acabar graduado na Facultad de Filología, com as imprescindíveis mudanças de programas que se seguiam a esses ajustes do perfil acadêmico, sobre as quais nunca ninguém me consultou. Como era de esperar, nesses anos de companhia soviética muito íntima os planos de estudo foram se povoando de matérias como materialismo histórico e materialismo dialético, economia política, história do movimento operário e o curso muito simpático (visto de longe) de comunismo científico, um dos mais ousados exercícios de ficção científica possíveis de imaginar. Recebemos cursos de preparação militar e seminários de ateísmo científico, e, em consonância com essa matéria, rechaçamos qualquer crença religiosa, pois, além do mais, bem sabíamos (sabíamos mesmo) que professar alguma e publicá-la poderia ser considerado grave fraqueza ideológica – tão estigmatizada quanto a homossexualidade –, capaz de incapacitar o estudante em sua ascensão social e, em casos extremos, de levar à marginalização ou até expulsão de determinados cursos superiores, como ocorreu durante aquela campanha de "Aprofundamento da Consciência Revolucionária" desencadeada em meus tempos de universidade (1975-1980).

Minha geração também foi a que supriu os exércitos cubanos de soldados nas guerras internacionalistas da Etiópia e de Angola, das quais participaram milhares de jovens (inclusive em idade de serviço militar, ou seja, um pouco mais de dezesseis anos) e nas quais eu mesmo me vi envolvido, pois tive de trabalhar um ano em Angola, por sorte como correspondente civil, pelo que mereci a distinção de Trabalhador Internacionalista, que guardo em casa.

Minha geração, depois de tanto sacrifício, estudo, trabalho, combates, obediência, experimentos e até marginalizações e negações, teve a possibilidade de sonhar com o futuro, porque o futuro era ou seria nosso, segundo nos disseram. Por isso, no despontar dos anos 1980, para nós a imagem de um grande futuro pessoal significava ter um trabalho responsável e bem remunerado (pois o dinheiro cubano valia). Poder morar em apartamento próprio num bairro proletário e, com muito esforço e sorte, chegar a merecer os dois prêmios gordos que parecia factível conseguir: a possibilidade de adquirir um carro soviético (Lada, Moskvitch) e viajar para o estrangeiro..., ainda que só fosse para a União Soviética, ou a Bulgária, melhor ainda para a Alemanha Democrática, superbem se fosse para Espanha, México ou Canadá, o maligno, porém magnético, mundo capitalista do consumismo, da decadência e da libertinagem. E tudo isso seria possível não apenas por ser filho de algum membro da nomenclatura (que chamávamos de "filhos de papai"), mas também graças ao esforço, ao trabalho, ao talento pessoal, sob a máxima marxista "A cada um segundo sua capacidade, de cada um segundo seu trabalho" ou coisa parecida...

No entanto, coube a minha geração, aos nossos trinta, trinta e cinco, quarenta anos, observar atônita a queda do Muro de Berlim (do que se queixavam os alemães democráticos, se lá nem sequer havia caderneta de racionamento?) e, numa concatenação de acontecimentos inimagináveis para nosso entendimento (tínhamos estudado comunismo científico, sabíamos como seria o futuro), assistir pouco depois ao desaparecimento ou *desmerengamiento** da União Soviética (a pátria do socialismo renuncia ao socialismo? Que loucura era aquela?)[2]; imediatamente, minha turma viveu a frustração de todas as possibilidades de concretizar seus sonhos afagados e discretos quando o país caiu na mais profunda crise econômica que se possa imaginar... Então, com nossos jovens filhos nas costas ou as

---

* Expressão cunhada por Fidel Castro, especificamente para se referir à debacle da União Soviética. (N. T.)

[2] Dois ou três anos antes de a URSS desaparecer, foi suspensa em Cuba a circulação das revistas *Sputnik* e *Novedades de Moscú*, consideradas pela direção ideológica do país portadoras de mensagens danosas ao socialismo, como acontecera em determinado momento com a música dos Beatles.

esposas na garupa, tivemos de começar a pedalar bicicletas chinesas para chegar a qualquer lugar geográfico e garantir a sobrevivência. Pelo menos a sobrevivência.

Naquele instante, o futuro deixou de ser um sonho tangível para se transformar numa nebulosa, em que todos os perfis se esfumavam, em que não se entrevia nem sequer um horizonte, uma luz.

4

Em 1973, quando concluí a universidade, com notas excelentes e o prestígio de já ter um livro publicado, fui selecionado para trabalhar como redator-chefe da emissora de rádio local de Baracoa, o povoado perdido e remoto (não há outros adjetivos para qualificá-la) que, com o apoio da história e muito esforço da imaginação, se orgulhava de ter tido o privilégio de ser a primeira vila fundada e, além disso, a primeira capital da ilha recém-descoberta pelos conquistadores espanhóis. A promoção – disse o *companheiro* que me atendeu no escritório de colocação laboral, departamento de universitários recém-formados – devia-se, mais do que a meus méritos estudantis, ao fato de, como jovem de minha época, estar disposto a partir para onde me ordenassem e quando me ordenassem, pelo tempo que fosse necessário e nas condições existentes, embora tenha decidido omitir que, legalmente, eu era obrigado a trabalhar onde eles determinassem, de acordo com o estipulado pela lei do chamado serviço social, a que, como retribuição pelo curso feito gratuitamente, todos os recém-formados estavam obrigados. E aquilo que o companheiro também não me disse, apesar de ter sido a verdadeira razão pela qual Alguém decidira *selecionar-me* e *promover-me* para Baracoa, foi que tinham considerado que eu precisava de um "corretivo" para baixar a crista e situar-me no tempo e no espaço, como se costumava dizer.*

... A data em que aconteceu o que foi narrado não é arbitrária, e o relato não é o reconto de uma experiência pessoal, de minha experiência de vida. Reproduzo um momento-chave da história de Iván Cárdenas Maturel, o personagem cubano de *O homem que amava os cachorros*. Iván, que em sua época de universitário escrevera um livro de relatos politicamente corretíssimos, depois havia ousado publicar um conto em que problematizava um personagem e, com aquele equívoco de perspectiva, marcou sua sorte na literatura e na vida.

---

* Leonardo Padura, *O homem que amava os cachorros*, cit., p. 91. (N. E.)

Como Iván, muitos integrantes de minha geração não tínhamos ideia clara e definida do que ocorria nos meios artísticos do país naqueles anos da década de 1970 em que ouvíamos música de Inti-Illimani*... Os chamados processos de parametrização seguidos a partir do Congreso de Educación y Cultura de 1971 contra artistas de diversas manifestações tinham terminado com a condenação ao desligamento laboral de muitos deles, só por terem crenças religiosas, tendências homossexuais ou qualquer indício de fraqueza ideológica. Escritores como Virgilio Piñera, José Lezama Lima, Antón Arrufat e Eduardo Heras foram lançados num limbo de morte civil, como qualificaria Arrufat, ele mesmo enviado para trabalhar numa biblioteca municipal, enquanto Haras era designado para uma fundição de aço e Virgilio e Lezama viviam do que podiam até, finalmente, morrerem no ostracismo, sem voltarem a ser publicados ou mencionados. Pintores como Raúl Martínez ou Servando Cabrera Moreno definhavam, vítimas da suspeita mais bem fundamentada: sua homossexualidade. Alguns poucos, acolhidos pelo guarda-chuva que se abriu no Instituto de Cine e na Casa de las Américas, puderam driblar o temporal e manter-se ativos, como foi o caso dos músicos de "*la nueva trova*", que também tinham se apropriado de quenas e tambores andinos. Foi a época em que Pablo Milanés, que alguns anos antes estivera recluso num acampamento militar de trabalho, cantou: "*Yo pisaré las calles nuevamente/ De lo que fue Santiago ensangrentada...*"**.

A verdade é que, em 1973, vivia-se em pleno "quinquênio cinza" da cultura cubana, pois às marginalizações e aos corretivos juntava-se o impulso para uma política cultural que se movia ao ritmo das recorrentes quenas e tambores, de filmes de guerra soviéticos, de apoio ao teatro de criação coletiva além do teatro tradicional de salas, de impulso a um "romance policial revolucionário" (assim foi chamado) ideologizado, de um cinema nacional de problemáticas reduzidas a conflitos laborais, raciais ou de gênero, de artes plásticas mais próximas das figurações moscovitas que das tendências internacionais. Foram essas as estéticas que marcaram o âmbito cultural da época... sem que soubéssemos muito (às vezes nada) das águas turbulentas que corriam debaixo daquelas pontes. A imprensa cubana, monopolizada pelo Estado tal como ocorreu nos países de socialismo real, não repercutia esses outros conflitos, como se não importassem... ou nem sequer existissem.

---

* Grupo musical chileno criado em 1967, pertencente ao movimento Nueva Canción Chilena. (N. T.)

** "Pisarei as ruas novamente/ Do que foi Santiago ensanguentada..." (N. T.)

Foi preciso que se passassem vários anos para que minha geração começasse a ter uma primeira consciência de todas as dimensões e as complexidades do mundo que tínhamos vivido e vivíamos e do que se vivia ou se tinha vivido fora da ilha. Do mesmo modo como o já exaurido Iván Cárdenas não podia ter a menor ideia de que o homem dos borzóis era o assassino de Trótski, muitas outras realidades eram mantidas ocultas, inacessíveis para nós não só nos programas de estudo, mas quanto à possibilidade de conhecê-las por curiosidade. O que fora a Revolução Cultural chinesa? Quem eram os Khmers Vermelhos de Kampuchea? Existira uma escassez genocida na Ucrânia? O Exército Vermelho tinha invadido a Polônia? Quantos soviéticos passaram pelo *gulag* stalinista? O que era um *gulag*?

Quando atingimos a responsabilidade laboral, nos anos 1980, a inocência e o desconhecimento dos integrantes de minha geração eram densos e abrangentes. E, devo reconhecer, sua fé também. Foi em meio a um período que nos pareceu de bonança econômica que, em nossa maioria, demos para sonhar com o futuro, sempre dispostos a nos entregar, decididos a sacrificar o presente, mas sem dúvidas, ou com muito poucas, quanto ao futuro que nos caberia.

Se a de Iván Cárdenas em 1973 não constitui uma experiência pessoal, foi uma experiência pessoal, sim, ver-me submetido, dez anos depois, a uma espécie de julgamento ideológico-laboral em consequência do qual eu seria primeiro rebaixado de redator a revisor da revista cultural mensal em que trabalhava para, pouco depois, acabar transferido, ou melhor, enviado para me reeducar num jornal diário no qual não deveria haver espaço para os devaneios "culturaloides" ou "intelectualoides" do mensal. Meu erro, segundo os diretores da pureza social com poder de comando sobre as pessoas, fora mostrar minha imaturidade política, ou seja, "ter problemas ideológicos", uma das acusações mais imprecisas, porém mais graves, a cair sobre alguém situado no mundo da cultura e do pensamento. Eu tinha então vinte e oito anos, era um escritor em ascensão e, como outros escritores em ascensão de minha geração, achava que se podia escrever literatura sobre os conflitos existenciais do homem, sobre os eternos desafios que a condição humana enfrenta, não só sobre os atos heroicos, a vida laboral, a experiência militar de meus compatriotas contemporâneos ou antepassados. Esses eram meus graves problemas ideológicos daquele tempo. E são alguns dos que ainda hoje me acompanham.

Com a mesma intensidade dramática com que posso rememorar a voz do jornaleiro que anunciava o golpe de Estado e a morte de Allende em 11 de setembro de 1973, posso lembrar – sempre vou lembrar – aquela noite de junho de 1983, dez anos depois, em que cheguei à casa de minha namorada Lucía –

a mesma Lucía que ainda me acompanha – e disse que me tinham expulsado da revista e mandado para o jornal, acusado de "ter problemas ideológicos"... e Lucía começou a chorar. Porque outra coisa que sabíamos muito bem – sim, Lucía, eu e quase todos os integrantes de minha geração – era o que podia significar aquele estigma, como poderia ser dura minha condenação, a maneira com que ameaçava acabar com meus sonhos literários e humanos do presente e do futuro. Isso nós sabíamos, pois até conhecíamos pessoas como Iván e como Fernando Terry[3], já marcadas por experiências semelhantes.

Felizmente Cuba é um país em que o calor, a música e o caráter das pessoas influem em muitas coisas. E, em vez de castigo, meus anos de trabalho no jornal para o qual fui designado tornaram-se, como por arte de magia ou de predestinação divina, um prêmio inesperado. Tudo aconteceu quando os diretores da publicação, ao lerem minhas primeiras crônicas jornalísticas, pediram-me que integrasse uma equipe recém-criada destinada a melhorar as edições dominicais e, durante seis anos, pude fazer um jornalismo descontraído, literário, ousado – sem pressões excessivas de nenhum poder –, que me deu presença, até fama, e, sobretudo, me permitiu o exercício de um jornalismo que seria parte essencial do aprendizado das artes da escrita que ajudariam o escritor em ascensão de 1983 a evoluir até o escritor mais profissional e seguro de suas intenções que deixou o jornal em 1990, disposto a escrever um romance que se intitularia *Passado perfeito*[*]. E então veio a crise.

5

Eufemisticamente chamado de "período especial em tempos de paz", o lapso da década de 1990 foi um momento dramático e revelador para Cuba, para todos os cubanos. Como um brusco despertar... O país onde até era possível sonhar com um futuro modesto, mas afinal um futuro, de repente ficou "abandonado e sozinho" – como disse um poeta redundante –, e sofremos as consequências da incapacidade nacional de nos valermos economicamente por nós mesmos. Ao longo daqueles anos, houve falta de comida, dinheiro, eletricidade, transporte público, papel, remédios... e até de cigarros e rum. A sociedade quebrou,

---

[3] Personagem de Leonardo Padura, *O romance da minha vida* (trad. Monica Stahel, São Paulo, Boitempo, 2019).
[*] Idem, *Passado perfeito* (trad. Paulina Wacht e Ari Roitman, São Paulo, Boitempo, 2005). (N. E.)

derreteu, e cresceu um espírito de sobrevivência que degradou os valores éticos de muita gente, dando rédea solta à filosofia do "resolver". Só que ninguém *resolvia* seus problemas trabalhando, pois o valor real se reduziu em algo como 90%. Enquanto alguns e algumas se prostituíam, outros roubavam o que fosse roubável, outros fugiam do país por qualquer meio e para qualquer lugar, e muitos outros definhavam na indigência. A religiosidade e a homossexualidade, contidas ou ocultas, fizeram-se visíveis, até mesmo ostensivas e, é claro, ascendentes. A droga, quase inexistente uns anos antes, voltava a aparecer nas ruas cubanas. Uma epidemia de avitaminose se declarou no país, provocando inclusive perdas de visão e terríveis dores no corpo... E o desencanto minou muitos espíritos. Os homens e as mulheres de minha geração, artistas ou não, universitários ou não, vimos diluírem-se as ilusões de futuro (o futuro reduziu-se a procurar o que comer hoje, amanhã, quando muito na semana), e sobre nossos ombros caía a derrota de uma vida que de repente perdia todos os nortes, os pontos de apoio, as certezas que nos tinham sido inculcadas e pelas quais tínhamos trabalhado, estudado, lutado, aceitado sacrifícios e limitações de todo tipo. Aquela geração que obedecera, muitas vezes com convicção, quase sempre sem protestar, que raras vezes pudera optar e mesmo tomar as próprias decisões, agora se via à deriva, talvez velha demais para refazer a vida dentro ou fora da ilha (embora parte importante tenha optado pelo exílio), sem dúvida jovem demais para ignorar suas responsabilidades, pelo menos as filiais. E mais uma vez pediam-nos espírito de sacrifício, capacidade de resistência.

De um modo ou de outro, também naqueles anos terminamos de nos educar. A ruptura do monólito social, econômico e político que inevitavelmente se viu afetado pela crise permitiu-nos entender melhor o mundo próximo e distante, começar a reler a história e seus mitos, a reavaliar nossa experiência pessoal, geracional, nacional.

E o país começou a mudar. Não foi de um dia para o outro, mas começou a se transformar, sem se deter, e continua se transformando. Só que o presente não se parece muito com o futuro sonhado em outros tempos, e o futuro sonhável agora continua sendo impreciso, vago ou distante demais, independentemente de nossos esforços ou vontades, quase sempre de nossas decisões. No entanto, é patente que a sociedade igualitária pela qual se trabalhou foi se fracionando em camadas e estratos, enquanto o Estado todo-poderoso e protetor foi se retirando de determinadas esferas, tornando-se mais realista e pragmático, cortando "gratuidades indevidas" antes outorgadas, mas conservando os grandes mecanismos de decisão política e econômica. Mais que contra as fraquezas ideológicas, a luta oficial agora é contra uma corrupção extensa, contra uma improdutividade finalmente revelada em toda a magnitude, contra uma perda do valor do trabalho e dos princípios éticos mais elementares que, como uma praga, corroem a sociedade do que devia ter sido nosso tempo futuro. É um conflito com alguns fenômenos gerados pela própria degradação econômica e social, pelo cansaço histórico que padecemos depois de termos vivido tanto tempo na história (em Cuba tudo era anunciado como algo "histórico"). Hoje abrem-se no país possibilidades de ascensão social graças à pequena empresa privada ou simplesmente à sorte de ter um parente generoso ou bem-sucedido fora da ilha, uma ascensão a que terá acesso uma porcentagem ínfima da população insular, muitas vezes independentemente de sua capacidade, de seu trabalho, de seu talento, dos valores sagrados em que foi educada minha geração, décadas atrás.

Em meio a essas mudanças e retrações, a uma sociedade diferente e com outros valores, a geração dos mais jovens hoje se parece muito pouco com a que em 1973 estudava em cursos pré-universitários e universidades e se comovia com os horrores da ditadura fascista de Pinochet e outros acontecimentos semelhantes ou se sentia esmagada pela demissão de um funcionário qualquer (muitas vezes esmagado por outro funcionário qualquer, de categoria superior, que por sua vez poderia ser esmagado por...).

Na Cuba de nosso futuro já não se ouvem quenas e tambores, mas um *reguetón* lascivo e maçante, que proclama "*lo mío es muchachitas y alcohol*"*: esse é o melhor sinal dos tempos. A aspiração de muitos, demasiados, é emigrar e buscar soluções individuais para seus problemas e necessidades vitais (dinheiro, carro, casa..., o sonho inocente da década de 1980, mas transportado para outras latitudes). Ou tornar-se empresários privados, com a ajuda de determinado parente generoso que emigrou antes. Já poucos dão importância ao que sabem ou não sabem do mundo, da história, de si mesmos: porque têm certeza de que devem lutar em qualquer terreno, contando para isso com as próprias forças e, assim, não estar entre os que só têm duzentos e cinquenta pesos no banco, ou mesmo nada.

E os integrantes mais velhos de minha geração, os que já estamos rondando os sessenta anos e algum dia sonhamos com o futuro enquanto trabalhávamos e obedecíamos no presente? Pois ainda somos jovens demais para morrer (sim: a expectativa de vida em Cuba chega quase a oitenta anos) e ao mesmo tempo velhos demais, inclusive intelectual e moralmente obsoletos, para empreender uma luta prolongada e desgastante, na qual ser ou não ser universitário não é o

---

* "A minha é meninas e álcool." (N. T.)

decisivo (um motorista de táxi ganha, em Cuba, dez, vinte, trinta vezes o que ganha um médico especialista, e por isso há médicos que preferem ser taxistas), crer ou não crer na diversidade não é determinante, mas ter garra, força e a simplicidade moral de saber que sempre há um meio mais curto, ainda que seja o mais turbulento.

No fim do caminho, a geração escondida, sem rosto, obediente e generosa, a geração que sonhou com o futuro e à qual pertenço, voltou a ser a perdedora. Só que essa não é uma derrota conjuntural, do momento, e sim uma debacle histórica da qual não sairemos mais sábios nem mais cínicos: porque já não sairemos rumo a nenhum lugar... Pois nosso futuro, o que se aproxima, já parece cantado com as palavras do negro Ambrosio na última linha de *Conversa no Catedral**: "E depois, bem, depois já morria, não é, menino?".

2013

---

* Mario Vargas Llosa, *Conversa no Catedral* (trad. Paulina Wacht e Ari Roitman, Rio de Janeiro, Alfaguara, 2013). (N. E.)

Sonhar em cubano: crônica em nove *innings*

Para meu pai, Nardo, almendarista,
e para meu tio Min, habanista*

Primeiro *inning*

O grande sonho de meu pai foi ser jogador de beisebol. *Pelotero,* como dizemos em Cuba. Certa vez eu já disse: em matéria de sonhos, de pureza, meu pai não foi um homem muito original, porque, ao longo de cento e cinquenta anos de história, o desejo de chegar a ser *pelotero,* reconhecido e famoso, aplaudido e querido, foi um dos mais frequentes entre os homens nascidos nesta ilha. E também o que mais vezes se frustrou, pois, dos milhões de cubanos que cresceram e viveram com essa aspiração, só umas poucas centenas o conseguiram com plenitude, e apenas algumas dezenas entraram no firmamento dos imortais.

Durante a infância e parte da adolescência, meu pai dedicou todo o tempo que pôde a praticar beisebol. Fazia-o nos terrenos baldios de seu bairro havanês natal, Mantilla, com os meninos da vizinhança, mas nunca com a frequência que teria desejado, pois desde os sete anos viu-se obrigado a trabalhar como ajudante de meu avô e meu tio mais velho na venda de frutas, comércio com que a família se sustentava. No entanto, foi graças a esse trabalho que, economizando centavo por centavo, pôde dar-se ao tremendo luxo de comprar uma luva canhota para jogar beisebol mais e melhor.

Alguns anos depois, quando meu pai já sabia que seu sonho jamais se realizaria – e não por falta de esforços em suas tentativas de concretizá-lo –, quis transmitir ao filho mais velho aquela aspiração acalentada. Antes de começar sua tarefa, meu pai, que não era especialmente crente, tinha se recomendado à Virgem da

---

* *Almendarista* é o torcedor do time de beisebol Almendares; *habanista,* o torcedor do time de beisebol Habana. (N. T.)

Caridade do Cobre, pela qual, essa sim, tinha firme veneração, pedindo-lhe que seu primeiro filho cumprisse três requisitos: que fosse varão, que fosse canhoto e que chegasse a ser o *pelotero* famoso que ele não conseguira ser. E prometeu que, se pelo menos ela cumprisse o primeiro desse pedidos, aquele herdeiro primogênito se chamaria como ele e como ela, ou seja, Leonardo de la Caridad.

Leonardo de la Caridad nasceu em 9 de outubro de 1955 e, dois dias depois, quando foi levado da clínica para a casa que seu pai construíra um ano antes para a família, no berço comprado para o acolher estavam dispostos os badulaques com que geralmente se rodeavam os recém-nascidos da época: chocalhos, um urso de pelúcia, algum boneco de borracha e... uma bola de beisebol.

Onze meses depois, quando já não havia dúvida de que a Virgem da Caridade continuava satisfazendo meu pai, pois seu primogênito levantava a colher e fazia soar os chocalhos com a mão esquerda, ele tentou acelerar o processo. Foi a uma loja de artigos de esporte e comprou um pequeno uniforme de jogador de beisebol com o emblema e a cor azul do time de seus desvelos: o Club Almendares. Como magnífica constatação daquele empenho, resta uma foto, de qualidade lamentável, mas perfeitamente visível, na qual Leonardo de la Caridad, vestido com seu uniforme de *pelotero*, dá os primeiros passos no jardim da casa da família, no bairro de Mantilla. A sorte estava lançada e, para seguir adiante, sempre seria possível contar com a generosa ajuda da Virgem.

Uma das lembranças infantis indeléveis de Leonardo de la Caridad é sua primeira visita a um estádio oficial de beisebol. Aconteceu numa tarde de domingo, deve ter sido em 1962, quando tinha seis ou sete anos. Já então o menino Leonardo mostrara que, por via familiar, social, cultural e até genética, era um fanático absoluto da prática do beisebol. É claro que naquele momento Leonardo de la Caridad não tinha noções definidas das muitas coisas que aconteciam à volta e que afetavam quase tudo, inclusive o beisebol. Tampouco devia saber que aquela visita ao Gran Stadium de La Habana, que (pelas muitas coisas que se passavam na ilha) logo mudaria de nome para Estadio Latinoamericano, seria a última que o pai faria àquele santuário da cultura e da vida cubanas até a noite em que o próprio Leonardo de la Caridad voltasse a levá-lo, vinte, vinte e cinco anos depois daquela tarde mágica e inesquecível.

Até o momento em que meu pai aceitou esquecer seus rancores e voltar ao Gran Stadium de La Habana, em seu país, em sua cidade, em sua casa haviam acontecido coisas demais para que tivesse início uma reparação de suas relações com o passado, ou pelo menos com sua paixão pelo beisebol. Tinha acontecido inclusive que a solícita Virgem da Caridade do Cobre não pudera terminar o trabalho que ele lhe encomendara. Pois, embora seu primogênito fosse varão e canhoto – condição privilegiada para os jogadores de beisebol – e tivesse se tornado um fanático por aquele esporte, também infectado pelo sonho de ser um grande jogador, o poder da Virgem não foi suficiente para que ele se tornasse um bom *pelotero*. Apesar de Leonardo de la Caridad ter-se empenhado horas, dias, meses, anos nesse esforço, jogando beisebol com os amigos do bairro nos mesmos lugares em que o fizera seu pai trinta, quarenta anos antes, o destino fatal e tão comum se repetira. O filho mais velho de meu pai saberia tudo ou quase tudo o que é possível saber sobre beisebol, teria alegrias e sofreria por ele pelo resto da vida, mas teria de estacionar no lugar escuro e cálido dos bons sonhos frustrados seu grande desejo de ser um jogador notável. Porque nem o empenho de meu pai nem o ambiente social e cultural mais propício, tampouco a milagreira Virgem da Caridade do Cobre, conseguiram fazer de mim um bom *pelotero*.

Segundo *inning*

Havana da década de 1860 era um fervedouro social, político, econômico. A capital da próspera e rica ilha de Cuba concentrava em seu território e em seu espírito todas as aspirações, possibilidades e todos os sonhos dos cubanos. Era a Havana pela qual caminhou o menino, o adolescente, o jovem José Martí, na qual ele forjou os indomáveis anseios independentistas aos quais dedicaria toda a vida e até mesmo sua morte, alguns anos mais tarde. Era uma Havana na qual ser "crioulo" (cubano) ou "peninsular" (espanhol) começava a significar um conflito agudo, pois se tornara a expressão de um pertencimento diferenciador e, mais ainda, a decantação por uma opção política de ruptura ou de continuidade com respeito à condição colonial que ainda regia a vida do país.

Foi para aquela Havana de 1860 que, depois de alguns anos de permanência nos Estados Unidos como estudantes, voltou um grupo de jovens que, em Nova York, na Filadélfia e em Boston, tinham se afeiçoado pela prática de um novo esporte chamado *baseball*, que já arrasava entre os ianques das grandes urbes do norte. Tratava-se de um esporte de regulamento complicado, no qual ao lado da destreza física eram necessárias a agilidade e a profundidade mentais e, diferentemente de outros jogos de bola em voga na época ou criados depois, não se considerava a competição uma luta entre dois exércitos num campo de batalha com o objetivo de tomar a praça inimiga. O beisebol definia seus triunfos com uma filosofia diferente: o herói era o jogador que mais vezes conseguia voltar à casa de onde tinha saído (o *home*), e o time vencedor, aquele que, em conjunto, com a colaboração e a habilidade de todos os *sportsmen*, conseguia mais vezes esse retorno triunfal. A filosofia racionalista e típica do século XIX daquele conceito, isento da concepção "militar" de esportes como o futebol, fazia do beisebol uma prática diferente, moderna, inteligente... chique.

No entanto, esses primeiros jovens havaneses aficionados do beisebol tiveram mais uma importante motivação para sua prática: aquele esporte, com seu ritmo pausado e seus uniformes inusitados, funcionava como a antítese das rudes e atrasadas diversões peninsulares, entre elas as violentas touradas de que os espanhóis se mostravam tão entusiastas. Jogar beisebol, então, tornou-se uma maneira de se distinguir culturalmente, de se relacionar com o mundo a partir de outra perspectiva, de ser moderno, e logo se transformou numa expressão do ser cubano.

Foi justamente durante a década em que se desenvolveu a grande guerra pela independência de Cuba (iniciada em 1868 e terminada em 1878, com um pacto abominável que logo foi assumido por muitos cubanos só como trégua) que o beisebol criou suas primeiras raízes e, quase imediatamente, sua expansão estrondosa em Havana e depois no resto do país. Para chegar a esse ponto, foi necessário que ocorressem alguns processos fundamentais na conformação da cultura e da identidade nacionais, nos quais interveio também aquele novo esporte. Talvez o mais importante de todos tenha sido o fato de que, enquanto apareciam em diferentes lugares de Havana os primeiros campos em que era possível praticar beisebol e se organizavam os primeiros jogos e torneios, uma corrente profundamente integradora e até certo ponto democrática penetrou no processo e, para propiciar sua vertiginosa expansão geométrica, o esporte que alguns anos antes fora importado por jovens aristocratas transformou-se numa atividade popular da qual começaram a participar cubanos de todos os estratos sociais e... de todas as cores, processo já muito visível por volta de 1880. Além disso, aquela representação simbólica tornou-se festa de confluência cultural quando os jogos de beisebol se transformaram em eventos populares em que se comia e bebia, se galanteava, se conspirava e, sobretudo, em que se ouvia música e se dançava ao ritmo do *danzón*, música criada e executada por negros e mulatos que se tornaria a dança nacional cubana. Beisebol, música, sociedade, cultura e política agregaram-se num campo esportivo, numa das cristalizações mais ricas e dinâmicas do processo da conformação definitiva da *cubanía*.

Desde então e até hoje, somos cubanos porque somos *peloteros*; e somos *peloteros* porque somos cubanos. Por isso, o sonho de meu pai e meu foi o de tantos milhões de pessoas nascidas nesta ilha do Caribe ao longo de cento e cinquenta anos.

Terceiro *inning*

O beisebol, a *pelota*. É um esporte, mas também constitui maneira de entender a vida (uma filosofia?). E até de vivê-la. Em meu caso, posso garantir que sou escritor graças ao fato de não ter sido *pelotero*. Um bom *pelotero*.

O bairro da periferia havanesa em que nasci, e onde ainda moro, não tinha nenhum terreno com as condições necessárias para jogar beisebol de acordo com os regulamentos mais estritos: nem as medidas oficiais entre bases nem cercas perimetrais ou verdadeiras proteções acolchoadas, nada parecido[1]. Porém, como em dezenas de outros bairros de Havana, os meninos de minha geração aprendemos a jogar beisebol em becos e terrenos baldios mais ou menos propícios – e neles transpiramos essa necessidade que, quando se transformava em paixão excessiva, na época chamavam de *"vicio de pelota"*. Na esquina de casa, no pátio de uma escola, no descampado de umas pedreiras próximas, num ermo arenoso da periferia, joguei beisebol em cada momento em que foi possível fazê-lo. Com trajes improvisados ou sem eles, com luvas ou sem elas, com os tacos e as bolas que aparecessem em anos em que grandes carências impediam que se adquirissem esses implementos, meus amigos e eu nos dedicamos a jogar e a sonhar com o beisebol.

Para mim, o *"vicio de pelota"* adquiriu proporções de verdadeira dependência: além de jogar beisebol, eu o vivia. Em meus cadernos de escola, desenhava campos de beisebol e imaginava jogos. Quando corria pela rua, sonhava que estava correndo num estádio e percorrendo a quadra porque tinha acertado um *home run* decisivo. Recortava fotos dos *peloteros* cubanos da época e as colava num caderno que espero que ainda esteja entre meus documentos. Via os jogos transmitidos pela televisão e fui me tornando torcedor de um clube e de alguns jogadores que vieram a ser os maiores e melhores ídolos que já tive e que terei. Vivia cercado pelo beisebol, dentro dele, porque o bairro, a cidade, o país eram um enorme campo em que se desenrolava um jogo eterno. E a vida, uma bola de beisebol.

Se devo a meu pai a inoculação dessa avassaladora paixão cubana, é a meu tio Manolo, ou Min, como todos o chamávamos, que agradeço muitas de minhas

---

[1] Até a década de 1940, antes de se produzir um acelerado loteamento na região, existia um quadra com dimensões mais propícias, em frente do edifício onde por várias décadas funcionou a Associação de Bairro. Lá jogaram muitas vezes meu avô Juan Padura, meu pai, Nardo, e lá brilhou quem parece ter sido o melhor *pelotero* da família, Félix "Neno" Padura, primo mais velho de meu pai. Neno Padura esteve prestes a assinar um contrato como jogador profissional.

melhores lembranças relacionadas ao jogo. Porque, diferentemente de meu pai, que sempre foi um trabalhador disciplinado e compulsivo, tio Min era um folgazão capaz de largar tudo para assistir a um jogo em qualquer um dos parques que então povoavam a cidade. Quase todos os domingos, por vários anos, assisti com ele e seus camaradas de farras aos jogos do Estadio Latinoamericano. Em muitas manhãs e tardes subi em sua picape desmantelada, com outros fanáticos como ele, para ver jogos de categorias inferiores em estádios de bairro em diferentes partes de Havana.

Aos dez, doze anos, pratiquei o jogo de maneira mais organizada e aprendi muitos de seus muitos segredos e o maior de seus mistérios: o beisebol é um esporte estratégico, no qual, quando parece que não está acontecendo nada, pode estar ocorrendo o mais importante. Meu pai, que tinha amizade com Fermín Guerra, grande estrela cubana de 1950, conseguiu que o mestre, já aposentado, me aceitasse em sua pequena academia nas quadras do campo de esportes Ciro Frías, a poucos quilômetros de minha casa. Mais tarde, por volta dos quinze anos, integrei um time que jogava aos sábados à tarde e aos domingos de manhã nos campos da Ciudad Deportiva de La Havana e da fábrica de chocolates La Estrella e continuei aprendendo, competindo e sonhando com a glória.

Dois ou três anos depois, quando descobri que nunca seria um lançador veloz nem um batedor poderoso e fui obrigado a reconhecer que o beisebol de elite não era uma categoria que eu alcançasse, decidi de maneira muito racional que, já que não seria jogador, então seria comentarista esportivo. O importante era estar próximo. No entanto, aquele sonho também foi truncado, pois, ainda que eu tivesse as altas qualificações exigidas, ao terminar meu curso pré-universitário fui informado de que naquele ano não haveria matrículas na escola de jornalismo da universidade, já que alguém tinha considerado que no país havia jornalistas suficientes. Com minhas ilusões perdidas, fui dar na Escuela de Letras da Universidade de Havana, onde me esperava o que seria meu destino não sonhado, embora agora eu creia que estava escrito em meus cromossomas. Porque foi lá, ao comprovar que outros colegas de estudo escreviam contos e poemas, que meu espírito competitivo latente de *pelotero* me impeliu nessa direção: se outros escreviam, por que eu não haveria de fazê-lo? Assim, por puro espírito de competição, comecei a escrever e entrei no caminho definitivo do que foi minha vida: a de um jogador de beisebol frustrado que se tornou escritor.

Quarto *inning*

Um fenômeno de identidade que se consuma de modo espetacular cria necessariamente mitos e lendas, marca espaços e épocas. A história do beisebol em Havana está infestada deles.

Desde os tempos finisseculares do século XIX, os jovens ilustrados havaneses, como o poeta Julián del Casal, uma das grandes vozes do modernismo poético, escreveram crônicas e comentários em que se refletia a presença do beisebol e de suas estrelas na vida cotidiana, esportiva e cultural havanesa. Num dos lugares emblemáticos de reunião da juventude metropolitana de então, a chamada Acera del Louvre*, por causa do café lá instalado, confluíam escritores, diletantes, independentistas, jovens que, além dessas atividades, eram praticantes ou amantes do beisebol e o assumiam conscientemente como expressão de pertencimento e bandeira de nacionalismo. E começaram a ser fundados os primeiros mitos no céu das estrelas do beisebol cubano.

Assim, desde o fim do século XIX e ao longo de todo o século XX, a mitologia popular cubana viu-se adornada por nomes de jogadores brancos, negros e mulatos, como os de Emilio Sabourín, o *pelotero* mártir da independência; Carlos Macía, a primeira grande estrela desse esporte; Martín Dihigo, chamado "el Inmortal"; Alejandro "el Caballero" Oms; José de la Caridad Méndez, coroado como "el Diamante Negro"; Orestes Miñoso, apelidado "el Cometa Cubano"; Manuel Alarcón, vulgo "el Cobrero"; Omar Linares, conhecido como "el Niño"; Orlando Hernández, denominado "el Duque", como seu pai Arnaldo; entre muitos outros. Entretanto, o mais mítico de todos os grandes jogadores que Cuba ofereceu foi Adolfo Luque, para quem não bastou um apelido e foi preciso dar três, um em Cuba e dois nos Estados Unidos: "Papá Montero" em seu país; "el Habano Perfecto" e "el Orgullo de La Habana" nas terras do norte.

As andanças e as façanhas de Adolfo Luque abrangem meio século de história *pelotera* cubana e cumprem um papel importante: o de reafirmação nacionalista num período de profunda frustração nacional, depois da independência finalmente alcançada, mas também intermediada por uma intervenção dos Estados Unidos e uma penosa emenda na nova constituição que nos colocava em condição neocolonial. Por isso Luque deu origem a tantas histórias dentro e fora dos campos de jogo, dentro e fora de Cuba e, de muitas maneiras, sua

---

* Calçada do Louvre. (N. T.)

personalidade e sua marca esportiva sintetizaram o caráter e a qualidade de ser cubano dentro e fora da ilha.

Sua carreira de jogador, nas décadas de 1910 e 1920, desenvolveu-se na Liga Profissional Cubana e nas grandes ligas norte-americanas, em que foi um dos primeiros latinos a ingressar e triunfar, para mostrar que nós, cubanos, também podíamos. Em Havana, foi lançador fundamentalmente do mítico Club Almendares, embora também tenha prestado seus serviços como *pitcher* para o Habana, arquirrival dos primeiros. Nas ligas maiores dos Estados Unidos, jogou, sobretudo, para os vermelhos de Cincinnati, com os quais teve uma temporada de vinte e sete vitórias e oito derrotas, verdadeira façanha. Depois, como dirigente de times, entre as décadas de 1930 e 1950, trabalhou em Cuba e no México. E, por onde quer que tenha passado, deixou suas marcas de havanês raçudo.

Parece que a principal característica de Luque como pessoa e jogador de beisebol era um caráter que ia da irascibilidade ao espírito festeiro, sem etapas intermediárias. Bebedor de rum e cerveja, dançarino, fumante de charutos (aos quais faziam alusão seus apelidos do norte, inspirados em duas marcas de charutos muito conhecidas naquele tempo), resumiu em si uma idiossincrasia nacional e uma época: ser impulsivo, agressivo, imprevisível fazia parte de sua *cubanía*, assim como o descomedimento que o acompanhava em todos os seus atos. Apesar de ser branco, seu apelido de "Papá Montero" lhe foi atribuído pela personalidade parecida com a de um negro *ñáñigo* (seita religiosa afro-cubana), conhecido por suas aptidões para a dança da rumba ("canalha e rumbeiro") e seu pendor por brigas de galo, mulheres e bebida e, por inevitável lógica, confusões.

O apogeu da fama de jogador de "Papá Montero" ou "el Orgullo de La Habana" parece ter chegado em 1923, durante a tal campanha em que ganhou vinte e sete jogos e graças à qual, ao regressar à ilha, foi esperado por uma multidão, que desfilou percorrendo as ruas da capital e chegou ao mais importante campo da época, o Almendares Park, onde o aguardava um automóvel novo, comprado para ele pelo povo de Havana. Na comitiva, segundo li, ia uma orquestra de dança, interpretando a música "Arriba, Luque!", composta em sua homenagem por Armando Valdés Torres.

Quinto *inning*

Os mitos vivos e passados do beisebol cubano tiveram um suporte necessário e uma influência lógica na vida prática, na visibilidade e até mesmo no léxico do havanês. Sem dúvida, os campos de beisebol (também conhecidos como "diamantes") foram centros de intensa atividade esportiva e social e eram considerados santuários. Havana teve três grandes "catedrais do beisebol": o Almendares Park, fundado no século XIX; o estádio de La Tropical, famoso nas décadas de 1930 e 1940; e o Gran Stadium de La Habana, aberto em 1948, depois batizado como Estadio Latinoamericano, ainda ativo no bairro popular de El Cerro. Neles, várias gerações de havaneses e cubanos viveram experiências iniciáticas parecidas com a minha e momentos de júbilo ou dor que marcaram suas memórias.

O restante da cidade também foi invadido pelo beisebol durante décadas: fotos de jogadores e times, flâmulas, cores e uniformes tornaram habitual a presença da *pelota* e de seus ídolos em casas, ruas e lugares públicos. Circularam calendários, copos, pratos, leques, os objetos mais disparatados associados aos distintivos dos times mais conhecidos: o escorpião do Almendares, o leão do La Habana, o tigre do Marianao e o elefante do Club Cienfuegos. Em cada bairro havia pelo menos um campo com as condições mínimas para a prática do jogo.

Ao mesmo tempo, a linguagem das pessoas encheu-se de frases e situações extraídas do beisebol: ser pego *"fuera de base"* é ser surpreendido fazendo algo incorreto; *"estar en tres y dos"* expressa estar numa dúvida enorme; *"estar wild"* é estar errado... Ao passo que a música popular fez desse esporte tema de muitas composições, criaram-se marcas de charutos com referências de beisebol e começou a ser comum vestir uma camisa de *pelotero*.

Creio que nenhuma outra atividade social e popular – talvez com exceção da música – teve maior importância na vida cultural e prática cubana, na conformação da identidade e na educação sentimental de tanta gente nascida nesta ilha do Caribe.

Sexto *inning*

Durante vinte anos, meu pai, tão entusiasta de beisebol, viveu de costas para seu desenvolvimento em Cuba. Sua reação tinha sido visceral: com a eliminação revolucionária do profissionalismo esportivo na ilha, em 1960, desapareceu a antiga liga invernal cubana e seus times mais representativos, entre eles o Club Almendares, do qual meu pai era torcedor absoluto.

Ainda hoje me custa assimilar a profundidade da frustração que significou para ele ver esfumar-se o time ao qual se sentira ligado durante toda a vida. Mas começo a entendê-lo a partir de uma comprovação que poderia chamar de ontológica: um homem pode mudar de identidade, de cidadania, de filiação política, de mulher..., mas dificilmente de torcida por um time esportivo. E meu pai, que perdera seu time, só conseguiu fazer essa mudança depois de vinte anos, ao longo dos quais viveu sem ver nem querer saber de beisebol[2].

Também foi um fenômeno curioso o que ocorreu a partir de 1961, quando foram instituídas as chamadas Series Nacionales de Béisbol Amateur em Cuba e fundados novos times (embora um deles continuasse se chamando La Habana, como a cidade e a província). Com muito poucos traumas, as pessoas se afeiçoaram às novas bandeiras, a jogadores até então quase desconhecidos, e lhes deram seu favor e fervor. A explicação possível, a única que me convence, não é de caráter político, social ou esportivo, mas de origem identitária e existencial: os cubanos não podem – ou não podiam – viver sem aquele esporte que era seu, por meio do qual pensavam e se expressavam, pelo qual existiam, sofriam e recordavam.

A história do beisebol que começou a ser jogado em Cuba a partir de 1960 foi gloriosa, sem dúvida nenhuma, e se enxertou quase com harmonia numa robusta tradição, ainda que, politicamente, a nova prática esportiva tenha se apresentado como ruptura e superação do passado, pois se falou do "triunfo da *pelota* livre (amadora) sobre a escrava (profissional)". Apesar de tal transformação, esse novo beisebol, como não podia deixar de acontecer, atraiu a atenção do país, criou novas torcidas, gerou o nascimento de outros ídolos e preencheu o espaço vital que os cubanos sempre haviam dedicado àquele esporte.

Vinte anos depois daquela mudança radical, mais em aparência que em essência, quando para mim já havia terminado o sonho de ser uma estrela do beisebol e eu escrevia meus primeiros contos, convenci meu a pai a ir uma noite comigo ao Estadio Latinoamericano para ver um jogo do time do qual eu fora torcedor na infância: os Industriales de La Habana. E meu pai caiu na armadilha da qual fugira durante duas décadas, porque o simples fato de entrar num grande estádio de beisebol, de ver as luzes que iluminavam a grama avermelhada e o capim verde do "diamante", respirar o cheiro de terra e glória, ver os uniformes coloridos dos jogadores e sentir as pulsões de uma paixão nacional foi suficiente para derrotar os mais acirrados rancores. Por isso, em algum momento antes de começar o jogo, enquanto os participantes faziam o aquecimento, meu pai me perguntou qual era o time que vestia azul, como o Almendares, e eu disse que eram os Industriales de La Habana; então ele perguntou qual era meu time, e eu disse que eram justamente os Industriales. Mais tarde, enquanto o jogo se desenrolava, meu pai me

---

[2] Sem dúvida foi por essa circunstância que demorei tanto para ir pela primeira vez ao estádio Del Cerro, em 1962.

disse que ele também era Industriales. E a partir desse dia ele foi industrialista até sua morte, com a mesma paixão, com igual senso de pertencimento e capacidade de deleite e sofrimento com que fora almendrista durante seus primeiros trinta e três anos de vida.

Sétimo *inning* (o *inning* da sorte)

Mesmo não podendo ser uma estrela nos campos de *pelota* nem sequer trabalhar como cronista esportivo especializado em beisebol, minha paixão por esse esporte emaranhado e por demais cerebral nunca desapareceu. Nunca me curei do "*vicio de pelota*".

Uma das manifestações mais prazerosas dessa doença tem a ver com a atração que, para pessoas como eu, nascidas e educadas na cultura do beisebol, qualquer jogo de *pelota* exerce. É algo mais forte que a vontade. Por isso, com frequência, quando caminho por alguma rua de Havana e dou com um grupo de meninos jogando, paro para ver pelo menos o desenlace da jogada em marcha. Como se fosse importante. E é importante.

Meu grande momento como *pelotero* e comentarista esportivo duplamente frustrado eu desfrutei na década de 1980, depois que, por avatares da vida, fui tirado de uma revista cultural e enviado para trabalhar no jornal vespertino *Juventud Rebelde*. E lá tive que me fazer jornalista... fazendo jornalismo. Justamente por ser filólogo e não um profissional formado nas academias do ofício, tive a sorte de meu trabalho heterodoxo destacar-se em meio ao de meus colegas e logo desfrutei de um raro privilégio: eu podia escrever sobre o que quisesse, como quisesse e quanto quisesse. E foi me aproveitando dessa condição que propus ao colega Raúl Arce, cronista oficial de beisebol do jornal, o projeto de entrevistar um grupo de velhos jogadores de *pelota*, os mesmo que, vinte ou trinta anos antes, tinham sido nossos ídolos.

Foi assim que pude realizar um sonho adiado: durante dois anos, em toda oportunidade propícia, marcávamos encontro com algum daqueles veteranos que nos haviam presenteado tantos momentos de alegria. Conhecê-los, entendê-los e fazer com que as pessoas se lembrassem deles em suas grandezas e sua humanidade foi um privilégio do qual ainda me sinto devedor, pois com eles, graças a eles, entendi muita coisa dessa relação dramática e profunda dos cubanos com o jogo de *pelota*. Suas histórias pessoais e relacionadas ao beisebol, com as peculiaridades próprias de sua época e de seu contexto social e familiar, foram muito parecidas com a minha: a de um vício, a de uma paixão superior.

Aquelas entrevistas publicadas no jornal foram depois coligidas por nós num livro que intitulamos *El alma en el terreno* [A alma no campo], publicado pela primeira vez em 1989 e que ainda hoje, tempos menos propícios para a indústria editorial e o beisebol cubanos, continua sendo reeditado e lido.

Oitavo *inning*

Depois daquele uniforme de *pelotero* do Almendares que meu pai me comprou antes de eu completar um ano, não voltei a ter uniforme completo até 1968, quando meu tio Min emigrou para os Estados Unidos e me deu o que ele costumava usar. Aquela década revolucionária de 1960, na qual mudou até o caráter do beisebol na ilha, foi de tanta carência que se tornou impossível até conseguir uma roupa de *pelotero*.

Lembro como se fosse hoje o orgulho com que saí de casa quando enfiei aquele uniforme de meu tio. Antes minha mãe teve que submetê-lo a um ajuste geral para que servisse ao meu tamanho de treze anos, e, no processo, pedi que ela trocasse o número 22, que originalmente ele trazia nas costas, por um número 3, usado por Pedro Chávez, o jogador dos Industriales que foi meu primeiro grande ídolo do esporte. E, embora as letras, as meias e o gorro fossem vermelhos, não azuis, o menino que saiu aquele dia para jogar *pelota*, vestido com seu uniforme flamejante, deve ter sido o mais feliz de toda Havana.

Desde então, passaram quase cinquenta anos e, como diria Martí, uma águia pelo mar. Mais de uma águia, na verdade. Minha lembrança continua intacta, mas meus olhos não me veem na cidade, não me encontram nas ruas nem num campo improvisado do bairro vestindo aquela roupa: porque agora ninguém, quase ninguém, anda com uniforme de *pelotero* em Havana. Por outro lado, vejo dezenas de jovens caminhando pela cidade (e por todas as cidades e campos de Cuba) com camiseta de Cristiano Ronaldo e do Real Madrid, de Messi e do Barcelona, de Müller e do Bayern de Munique. O que aconteceu? Mudaram minha cidade e meu país e, com eles, as paixões de seus moradores? Como é possível que onde durante décadas todos jogavam beisebol, falavam de beisebol, viviam pelo beisebol, agora joguem futebol e sonhem com os times da liga espanhola, da inglesa, da alemã? Trata-se apenas de uma mudança de geração, de paradigmas, ou é algo mais profundo e talvez trágico que se foi forjando em anos em que, por concepções políticas, se deu cada vez mais espaço para o consumo do futebol e menos para o do beisebol?

O beisebol cubano vive hoje sua crise mais profunda. Em todos os sentido. A chegada dos anos duros da década de 1990, quando faltou tudo e o país praticamente se paralisou, mudou de maneira muito profunda a sociedade cubana, para melhor ou para pior, e, com a sociedade, alterou-se uma das expressões fundamentais que a acompanharam por décadas: o beisebol. Nos últimos anos, por motivos econômicos, produziu-se uma irrefreável sangria de jogadores cubanos de todos os níveis e idades, que saem do país pelos mais diversos caminhos, buscando um destino e um contrato no beisebol profissional, tanto melhor se no estadunidense. A mística capaz de permitir por três décadas que os jogadores cubanos optassem pela "*pelota* livre" em vez da "*pelota* escrava", que preservou um alto nível competitivo nos campeonatos nacionais e uma fama de invencibilidade nos campeonatos internacionais, já não existe. O pragmatismo econômico se impôs à proximidade e à propaganda, e, assim, centenas de *peloteros* cubanos deixaram a ilha em busca de sua realização esportiva e mercantil.

De modo paralelo, e creio que sibilino, os meios oficiais de Cuba, onde por cinquenta anos não se transmitiu um jogo das Grandes Ligas estadunidenses, começaram a dar maior espaço à programação de futebol profissional, sobretudo europeu, e assim se criaram apegos, dependências, aspirações antes capitalizadas pelo beisebol. Por que preferir o futebol profissional ao beisebol profissional se ambos têm o mesmo caráter econômico? Porque, se os cubanos se apaixonarem pelo futebol, nada acontecerá: será uma febre sem maiores complicações. Contudo, se conhecerem a fundo outro beisebol, no qual inclusive brilham alguns de seus compatriotas emigrados, os resultados políticos, sociais e esportivos serão diferentes.

Contudo, mesmo não havendo a possibilidade de ver muito beisebol profissional (há dois, três anos são retransmitidos alguns jogos editados por semana, de preferência quando deles não participam *peloteros* cubanos), o resultado é o mesmo: os jogadores que podem e querem continuam emigrando, os meninos com talento são tirados do país pelos pais... Para esse processo, não existe volta.

O que está acontecendo em Cuba, o que vejo e, sobretudo, o que vejo nas ruas em Havana, não representa um simples fenômeno de moda ou de preferência esportiva: é um trauma cultural e identitário de consequências imprevisíveis para o ser cubano. O fato de em becos e terrenos baldios de Havana as crianças jogarem futebol, não *pelota*, de sonharem em ser como Cristiano Ronaldo e Lionel Messi, de sofrerem pelo Real Madrid ou pelo Barça, implica uma grave chaga na espiritualidade nacional. Poderá chegar o ponto em que nós, cubanos, deixemos de ser jogadores de beisebol e nos tornemos jogadores de futebol? Tudo pode acontecer, segundo afirma a dialética. Mas, se acontecer, implicará demasiadas perdas, porque sem a paixão, sem o vício da *pelota*, a *cubanía* estaria renunciando a uma de suas marcas essenciais, definidoras.

Nono *inning*

A história de Havana e dos havaneses e minha história familiar, pessoal e profissional não poderiam ser as mesmas sem a presença persistente do beisebol durante um século e meio. O orgulho havanês está intrinsecamente ligado à prática desse esporte. Nas catedrais do beisebol cubano, nas já superadas e nas que ainda existem, retumbam os gritos dos torcedores que viram, entre tantas coisas memoráveis, a arte de lançar de Adolfo Luque, os arremessos endemoniados de Conrado Marrero, os rebates descomunais de Orestes Miñoso, o *home run* decisivo da série de 1986 de Augustín Marquetti e tantas, tantas façanhas indeléveis que enchem nossa memória vivida e nossa memória adquirida.

A cultura e a história da cidade são constituídas também por jogos de beisebol, por jogadores de beisebol, pela paixão nacional pela *pelota*. E agora acabou-se o jogo? Espero que não. Porque dói muito perder um orgulho, não ter um bom sonho.

2016

Fotos de Cuba

1

Há alguns dias chegou para mim um e-mail no qual um remetente, desconhecido meu, me convidava, junto a outras dezenas de destinatários, para aderir a uma votação peculiar. Alguém, creio que num país da Europa, teve a ideia muito estranha e absurda de levar a referendo eletrônico a seleção da bandeira nacional mais bonita do mundo. Quem enviava a mensagem comentava que, no momento, a bandeira cubana estava em segundo lugar mundial nas preferências (!) e que, para chegar ao lugar de honra mais que merecido pela nossa bandeira, era necessário que todos os cubanos radicados em todos os lugares do mundo enviassem seu voto – claro, pela bandeira cubana – a determinado endereço eletrônico.

Sem dúvida, para o remetente entusiasmado daquela mensagem não parecia importar muito que a votação não tivesse pé nem cabeça; nem que somados os cubanos que vivem na ilha e os que vivem pela diáspora não sejamos mais que cerca de doze, treze milhões de pessoas; e menos ainda que, dos onze milhões que vivem no país, só uma pequena porcentagem tenha e-mail e uma porcentagem ínfima conte com acesso à internet. Também esquecia (acho eu) que, numa votação tão maluca como a sugerida, nada tínhamos a fazer diante de chineses, russos, estadunidenses, hindus ou brasileiros se estes resolvessem emitir seu voto: para ele, a única coisa importante era deixar bem claro que a bandeira mais bonita do mundo era a cubana, que todos nós devíamos votar nela, e encerrava sua mensagem com uma exortação: "Viva Cuba, caralho!".

2

Não deixa de ser curioso que meio mundo esteja muito preocupado com as "mudanças" que se estão produzindo, que se devem produzir ou que se produzirão em Cuba. A notícia de que os cidadãos cubanos finalmente podem alojar-se em hotéis de seu país, contratar livremente linhas de celulares ou mudar de sexo por intervenções cirúrgicas provoca uma comoção capaz de desviar a atenção de guerras, eleições presidenciais ou desastres naturais que afetam centenas de milhões de pessoas. É que tudo, ou quase tudo, que provém de Cuba pode ser notícia.

Dentro da ilha, no entanto, muitas dessas notícias nem sequer chegam aos jornais, e, quando as pessoas as recebem, é pela eficiente e imbatível Radio Bemba, sistema de comunicação alternativa, boca a boca, que os cubanos tiveram que aperfeiçoar nesses anos em virtude de contarem com o sistema de imprensa escrita, de rádio e de televisão mais elusivo que se possa imaginar (*elusivo* é apenas um dos adjetivos possíveis).

No entanto, a vida cotidiana dos cubanos é tão complexa em seus emaranhados, é tão cheia de singularidades e incongruências, que poucas vezes a imprensa internacional que tenta refleti-la consegue roçar suas interioridades dramáticas, entre outras razões porque nem sequer para nós cubanos que vivemos dia a dia essa realidade cotidiana é factível encontrar certas respostas. Um exemplo? Ninguém conseguiu explicar, com total exatidão, como é possível os cubanos não morrerem de fome, em geral andarem vestidos dignamente e, além disso, alguns deles investirem centenas de dólares na celebração da festa de quinze anos da menina da casa e muitos outros "se fazerem santos" (iniciação religiosa afro-cubana), o que também lhes custa mais de mil dólares, ao passo que o salário médio de um cidadão da ilha está por volta de vinte ou vinte e cinco euros por mês (quando é alto) e uma simples garrafa de azeite custa dois desses euros nos mercados em divisa.

Outro exemplo? Diz-se, oficialmente, que em Cuba não há desemprego e, ainda mais, que o país pode se orgulhar de ter o que se qualifica como "pleno emprego". Hoje, enquanto tentava dar forma a estas anotações, tive de ir à cafeteria do bairro, um dos chamados Rápidos*. Eram apenas onze da manhã e, como geralmente acontece, no Rápido havia mais de dez pessoas tomando cerveja (custam um peso convertível cubano, algo em torno de um dólar e vinte centavos) e ouvindo o ritmo ensurdecedor de um *reguetón*. Enquanto isso, na

---

* El Rápido, rede de restaurantes e cafés *fast-food*. (N. T.)

rua parecia haver uma manifestação: gente comprando comida nas bancas, uma fila no *shopping* (loja que só vende em divisas) pois o Dia dos Pais se aproxima, várias pessoas esperando carros de aluguel que cobram dez pesos cubanos (meio dólar) pela corrida, gente conversando displicente e sorridente junto do muro da igreja ou à sombra de um flamboaiã. Onde trabalham todas essas pessoas? De onde tiram dinheiro para comprar o necessário e até o suntuário? Todas vivem da invenção, do roubo e do embuste? Como pode um ser humano resistir mais de um minuto ao volume do *reguetón* que se ouve no Rápido do bairro e em todos os Rápidos, lojas, estabelecimentos do país?

3

José Martí, o herói nacional cubano, apóstolo da independência, escreveu no fim do século XIX que, com a soberania de Cuba diante do poder espanhol e impedindo o pretendido domínio estadunidense da ilha, nós cubanos "equilibraríamos" o mundo. Todo o mundo, o planeta inteiro!

Nunca tive certeza – e creio que nunca terei – de que isso seja uma bênção ou um castigo, mas a verdade é que Cuba arrasta a característica essencial de seu descomedimento. Desde as próprias origens históricas do país até hoje, a pequena ilha do Caribe marcada por localização geográfica privilegiada e peculiar, forjada pela mescla singular de sangues, culturas e religiões que se fundiram em campos e vilas e escolhida pela história para estar no centro de alguns dos mais importantes debates universais teve de enfrentar, como nação, o destino de ser um espaço maior que seu território, e essa condição extraordinária teve suas consequências.

4

Os cubanos, assim como o país, em geral são gente de tudo ou nada. Numa discussão, nenhum cubano diz: "Eu tenho outra opinião, eu creio que...". O cubano diz: "Você está completamente enganado. Tenho certeza de que...". O descomedimento nacional está tão impregnado no sangue das pessoas que há alguns dias um comentarista da televisão, ao se referir a um convênio firmado entre China e Cuba, tentava equilibrar as coisas e se referia aos dois países como "o gigante asiático" e "a maior da Antilhas".

Junto de sucessos e virtudes descomedidos, os cubanos exibem defeitos gigantescos: a inveja, dizem, cresce no país mais que a beldroega (erva silvestre), a incapacidade de reconhecer o êxito de um compatriota é mais frequente que a alegria pelo sucesso (ficar caolho para deixar o outro cego), o boato é tão apreciado quanto a certeza (chama-se de punhalada pelas costas) e temos sido capazes de produzir filhos da puta (com perdão das mulheres do ofício) em quantidades industriais.

5

Os cubanos dizem que todos os segredos da vida do país se resumem num verbo: "resolver". Em Cuba, resolver é uma filosofia, uma atitude diante da vida, uma realidade, uma religião e uma teleologia. Tudo se pode resolver, que é diferente de comprar, conseguir, obter, merecer. Resolver é, na realidade, a arte de viver em Cuba.

Para resolver, são necessários alguns ingredientes, como: um amigo, ter lábia, saber comprar de quem se deve comprar, ter empenho e vontade.

As carências em meio às quais os cubanos viveram em mais de meio século de socialismo atingiram quase todas as esferas da vida cotidiana. Mas essa vida não se deteve e, para seguir seu ritmo, as pessoas precisam resolver qualquer coisa: comida, casa, roupa e até uma série infinita de necessidades inalcançáveis, que, por carências ou por determinadas leis, não são possíveis de obter do modo direto estabelecido pelo mercado e pela lógica nos demais países do mundo civilizado.

6

Talvez o que mais tenha complicado a vida dos cubanos das últimas gerações seja o fato de viver na história. Durante muitos anos, cada congresso, reunião, ato, celebração, acontecimento que se produziu na ilha foi alegremente catalogado como "histórico". Por essa própria condição, Cuba proclamou-se o país mais culto, mais solidário, mais internacionalista etc. do mundo.

Como é fácil imaginar, viver dentro da história gera uma tensão adicional para um país em que é preciso "resolver" o dia a dia com um salário que o próprio governo reconhece que não dá para viver.

Um dos maiores desafios que o país assumiu foi a criação do chamado Homem Novo, o homem do futuro que é o presente de hoje.

Entretanto, o governo cubano tem mostrado grande preocupação com a presença corrosiva da corrupção na sociedade atual; e, num país onde quase tudo pertence ao Estado, a corrupção vive e cresce nas próprias estruturas estatais, entre as pessoas nomeadas e escolhidas, quase sempre por seus méritos políticos, para dirigir o país nos diversos níveis de decisão e poder.

O renascimento da prostituição há mais de duas décadas voltou a ser uma realidade evidente nos circuitos turísticos cubanos; as manifestações de violência ou da chamada indisciplina social percorrem o país e explodem das mais diversas maneiras; a falta de educação formal, de respeito ao direito alheio, a falta de solidariedade e até de humanidade para com os semelhantes, os animais, a natureza se repetem e se fazem visíveis todos os dias; a indolência, o cansaço, a busca do caminho mais curto para "resolver" são atitudes cotidianas de muitíssima gente; o afã de "especular" (ostentar o que se tem, ainda que seja fruto de roubo ou de "invenção") percorre o espírito de notável porcentagem da juventude; dia após dia, dezenas, ou centenas, de cubanos se lançam à aventura do exílio dos modos mais diversos e arriscados. Tudo isso acontece no mesmo país em que as pessoas são capazes de brigar para comprar um livro ou entrar num cinema, em que os espetáculos de balé clássico se fazem com teatro cheio e em que as pessoas podem falar em qualquer esquina dos graves problemas da mudança climática no planeta…

"A vida é mais ampla que a história", escreveu Gregorio Marañón. E, embora em Cuba seja possível exibir com orgulho uma longa lista de conquistas sociais e humanas, o peso da vida também arrastou muitos sonhos e nos confrontou com uma realidade na qual o Homem Novo nunca chega a se forjar: pelo que vejo com meus olhos, dia após dia, esse espécime está bem longe de ser novo ou melhor, pelo menos eticamente.

7

Depois de meio século de socialismo e depois de atravessar a duríssima crise econômica dos anos 1990, século passado, Cuba parecia sair da história para entrar na normalidade: uma etapa de coerência em que, antes de cozinhar o frango, acende-se o fogo, e não a resolução histórica de pretender cozinhar o frango sem fogo ou, simplesmente, comer o frango cru porque se decidiu comer frango, com ou sem fogo.

As mais diversas estratégias de sobrevivência adotadas pelas pessoas permitiram-lhes sair vivas, embora marcadas, da dura experiência que significou uma crise como a da década de 1990, na qual tudo faltou, durante anos, e vieram à tona as mais comoventes manifestações de solidariedade ao lado das mais mesquinhas atitudes e comportamentos cidadãos.

Com a proximidade da realidade que se entrevê nas mudanças recém-introduzidas e as que se esperam que cheguem e talvez normalizem um pouco mais a vida cubana, as pessoas sentem que a pressão da história e a do ancestral descomedimento de Cuba vão se reduzindo e, ao mesmo tempo, vão pintando certas esperanças de que a vida cotidiana, essa única vida que cada pessoa tem, seja um pouco menos árdua.

Um caminho longo e cheio de sacrifícios, a constante tensão criada por tanta história e descomedimento nacional provocaram um cansaço e um desgaste que as pessoas tentam mitigar buscando a normalidade: uma cerveja, um *reguetón* e um pouco de diversão pode ser a exigência de muitas pessoas, talvez de demasiadas pessoas, às quais nem interessa e por cuja mente nem passa a possibilidade de mudanças políticas. Mas que desejam que alguma coisa mude, que precisam e esperam que as mudanças cheguem. E algumas mudanças não chegam.

8

Os jornalistas que me entrevistam por meu trabalho literário sempre me fazem uma mesma pergunta (que ninguém faria a um escritor mexicano, costarriquenho ou argentino): como o senhor vê o futuro de Cuba? Como ainda não tenho nem nunca terei bola de cristal para prever o futuro, minha resposta, mais sentimental que racional, é um desejo: tem de ser melhor, digo, porque os cubanos, bons e maus, de dentro e de fora, merecemos um futuro melhor.

2008

Eu gostaria de ser Paul Auster

Há dias em que eu gostaria de ser Paul Auster. Não é que me importe nem que gostaria demais de ter nascido nos Estados Unidos (nem sequer em Nova York, que, como se sabe, quase não *é* Estados Unidos, ou *é mais* Estados Unidos), embora ache que, sim, teria adorado, como Paul Auster, passar alguns anos em Paris, justo aqueles anos da vida em que para um escritor Paris pode ser uma festa: a época em que a Cidade Luz, como popularmente se costuma chamá-la, é o melhor lugar do mundo para um aprendiz de romancista. E isso apesar de seus céus cinzentos, seu metrô sujo, seus garçons agressivos, tópicos compensados de sobra por seus maravilhosos museus, prédios e *croissants* matinais.

Quando penso que gostaria de ser Paul Auster é por razões que nem têm a ver com os prêmios, a fama, o dinheiro. Não nego, entretanto, que eu gostaria (muitíssimo, na verdade) de ter escrito *A trilogia de Nova York**, *Desvarios no Brooklyn***, *Cortina de fumaça**** por exemplo. Mas eu desejaria ser Paul Auster, sobretudo, para que, quando fosse entrevistado, os jornalistas me perguntassem o que os jornalistas em geral perguntam a escritores como Paul Auster e quase nunca perguntam a mim – e não pela distância sideral que me separa de Auster.

De fato, é muito estranho interrogarem alguém como Paul Auster sobre os possíveis rumos da economia dos Estados Unidos ou quererem saber por que ele ficou em seu país durante os anos horríveis do governo de Bush Jr. – ou

---

* Paul Auster, *A trilogia de Nova York* (trad. Rubens Figueiredo, São Paulo, Companhia das Letras, 1999). (N. E.)
** Idem, *Desvarios no Brooklyn* (trad. Beth Vieira, São Paulo, Companhia das Letras, 2005). (N. E.)
*** Trata-se de um filme de 1995, com roteiro de Paul Auster e direção de Wayne Wang. Título original: *Smoke*. (N. E.)

se teria deixado o país se porventura Sarah Palin tivesse chegado ao poder. Ninguém insiste em lhe perguntar *sempre, sempre*, sua opinião sobre a prisão de Guantánamo nem se considera que as medidas econômicas de Obama são sinceras ou justas, muitíssimo menos se ele ou sua obra são a favor do sistema ou contra ele[1]. Numa entrevista com o afortunado Paul, que acabo de ler, nem sequer lhe perguntam sobre temas tão sensíveis como a árdua vigilância a que são submetidos os cidadãos estadunidenses após o 11 de setembro ou o controle dos indivíduos pelo FBI (em geral quase todo o mundo tem ali um dossiê, embora não tão volumoso como o de Hemingway), pela Agência de Segurança Nacional, pelo Departamento do Tesouro e por outras entidades controladoras, inclusive bancos, que sabem desde o DNA da pessoa até a marca de papel higiênico que ela usa (conforme aprendemos vendo séries como *CSI* e *Without a Trace*).

Se eu fosse Paul Auster e fosse favorável ou contrário a Obama, Bush ou Palin, minha posição política seria apenas um elemento episódico, como a decisão de continuar vivendo no Brooklyn ou de poder me mandar para Paris até me fartar de seu céu encoberto. Porque, sobretudo, poderia falar em entrevistas, como essa que recém-li, de assuntos simpáticos, agradáveis, até capazes de me fazer parecer inteligente, coisas das quais (creio) sei bastante: beisebol, por exemplo, ou cinema italiano, de como se constrói um personagem numa ficção ou de onde tiro minhas histórias e a que me proponho com elas – esteticamente falando, inclusive socialmente falando, mas nem *sempre* politicamente falando...

No entanto, já se sabe, não me chamo Paul Auster – e minha sorte é diferente. Sou apenas um escritor cubano, muito menos dotado, que cresceu, estudou e aprendeu a viver em Cuba (certamente, sem a menor oportunidade nem sequer de sonhar em passar uma temporada em Paris quando mais proveitoso é ir para Paris: entre outras razões, porque não poderia ter ido para Paris, pois vivia num país socialista em que viajar – por ora esqueçamos o dinheiro – requeria e requer autorizações oficiais). Um cubano que tinha que estudar em Cuba e, todo anos, passar *voluntariamente* cortando cana ou colhendo tabaco, conforme cabia a um germe de Homem Novo, que supostamente eu deveria me tornar. Contudo, como sou um escritor cubano que decidiu, livre e pessoalmente, e apesar de todos os pesares, continuar vivendo em Cuba, estou condenado, diferentemente de Paul Auster, a responder a perguntas distintas das que em geral se fazem a ele, a perguntas que, no meu caso, aliás, são quase sempre as mesmas. Ou muito parecidas.

---

[1] Lamentavelmente para Paul Auster e para o mundo, essa situação mudou em 2017, com Donald Trump na Presidência dos Estados Unidos.

É verdade que um escritor cubano com mínimo senso de seu papel intelectual, e sobretudo cidadão, é obrigado a ter algumas ideias sobre a sociedade, a economia, a política da ilha (e, se ousar, a expressá-las). Em Cuba, as torres de marfim não existem – quase nunca existiram – e desde há mais de cinquenta anos a política é vivida como cotidianidade, como excepcionalidade, como história em construção, da qual não é possível fugir. E atrás da política marcha a trama econômica e social que, como em poucos países, depende da política que destila de uma mesma fonte, ainda que o líquido que jorra possa sair pela boca de diferentes leões que, no fim das contas, compartilham um mesmo estômago: o Estado, o governo, o partido, todos únicos e entrelaçados. Por essa razão, a política, em Cuba, é como o oxigênio: entra em nós sem termos consciência de que respiramos, e a maioria das ações cotidianas, públicas, e mesmo as decisões íntimas e pessoais, têm em algum flanco o cunho da política.

Há escritores cubanos que, de um extremo ao outro do diapasão de possibilidades ideológicas, fizeram da política o centro de suas obsessões, um meio de vida, uma projeção de interesses. A política passou-lhes da respiração ao sangue, e eles a transformaram numa projeção espiritual. Uns acusando o regime de todos os horrores possíveis, outros exaltando as virtudes e as bondades extraordinárias do sistema, eles extraem da política não só matéria literária ou jornalística, mas até estilos de vida, *status* econômicos mais ou menos rentáveis e, especialmente, representatividade. Para eles – e não os critico por sua livre escolha ideológica ou cidadã –, a denúncia ou a defesa política os define às vezes até mais que sua obra artística e, com frequência, até a precedem. Alguns, inclusive, passam de atores ou comentaristas à categoria de comissários políticos, donos da verdade (única para eles) e propagadores do ódio como todo bom fundamentalista ou frustrado "na essência poética", como teria dito Lezama Lima.

Não é demais lembrar que a compacta realidade politizada ao extremo que Cuba viveu nas últimas décadas não podia deixar de produzir tais reações entre seus escritores e seus artistas. E também não se deve esquecer que a projeção pública e intelectual de muitos criadores dependeu dessa conjuntura dominada pela política, a qual, parafraseando Martí (tão político em boa parte de sua literatura), funcionou para eles como pedestal, mais que como altar. Porém, não menos memorável é o fato de que esses escritores, por viver ou provir de um contexto como o cubano, arrastam consigo (queiram ou não) a responsabilidade de ter opiniões políticas sobre seu país (quanto mais radicais e maniqueístas, melhor), pela simples razão de que não as ter seria fisicamente impossível e intelectualmente incrível. Só que, como é óbvio, para alguns deles a política é uma responsabilidade, como deveria ser; para outros, é um modo de se aproximar do calor e da luz e, às vezes, até de poder carregar um chicote com o qual marcar as costas dos que não pensam como eles.

Diferentemente de Paul Auster, o escritor cubano de hoje – é meu caso, e daí minha inveja austeriana – começa a se definir como escritor pelo lugar em que mora: dentro ou fora da ilha. Essa localização geográfica é considerada, imediatamente, indicador de uma filiação política carregada de causas e consequências, também políticas. Ninguém – ou quase ninguém, para sermos justos – o aceita só como escritor, mas como representante de uma opção política. E sobre esse tema costuma-se interrogá-lo, ocasionalmente com certa morbidez e em geral esperando ouvir respostas que confirmem os critérios que o interrogador já tem em mente (todo o mundo tem uma Cuba em mente): a imagem do paraíso socialista ou a estampa do inferno comunista. Matizar constitui pecado quando se é um escritor cubano.

A parte mais dramática de não poder gozar dos privilégios de falar sobre literatura, de que alguém como Paul Auster desfruta, chega quando o escritor, por qualquer razão que seja, decide viver e escrever em Cuba. Essa opção, por mais pessoal que seja, situa-o de um lado de uma fronteira muito precisa. E, se por acaso esse escritor expressa critérios próprios, não próximos e até distantes dos promovidos pela oficialidade de dentro (ou a de fora, que também existe, e sabe-se que os extremos até podem se tocar), acontece uma operação perversa: caem sobre ele as acusações, as suspeitas ou pelo menos os receios dos talibãs de uma ou outra filiação. (Sobre esse tema, assim como sobre beisebol, também sei bastante. Em minhas costas trago marcas de vários tipos de chicotes.)

O lado mais circense desse drama é constituído pela condição de pitoniso, astrólogo ou babalaô que se espera de um escritor que, por ser cubano e só para começar, deve entender de economia, sociologia, religião, agronomia etc., além, é claro, de ser especialista em política. Mas, sobretudo, por essa condição de guru, deve ter a capacidade de predizer o futuro e oferecer dados exatos de como será e datas precisas de quando chegará esse porvir possível.

Como deve supor – ou talvez até saber – quem leu os parágrafos anteriores, além de não ser Paul Auster, sou um escritor cubano que vive em Cuba e, como cidadão da ilha, em muitas ocasiões atravesso circunstâncias semelhantes às do restante de meus compatriotas, comuns e correntes (neurocirurgiões, cibernéticos, professores, motoristas de ônibus e gente assim), estabelecidos no país. Com relação à maioria deles (não nego), conto com privilégios que, espero, tive a felicidade de obter com meu trabalho: publico em editoras de vários países, vivo modesta, mas suficientemente, de meus direitos de autor, viajo com mais liberdade que outros cubanos (sobretudo que os neurocirurgiões) e até, graças a um prêmio literário recebido em 1996, pude comprar um carro que tenho desde 1997 e terei até sabe Deus quando, neste meu país de proibições e soluções mágicas[2]...

Além disso, vamos ver, tenho uma casa que construí comprando e carregando cada tijolo colocado nela, um computador que ninguém me deu de presente e, inclusive, acesso à internet (sem o ter mendigado de ninguém e sem poder abrir a maioria das páginas que digito). No entanto, como muitos dos cubanos com quem compartilho espaço geográfico, preciso "ir atrás" de certos bens e serviços, procurar um "sócio" para chegar mais rápido a uma solução (inclusive sanitária, talvez com um amigo neurocirurgião), ser "generoso" com algum funcionário para agilizar a realização de um trâmite e, um ou outro dia, preciso carregar um par de baldes de água extraídos de um poço cavado por meu bisavô, pois o serviço de abastecimento pode nos ter esquecido por vários dias. Entre outras peripécias rocambolescas nas quais não imagino envolvido – a julgar pelas entrevistas que geralmente lhe fazem – um escritor como Paul Auster.

O curioso, no entanto, é que, embora muitas vezes eu tenha vontade de me transfigurar em Paul Auster, pelo fato de ser um escritor cubano esse desejo não me cabe: a vida de meu país, o que acontece em meu país e minhas opiniões sobre a sociedade em que vivo não podem ser distantes de mim. A realidade me obriga a lidar com um tempo em que, como escritor, carrego uma responsabilidade cidadã, e uma parte desta é (sem por isto ter de ser adivinho, sem ter de me distanciar das pessoas entre as quais nasci e cresci) deixar testemunho, sempre que possível, de arbitrariedades e injustiças quando ocorrerem – e de perdas morais que nos agridam, como certamente também faz Paul Auster quando os jornalistas o conduzem a esses temas: porque é um escritor verdadeiro e porque também ele deve ter uma consciência cidadã.

2011

---

[2] Em Cuba, desde 2013, é possível adquirir livremente um carro novo ou de segunda mão, vendido pelo Estado. O preço de um Toyota de categoria intermediária, zerado, está por volta dos trezentos mil dólares.

Segunda parte
Para que se escreve um romance?

O ano 1983 tem uma marca importante em minha biografia: como já disse outras vezes, naquele ano alguém decidiu que, para me purificar, eu seria transferido da revista cultural em que trabalhava e enviado a um jornal vespertino diário. Com essa decisão burocrática, eu enfrentava um complicado desafio que chegaria a reorientar minha existência: o crítico literário formado filólogo que eu tinha sido deveria se transformar de um dia para outro em jornalista, sem ter nenhum dos conhecimentos básicos que a academia costuma dar para a prática desse ofício. De modo que, cortando ovos, tive que aprender a capar*, como se diz em Cuba. Curiosamente, um par de anos depois eu já era reconhecido na ilha por meu trabalho jornalístico, forma de expressão à qual nunca renunciei e que me serviu para conhecer, interrogar, definir espaços, acontecimentos, personagens da história e a realidade de meu país.

Também foi durante o ano 1983 que, recém-terminada a impactante leitura de *Breakfast at Tiffany's* [Bonequinha de luxo], a maravilhosa novela de Truman Capote, decidi escrever um relato sob a influência e o ímpeto dessa belíssima história de amor do autor de *A sangue frio***. Lembro que, por minhas capacidades e possibilidades de então (havia publicado apenas dois ou três contos), me propus a resolver aquela tentação com a escrita de um conto longo, de umas cinquenta páginas, que comecei e terminei, de uma estirada, algumas semanas

---

* Referência ao provérbio "*cortando huevos se aprende a capar*" [cortando colhões se aprende a capar]. (N. T.)

** Truman Capote, *A sangue frio* (trad. Sergio Flaksman, São Paulo, Companhia das Letras, 2003). (N. E.)

depois. Entretanto, o relato ou pequeno romance que dei por concluído não se sentia terminado e se lançou em minha perseguição. Voltei a escrevê-lo e, antes de se encerrar o ano, eu tinha uma novela de umas cem páginas. Mas também não foi suficiente para meu perseguidor... E voltei ao texto, até que, em meados de 1984, quando eu começava a ser jornalista, finalmente me livrei da persistente obsessão e decidi abandonar a narração como uma novela de cento e cinquenta páginas. Quatro anos depois – como geralmente acontecia em Cuba com os tempos editoriais –, meu primeiro romance seria publicado com o título de *Fiebre de caballos*[1] [Febre de cavalos].

Por que escrevi aquela narrativa que acabaria sendo um romance?... Pois foi porque eu queria ser romancista, e Truman Capote, junto com outros modelos e mestres, me deu a pauta e o impulso. Como o escrevi? Por versões que aumentavam e se completavam cada uma com respeito à anterior, descobrindo em cada reescrita como podia escrevê-lo. Para que o escrevi?... Pois hoje me é mais difícil explicá-lo com exatidão. Talvez o tenha feito para competir com outros colegas de minha geração que já esboçavam e até publicavam seus primeiros romances. Talvez só para contar uma história de amor entre um jovem e uma mulher exótica, uma relação que nunca tive e sempre teria gostado de ter. Ou para fazer o que hoje vejo como uma declaração literária de minha inocência humana e profissional... Não sei.

O que posso garantir, isso sim, é que ter redigido e publicado meu romance de aprendizagem acabou sendo – foi para o personagem, foi para mim – um momento definidor de minha carreira, pois pouco depois de sua saída às ruas, e de ouvir e ler mais julgamentos favoráveis, ou pelo menos condescendentes, do que pudera esperar, lancei-me na aventura de elaborar um segundo romance, mas já acompanhado por maior maturidade literária e, sobretudo, por uma intenção mais clara: ia escrever o que depois seria o primeiro lote da série de Mario Conde – *Passado perfeito**, publicado em 1991 – para falar dos inconformismos de minha geração, para remexer nas gavetas dos sonhos rotos que nos haviam acompanhado no passado e para dizer que os indivíduos mais confiáveis – num país em que se exigia confiabilidade –, os que nos perseguiam e nos espicaçavam com maior animosidade, com frequência eram, afinal (ou antes), os mais canalhas e oportunistas, depois de terem sido enaltecidos e premiados pela suposta confiabilidade e, muitas vezes, terem usado seus poderes para massacrar seus semelhantes.

---

[1] Leonardo Padura, *Fiebre de caballos* (Havana, Letras Cubanas, 1988).
* Idem, *Passado perfeito* (trad. Paulina Wacht e Ari Roitman, São Paulo, Boitempo, 2005). (N. E.)

É válido escrever um romance para resolver tais assuntos? Não sei, mas escrevi um e escrevi mais dez buscando respostas para conflitos tão complexos como a perversão da utopia igualitária do século XX, o direito do homem de exercer seu livre arbítrio, ou a busca das fontes originais de minha identidade cubana. Também para questões tão comuns e insignificantes como as anotadas anteriormente a respeito de *Passado perfeito*, mas que envolvem de maneira muito dramática um modo de vida e um comportamento da realidade em meio ao qual atravessei toda a minha existência e dos quais trago no corpo cicatrizes físicas e mentais.

A arte de escrever romances, então, tem me acompanhado por trinta e cinco anos, ao longo dos quais aprendi algo: preciso escrever um romance *para* dizer alguma coisa. Aprendi também a fazê-lo, da melhor maneira que sou capaz, em cada um dos doze romances que escrevi. Em contrapartida, não descobri como se escrevem os romances: sei apenas como escrevi cada um dos meus. Por isso, nas ocasiões em que por alguma razão maior tive de me reler, surpreendeu-me constatar aquilo de que fui capaz e notar aquilo de que fui incapaz. Como escrever um romance continua sendo para mim um exercício misterioso e revelador, um desafio que precisei enfrentar em cada tentativa sem que a suposta experiência adquirida me tenha sido de especial ajuda... Até hoje, no início sempre há uma pergunta – para quê? – e uma inquietante interrogação em forma de página ou tela em branco: como vou escrevê-lo?

Mas os romances são, além do mais, exercícios diacrônicos que ocupam um espaço mais ou menos longo, mais ou menos devastador, na vida de quem se atreve a escrevê-los. Acompanham o romancista por um tempo que vai se povoando de referências, buscas, inquietações, achados que são pertinentes ao corpo narrativo do texto ou o apoiam e complementam como respostas a obsessões e necessidades do escritor.

Como, por que, para que escrevi alguns de meus romances? Que certezas ou incertezas me deixaram, quais transmitiram? Talvez as respostas a algumas dessas perguntas estejam vazadas nos textos que se seguem, escritos no calor das convalescenças nas quais me lançaram as febres das escritas de alguns de meus romances e como necessidade de expressar achados e desencontros, dúvidas e certezas, fracassos e deslumbramentos enfrentados na prática deste ofício gratificante e demolidor que pode ser o de escrever romances da minha vida... e da vida dos outros.

O sopro divino: criar um personagem

Nos dias finais de 1989, enquanto a história dava uma de suas mais inesperadas viradas e ainda retumbavam no mundo os golpes que punham abaixo o Muro de Berlim, engendrei o personagem de Mario Conde. Como acontece em quase todas as concepções (exceto as extremamente divinas), até umas semanas depois não fui capaz de perceber suas primeiras palpitações, transformadas nas exigências literárias, conceituais e biográficas que dariam peso e entidade ao personagem como a qualquer criatura que pretendesse crescer, vir à luz e andar sob o sol.

Com minha querida máquina Olivetti – a mesma que por anos meu pai usara para escrever documentos maçônicos –, sem saber ainda onde iria parar meu empenho, comecei a assediar a ideia que daria origem ao romance *Passado perfeito** (publicado no México em 1991), no qual nasce Mario Conde. Por pura coincidência ou conjunção cósmica, 1989 foi um ano complexo, difícil e afinal frutífero, um ano por demais histórico que, sem que eu imaginasse, mudaria o mundo, mudaria minha visão desse mundo e me permitiria – graças a essas mudanças externas e internas – encontrar o caminho para escrever o romance que também mudou minha relação com a literatura.

No âmbito pessoal, 1989 foi para mim, antes de tudo, um ano de crise de identidade e de criação. Desde seis anos antes, os avatares da intransigência política e o poder sobre as pessoas e os destinos que se confere à mediocridade burocrática me haviam lançado para trabalhar num vespertino diário, *Juventud Rebelde*, no qual, supunha-se, eu deveria expiar certas fraquezas ideológicas e

---

* Leonardo Padura, *Passado perfeito* (trad. Paulina Wacht e Ari Roitman, São Paulo, Boitempo, 2005). (N. E.)

onde, escrevendo todos os dias, tive de me fazer jornalista. Curiosamente, o que os donos de destinos conceberam como castigo – a transferência de uma problemática revista cultural para o periódico diário severo, quase proletário – transformara-se num prêmio gordo, pois, mais que jornalista, eu me tornara um *jornalista referência* do que, com imaginação e esforço, era possível fazer nos limites sempre estritos da imprensa oficial cubana. O preço que tive de pagar para concretizar esse "novo jornalismo" ou "jornalismo literário" cubano que floresceu nos anos 1980 e de cuja gestação participei muito ativamente foi elevado, sem dúvida, embora produtivo, no fim: desde que terminei meu romance de debutante (*Fiebre de caballos** [Febre de cavalos], terminado em 1984, publicado em 1988) e os relatos do livro *Según pasan los años* (1989, também concebidos algum tempo antes), mal havia voltado a escrever literatura, pressionado por um trabalho jornalístico que implicava longas investigações e cuidadosas redações de histórias perdidas sob os ouropéis da história nacional. Acrescente-se a esse esforço o ano agônico, entre 1985 e 1986, que precisei passar em Angola como correspondente civil, e se terá a soma de fatores pelos quais o jovem escritor de 1983 viveu seis anos como jornalista, sem sequer visitar a literatura, e a razão pela qual, em 1989, entrei em crise e decidi deixar o jornalismo diário e procurar para mim algum canto propício, melhor ainda se escuro, para ter o tempo e a capacidade mental para tentar uma volta à literatura[1].

Como se sabe, no entanto, aquele também foi um ano ao longo do qual muitos sinos dobraram. O verão fora especialmente quente na sociedade cubana, pois foram os meses durante os quais se celebraram dois processos históricos, as Causas 1 e 2/89, nas quais foram julgados, condenados e inclusive fuzilados vários membros do alto-comando do exército e do Ministério do Interior (caiu até o próprio ministro, que morreria no cárcere) por acusações de corrupção, narcotráfico e traição à pátria. O importante daqueles julgamentos foi "descobrir" o que não podíamos imaginar: as dimensões e a profundidade da rachadura que, na realidade, havia na aparentemente monolítica estrutura política, militar e ideológica cubana, dentro da qual acontecia de generais, ministros e figuras partidaristas serem corruptos (embora isso já inferíssemos) e até narcotraficantes.

---

* Idem, *Fiebre de caballos* (Havana, Letras Cubanas, 1988). (N. E.)
[1] O resultado daquele trabalho jornalístico dos anos 1980 encontra-se reunido no livro *El viaje más largo*, publicado em Cuba pela editora Unión, em 1994; em Porto Rico pela editora Plaza Mayor, em 2002; e, em coedição, na Argentina pela Capital Intelectual e na Espanha pela NED, 2014.

Em outubro daquele ano aconteceu algo muito mais pessoal, mas não menos impactante para minhas concepções de vida... e de literatura. Visitei o México pela primeira vez, curiosamente convidado para um encontro de escritores de literatura policial, quando ainda não havia escrito nenhum romance policial, ainda que, sim, muita crítica e jornalismo informativo sobre o gênero. Naqueles dias mexicanos, quando eu completava trinta e quatro anos, empenhei-me em conhecer um lugar altamente simbólico e histórico, mas que, para minha geração em Cuba, fora apenas um mistério silencioso e, mais ainda, perigoso, tabu: a casa de Coyoacán, onde vivera e morrera (assassinado) Liev Trótski, "o renegado".

Ainda me lembro da comoção que me provocou visitar aquela casa-fortaleza (transformada em Museo del Derecho de Asilo) e ver as paredes quase carcerárias entre as quais se encerrou um dos líderes da Revolução de Outubro para salvar sua vida da sanha assassina de Stálin – da qual não escapou, como também não escaparam outros vinte milhões de soviéticos e várias dezenas de milhares de pessoas de diversas nacionalidades, algo que eu e muitos outros ainda não sabíamos com certeza. No entanto, a marca mais visceral e impactante que me deixou aquela visita à casa-mausoléu de Trótski foi perceber que o drama ocorrido naquele lugar sombrio sussurrava-me ao ouvido uma mensagem alarmante: são necessários o crime, a farsa, o poder de um homem e a supressão da liberdade individual para que algum dia todos nós tenhamos acesso à mais bela, porém utópica, das liberdades coletivas? Até onde a fé e a obediência absoluta a uma ideologia podem levar um homem?

Apenas alguns dias depois dessa instrutiva e impactante visita ao México, já de volta a Cuba, soubemos que acontecia o impensável, o que, um mês antes, vendo a casa de Trótski onde se concretizara um dos mais lamentáveis triunfos de Stálin, jamais imaginei que poderia acontecer: de maneira pacífica, como uma festa de liberdade, os alemães derrubavam física e politicamente o Muro de Berlim e anunciavam o que – só então pudemos prever nitidamente – seria o fim do socialismo na Europa.

Sem a conjunção desses acontecimentos que enchiam de incertezas, mais que de certezas, minha vida material, espiritual e ideológica, creio que não teria enfrentado como um desafio a minhas capacidades literárias e ao meio que me cercava em Cuba a escrita de meu primeiro romance policial, cujos parágrafos iniciais redigi nas semanas finais daquele ano tremendo.

Felizmente para mim, mal começou 1990 – não menos histórico e revelador que seu antecessor – pude deixar definitivamente o trabalho no jornal e começar a exercer a função de chefe de redação de uma revista cultural mensal (*La Gaceta de Cuba*), posição que me permitia usufruir de três e até quatro dias livres por semana, os quais, é claro, dediquei a escrever meu romance policial.

Escrever um romance policial pode ser um exercício estético muito mais responsável e complexo do que geralmente se pensa, em se tratando de uma narrativa muitas vezes qualificada – não sem razões – como literatura de distração e entretenimento. No ato de escrever um romance desse gênero, um autor pode levar em conta diversas variáveis ou rotas artísticas, das quais ele tem a possibilidade de escolher ou percorrer as que preferir, sobretudo as que, de acordo com suas capacidades, puder e, de acordo com seus propósitos, quiser. Explico: é factível, por exemplo, escrever um romance policial só para contar como se descobre a misteriosa identidade do autor de um crime. Mas também é viável escrevê-lo para, além disso, propor uma indagação mais profunda dentro das circunstâncias (contexto, sociedade, época) em que ocorreu o crime. Cabe até mesmo, entre as probabilidades, querer redigir esse romance com uma linguagem, uma estrutura e personagens apenas funcionais e comunicacionais, embora também haja a opção de tentar escrevê-lo com uma vontade de estilo, cuidando de que a estrutura seja algo mais que um expediente investigativo encerrado com a solução de um enigma e propondo-se a criar personagens com entidade psicológica e peso específico como referências de realidades sociais e históricas. Enfim, é tão admissível escrever um romance policial para divertir, agradar e brincar com enigmas quanto (se a pessoa puder e quiser) para preocupar, indagar, revelar, levar a sério as coisas da sociedade e da literatura... até mesmo esquecendo os enigmas.

Tendo em conta o momento desastroso que vivia o romance policial cubano – transformado, na quase totalidade dos casos, num romance de complacência política, essencialmente oficialista, cultivado mais por amadores que por profissionais e, portanto, com raros assomos de vontade literária –, minha referência artística e conceitual não podiam ser meus colegas cubanos: ao contrário, o modelo, se fosse o caso, serviria para que eu não caísse nos abismos em que eles jaziam e se esgotavam. Mas existia esse outro romance policial possível, de caráter social e qualidade literária, inclusive o havia escrito em língua espanhola e por pessoas que viviam em meu tempo, embora não em minha terra (com exceção, na época, de alguns experimentos de Daniel Chavarría). E esse tipo de narrativa policial foi minha referência e minha primeira meta estética.

Apenas esboçadas algumas pautas do episódio que se desenvolveria na trama – o desaparecimento de um alto funcionário cubano, um sujeito aparentemente impoluto que na realidade era um corrupto, um cínico e um oportunista –, dei com uma necessidade criativa de cuja solução dependia todo o projeto cheio de ambições literárias em que eu pensava me embrenhar: o personagem que carregaria a história e a entregaria aos leitores.

Antes de começar a trabalhar um romance, há muitos escritores que "sentem" a voz narrativa que utilizarão – são várias as possibilidades e diversos os resultados – e autores que até mesmo encontram "o tom" em que se fará a narração. Para mim foi uma decisão complicada chegar à opção de voz narrativa que finalmente escolhi: uma terceira pessoa cuja onisciência funcionaria só para o personagem protagonista, o qual, portanto, deveria ser protagonista ativo e também testemunha e juiz das atitudes do resto do elenco. Além disso, a proximidade com o protagonista que essa fórmula me permitia – quase uma primeira pessoa mascarada – dava-me oportunidade de transformar essa figura numa ponte entre (de um lado) meus conceitos, gostos, fobias com relação aos mais diversos elementos do arco social e espiritual e (do outro lado) a própria sociedade, o tempo e a circunstância em que o personagem agia. De algum modo, meu protagonista podia ser meu intérprete da realidade apresentada – é claro, a realidade cubana de *meu* momento, *minha* realidade. Inclusive, sua onisciência limitada me salvava de cometer o erro de outros escritores de romances policiais (erro que já há muitos anos Raymond Chandler apontou e criticou), cujos narradores em primeira pessoa conhecem todos os pormenores da história... mas nos ocultam (ou veem-se obrigados a nos ocultar, em função do suspense) o que em geral é o mais interessante, ou seja, a identidade do assassino, que quase sempre conhecemos, do qual ouvimos falar várias vezes no romance e que esse personagem (policial, detetive etc.) descobre muitas páginas antes que nós.

Aquele personagem com o qual me propunha a trabalhar e que já vinha carregado de tão alta responsabilidade conceitual e estilística precisava, então, de muita carne e muita alma para ser mais que o condutor da história e, com ela, o intérprete adequado das realidades próprias de um contexto tão singular como o cubano. Para criar sua necessária humanidade, uma das decisões mais fáceis e lógicas que tomei foi a de fazer de meu protagonista um homem de minha geração, nascido num bairro como o meu, que havia estudado nas mesmas escolas que eu e, portanto, com experiências de vida muito semelhantes às minhas, numa época em que em Cuba éramos muito mais iguais (embora sempre existissem os "menos" iguais).

Aquele "homem", no entanto, devia ter uma característica que, no âmbito pessoal, me é inteiramente alheia, eu diria até repelente: *tinha de ser* policial. A verossimilhança, que segundo Chandler é a essência do romance policial e de qualquer relato realista, implicava aquele pertencimento laboral de meu personagem, pois em Cuba, de qualquer ponto de vista, era impossível – e incrível – colocar um detetive por conta própria na investigação de um assassinato. Desse modo, a proximidade que me era permitida pelo recurso da voz narrativa e pelo componente biográfico da comunidade geracional via-se distanciada com uma profissão que implica maneira de agir, de pensar, de se projetar que, pessoalmente, desconheço e repudio.

Creio que foi justo na tentativa de resolver essa divergência essencial em minha relação com o personagem que Mario Conde deu sua primeira respirada como criatura viva: eu o construiria como uma espécie de antipolicial, de policial literário, verossímil apenas nos limites da ficção narrativa, impensável na realidade policial "real" cubana (ou de qualquer disciplina férrea). Esse jogo me era permitido por minha condição de romancista, e resolvi explorá-lo. Além disso, ele pertenceria a um corpo policial cubano fictício e a uma entidade de investigações criminais criada especialmente para ele: a Central.

Quando escrevi os primeiros parágrafos de *Passado perfeito*, aquele instante genésico em que Conde recebe a ligação de seu chefe e desperta de uma bebedeira brutal que está prestes a lhe arrebatar a cabeça, as chaves da fabricação literária abriram suas fechaduras. Comecei, então, a construção real do caráter pois, além de afeiçoado ao álcool, seria um homem amante da literatura (escritor postergado, mais que frustrado), com gostos estéticos bastante definidos; embora com traços de eremita, faria parte de uma tribo de amigos em que sua figura encontraria complemento humano e lhe permitiria expressar uma de suas religiões: o culto à amizade e à fidelidade; além disso, seria nostálgico, inteligente, irônico, terno, propenso a se apaixonar, sem subterfúgios nem ambições materiais. Inclusive havia sido corno. E, em última instância, era um policial de investigação, não de repressão, e, acima de tudo, um homem honrado, uma pessoa "decente", como se costuma dizer em Cuba, com uma ética flexível, mas inamovível, quanto aos conceitos essenciais.

Esse antipolicial apareceu em *Passado perfeito* sem imaginar – tampouco eu imaginava – que se tornaria protagonista de uma série que já vai pelos oito romances. Mas desde o primeiro suspiro sempre teve em seus genes aquela contradição que tentei atenuar por meio da licença artística: porque na realidade Mario Conde nunca foi um policial de alma. Foi um policial de ofício – e a duras penas.

Quando o romance foi publicado pela recém-criada coleção Hojas Negras da Universidade de Guadalajara, em 1991, e eu pude resgatar algumas dúzias de exemplares que distribuí entre meus amigos cubanos, tive a surpresa de comprovar que a maioria deles não só gostava do livro, como gostava fundamentalmente pelo caráter de seu protagonista. Aquela revelação a partir do exterior e uma necessidade interior que me exigia dar mais corda àquela criatura levaram-me naquele momento à ideia precipitada de me propor a escrever mais três romances com Mario Conde, quando ainda não tinha ideia sobre se poderia escrever pelo menos mais um.

À distância dos anos, da experiência literária e já tendo nas mãos oito romances protagonizados por esse personagem, fica evidente que a evolução de Mario Conde tem muito a ver com minha própria evolução como indivíduo. Se em *Passado perfeito* ainda sinto que Conde tem certo caráter funcional, apegado demais, para meu gosto, à trama policial em que está envolvido, quando comecei *Ventos de quaresma** (publicado em 1994), já decidido a que ele fosse protagonista de pelo menos quatro romances, tornou-se mais completa sua composição psicológica e espiritual e também mais evidente a impossibilidade de mantê-lo por muito tempo como policial, até mesmo como *antipolicial* ou como o policial literário que ele era. Sua maneira de se relacionar com a realidade, com os amigos, com o amor e as mulheres, sua inteligência e sua vocação literária, sua incapacidade de viver entre os férreos escalões de um corpo de estrutura militar e as muitíssimas fraquezas de seu caráter punham à prova em cada página sua capacidade de ser e agir como policial, ainda que como policial de investigação.

A partir de *Ventos de quaresma*, começou um lento processo de evolução do personagem, em dois sentidos essenciais que eu não previra ao iniciar a saga: primeiro, seu próprio desenvolvimento de caráter, que foi se arredondando, tornando-se mais humano e vivo; segundo, sua aproximação de mim e minha aproximação dele. A ponto de se transformar, se não em um álter ego, pelo menos em minha voz, meus olhos, minhas obsessões e preocupações ao longo de mais de vinte e cinco anos de convivência humana e literária.

Não é por acaso, então, que, na altura do que seria, segundo meus planos, sua última aparição – *Paisagem de outono*, de 1998, o volume que encerra a tetralogia que chamei de As Quatro Estações**, temporalmente situada, por certo, naquele ano crítico de 1989 –, finalmente Mario Conde abandona a polícia, mas o faz justo no dia em que comemora seu aniversário, um 9 de outubro, é claro, o dia em que comemoro o meu. E também o dia em que um furacão chega a Havana

---

* Leonardo Padura, *Ventos de quaresma* (trad. Rosa Freire d'Aguiar, São Paulo, Boitempo, 2008). (N. E.)
** Coleção publicada pela Boitempo, composta por *Máscaras*, *Paisagem de outono*, *Passado perfeito* e *Ventos de quaresma*. (N. E.)

e – de acordo com os desejos expressos de Conde – varre tudo para que renasça algo novo entre as ruínas da cidade condenada.

A partir desse momento, realizada de muitos jeitos a comunhão entre Mario Conde e o escritor, descobri que havia maneiras de manter o personagem ativo, inclusive fazendo investigações criminais, sem que fosse membro ativo da polícia. Por isso, quando resolvi resgatá-lo, busquei para ele, com muito cuidado, um ofício que lhe fosse propício e o transformei em comprador e vendedor de livros velhos, prática que se tornou comum na Cuba da crise da década de 1990 e que permitia ao personagem duas condições importantes: estar, ao mesmo tempo, muito perto da rua e muito perto da literatura. Por outro lado, nos romances *Adeus, Hemingway** (2001) e *A neblina do passado*** (2005) – processo que continuei em *Hereges**** (2013) e depois em *A transparência do tempo***** (2018) –, realizava-se um salto cronológico que colocava as histórias em minha contemporaneidade (algo importante numa sociedade como a cubana, tão imóvel e ao mesmo tempo tão mutável) e o personagem em minha idade de vida e de ideologia, um trânsito com o qual foram aparecendo mais dores físicas e desilusões espirituais do que se poderiam esperar quando comecei a escrever *Passado perfeito* e dei meu sopro divino a Mario Conde.

Talvez a maior prova da humanidade de Mario Conde e (não tenho outra opção a não ser dizê-lo assim) do acerto de minha elaboração de sua figura tenha sido a identificação dos leitores com um *homem* como ele, policial numa época, um desastre pessoal sempre. O grau mais alto dessa humanidade do ser de ficção foi, no entanto, sua transmutação de personagem em pessoa, pois a identificação de muitos leitores com essa figura os leva a vê-la como uma realidade (e não como uma emanação da realidade), com uma vida real, amigos reais, amores reais e futuro possível. Especialmente em Cuba, onde tenho não apenas meus primeiros, mas também meus mais fiéis e obsessivos leitores, essa translação de Mario Conde para o plano do real-concreto significou não mais um reconhecimento de meu trabalho, mas uma revelação de até que ponto o olhar do personagem sobre a realidade, suas expectativas, suas dúvidas e seus desencantos com respeito a uma sociedade e um tempo histórico expressam um sentimento disseminado

---

* Leonardo Padura, *Adeus, Hemingway* (trad. Lucia Maria Goulart Jahn, São Paulo, Companhia das Letras, 2001). (N. E.)
** Idem, *A neblina do passado* (trad. Júlio Pimentel Filho, São Paulo, Benvirá, 2012). (N. E.)
*** Idem, *Hereges* (trad. Ari Roitman e Paulina Wacht, São Paulo, Boitempo, 2015). (N. E.)
**** Idem, *A transparência do tempo* (trad. Monica Stahel, São Paulo, Boitempo, 2018). (N. E.)

pelo país ou, ao menos, entre muitos de nós que vivemos esses anos no país. A literatura, nesse caso, supriu outros discursos (inexistentes ou escassos) sobre a realidade cubana, e, sendo Mario Conde intérprete, testemunha e até vítima dessa realidade, sobre sua figura recaiu a identificação dos leitores necessitados dessas visões-outras (não oficiais nem triunfalistas) da sociedade em que vivem – e até mesmo da qual escapam para os mais diversos exílios.

Essa capacidade do personagem de viver e refletir junto comigo é, penso, o que o mantém e poderia mantê-lo literariamente ativo (ou vivo, se o virmos como uma pessoa). Se nos primeiros romances em que o utilizei o personagem já me servia não só para investigar um crime, mas, sobretudo, para revelar uma realidade, ao longo de todos esses anos sua função se definiu e cada vez mais terá a responsabilidade de revelar a evolução e as obscuridades dessa realidade em que ele e eu nos situamos: a realidade dos anos que pesam sobre o corpo e a mente e dos que passam pela ilha. Assim, com maior ou menor carga de romance policial, porém sempre com mais intenções de romance social e reflexivo, as histórias de Mario Conde me servem – é o caso de *A neblina do passado*, de *Hereges* e de *A transparência do tempo* – e me servirão para tentar esboçar uma crônica da vida cubana contemporânea, em sua evolução e suas involuções, sempre a partir de meu ponto de vista, que não é o único nem o mais certeiro, mas que expressa uma visão própria de uma realidade que vivo cada dia. Como sempre, porém, as responsabilidades desse personagem serão mais complexas: ao amadurecer e envelhecer comigo, Mario Conde também tem a missão de expressar incertezas e temores que acompanham minha geração e as individualidades de minha geração, desde a sensação de fracasso pessoal, o desencanto social, a incapacidade de se inserir num mundo com exigências morais e econômicas distintas, até a expressão traumática do medo crescente do inevitável: a velhice e a morte.

2013/2018

O romance que não foi escrito
Adendos a *O homem que amava os cachorros**

Como e quando se escreve um romance?

Em inúmeras ocasiões eu me vi coagido a responder – felizmente ainda não diante do pelotão de fuzilamento – quando e como tive a ideia de escrever um romance em torno do assassinato de Liev Davídovitch Trótski, no México, em 20 de agosto de 1940, perpetrado pela picareta empunhada (fisicamente) por Ramón Mercader del Río. Em tal conjuntura, costumo lembrar aquela tarde remota de 1989 em que outro Ramón, meu amigo cubano-mexicano de sobrenome Arencibia, levou-me para conhecer a casa de Coyoacán onde se dera o cruel assassinato.

A visita ocorreu em outubro daquele ano, poucos dias depois de meu trigésimo quarto aniversário e menos de um mês antes da insuspeitada (e insuspeitável) queda do Muro de Berlim, que mudaria o rumo da história.

Era minha primeira viagem ao México e, impelido por minha ignorância cubana com respeito à vida, obra e destino do "falso profeta" Trótski, empenhei-me em visitar sua última residência na terra. Lá, no jardim onde ainda estão algumas das velhas coelheiras que o exilado mandara construir, a bandeira soviética sob a qual descansam em terra mexicana os restos do apátrida Liev Davídovitch e de sua esposa Natalia Sedova, rodeado pelos altos muros da fortaleza com atalaias que foram incapazes de protegê-lo, e depois de ter percorrido a casa, observado o estúdio – o lugar do crime – e apalpado a poeira do esquecimento que cobria todo o lugar, tive a impressão de que havia penetrado num cenário que me

---

* Leonardo Padura, *O homem que amava os cachorros* (2. ed., trad. Helena Pitta, São Paulo, Boitempo, 2015). (N. E.)

afetava de modo dilacerante, por via sensorial e intelectual. No entanto, eu estaria mentindo se dissesse que então pensei na possibilidade de escrever o romance da vida e da morte de Trótski. Sobretudo porque o quando e o como escrevê-lo estavam muito longe de qualquer alcance ou imaginação que eu tivesse daquele tempo. O que me parece incontestável, isso sim, é que naquele recinto transformado em Museu do Direito de Asilo deve ter nascido a obsessão da qual, na hora certa, surgiria a necessidade de escrever um romance catártico. E sempre é bom lembrar que na busca do alívio para uma angústia perseguidora pode estar uma das razões de *para que* se escreve um romance.

Aconteceu, porém, que alguns anos depois daquele encontro íntimo com o mundo de Liev Davídovitch, quando já alimentava minha obsessão com pequenas doses de conhecimento histórico, eu soube que o enigmático assassino do revolucionário vivera os quatro anos finais de sua vida em Cuba, sob rigoroso anonimato. O simples fato de saber que um personagem saído da história convivera comigo, em minha cidade e meu tempo, provocou outras reações que fizeram aumentar a obsessão perseguidora.

Nesse percurso até a escrita de meu romance, não é notícia histórica pouco dramática o fato de que um mês depois de minha primeira visita à casa de Coyoacán tenha caído o Muro de Berlim e começado a fase final do desmonte europeu da sociedade que Trótski ajudara a construir e pela qual fora condenado a exílio, perseguição e morte. No processo que se seguiu ao *desmerengamento* da União Soviética, tão cheio de lições, houve uma conjuntura que me aproximaria muito mais da ideia – ainda inexistente em minhas preocupações e possibilidades da década de 1990 – de escrever um possível romance como o que depois escreveria. Entretanto, foi aquele acontecimento impactante, no fim das contas decisivo para meu empenho, que propiciou a abertura de muitos arquivos entesourados em Moscou, catacumbas de informação sobre as quais se lançaram dezenas de pesquisadores e estudiosos.

O resultado da possibilidade, antes inimaginável, de remexer nas entranhas mais lacradas da vida soviética significou, mais que uma reviravolta na história, uma revisão profunda da leitura da história do que havia sido a mais verdadeira União Soviética e sua influência política em muitas partes do planeta. Uma nova história, de modo algum tão gloriosa quanto a que até então havia circulado. Uma nova história cheia de revelações assombrosas, de farsas dolorosas, de manipulações e ocultações. Uma revelação dramática com mais e mais vítimas. Uma crônica de assombros que, impelido por minha obsessão, fui lendo e fui me avizinhando da possibilidade de que em minha mente se acendesse a ideia de escrever um romance em que se enxergasse o assassinato de 1940 sob o prisma dessas revelações que mudavam tantas perspectivas.

O primeiro documento que tenho registrado com referência ao que depois seria meu livro data de 2005, apenas alguns meses depois de entregar a meus editores o romance *A neblina do passado**, que seria publicado nesse mesmo ano. A obsessão, longamente afagada, alimentada com paciência, dera o salto na direção de sua materialização no romance que eu escreveria durante os cinco anos seguintes, até a última revisão, realizada no verão de 2009, três meses antes de sua aparição no mercado.

Trótski *versus* Mercader (ou vice-versa)

Esses dois personagens reais estão situados no centro da história do século XX. No entanto, da perspectiva do historiador e ainda mais do romancista, são antípodas quanto à informação existente sobre eles e a partir da qual se pode trabalhar em sua reelaboração dramática como personagens que previamente foram pessoas reais, com uma vida real, e que em meu livro teriam uma vida romanesca (com tudo o que essa condição implica). Porque, enquanto Liev Trótski é um homem que tem praticamente cada dia de sua vida biografado – inclusive ele escreveu uma autobiografia, *Minha vida***, que se encerrou em 1929, justamente no ponto em que tomo sua existência para romanceá-la –, Ramón Mercader só entra na história, e de maneira muito oblíqua, quando aplica no ex-líder bolchevique o famoso golpe de picareta que acabaria com sua vida. Ou com a vida de ambos.

Como lidar, na escrita de um romance, com um personagem capaz de se empanturrar de informações e com outro esfumado atrás de uma biografia real conhecida a duras penas e em muitas de suas passagens bastante ficcionada ou distorcida pela subjetividade e até pela busca de protagonismo dos informantes e pelos mais diversos interesses (políticos, familiares, sectários)? Talvez nesse jogo de identidades tão diversas quanto seu possível conhecimento esteja uma das essências psicológicas e dramáticas da concepção desses dois personagens no romance.

Não sei até que ponto esse conflito literário, vivido como experiência pessoal criativa, tem afinidade com o que é enfrentado por outros escritores em

---

* Idem, *A neblina do passado* (trad. Júlio Pimentel Filho, São Paulo, Benvirá, 2012). (N. E.)
** Liev Trótski, *Minha vida* (trad. Boris Vargaftig, São Paulo, Usina, 2017). (N. E.)

situações semelhantes. Em todo caso, acho que minha experiência é reveladora das complexidades do trabalho de elaboração de personagens reais que, ademais, são justamente históricos.

No caso de um personagem como Liev Trótski, os elementos contextuais em que ele se desenvolve são comprovadamente históricos, ao passo que os elementos psicológicos de seu caráter baseiam-se no estudo de seus próprios escritos (não só de caráter autobiográfico) e nos textos propriamente biográficos dedicados a ele. Dessa conjunção brota um personagem cuja cronologia de vida e existência pude estabelecer com exatidão e cujas ideias sobre os mais diversos aspectos da realidade estão documentadas e é possível conhecer com notável profundidade. A partir desses pressupostos informativos, com os quais realizei uma síntese analítica, tentei me introduzir no pensamento de Trótski por meio da estratégia literária de narrar suas peripécias em primeira pessoa, ou seja, a partir de seu pensamento, sua visão e sua percepção. Mas a própria complexidade psicológica do personagem (europeu, russo-ucraniano, judeu, revolucionário profissional etc.) tornava praticamente impossível tal penetração a partir da perspectiva de um homem de outra cultura e formação, como é meu caso. Essa circunstância quase insuperável obrigou-me, depois de escrever e reescrever várias vezes sua linha narrativa, a reconsiderar sua concepção literária e tomar uma decisão drástica: escrevê-la de novo, utilizando uma terceira pessoa narrativa, quase objetiva, para a qual o peso da concepção social e histórica é tão importante ou mais que o da psicológica, que em boa medida se constrói por sua relação com sua circunstância, ou seja, a de um homem obstinado em suas ideias apesar de derrotas, marginalizações, difamações e traições. Para não me distanciar dessa circunstância e do peso que ela tem no caráter psicológico do personagem, resolvi utilizar a extensa biografia de Isaac Deutscher, a conhecida "trilogia do profeta", pois, além de ser um estudo muitíssimo bem documentado (apesar de suas parcialidades), é também, e sobretudo, próximo no tempo histórico da figura real que foi seu objeto: Deutscher escreve sua obra nos anos 1950 e utiliza fontes vivas muito privilegiadas, como Natalia Sedova, a viúva do líder revolucionário... Desse modo, propus-me a olhar Trótski a partir de fora de Trótski, mas conhecendo detalhadamente sua vida, e me esforcei para localizá-lo num contexto histórico variegado e confuso (seu contexto particular e o contexto geral da trama política da década de 1930), período estudado quase sempre a partir de pontos de vista políticos e ideológicos parciais e opostos. Partindo dessa relação do indivíduo com sua circunstância, propus-me, então, a fazer chegarem ao leitor os componentes essenciais de sua individualidade, tão importantes na própria criação do personagem, mas pouco decisivos para o quadro histórico – uma relação que envolve a individualidade, a supera e, inclusive, decide sua sorte.

Ramón Mercader, por sua vez, é uma construção absolutamente romanesca, elaborada a partir de algumas poucas referências biográficas críveis e de muitos elementos contextuais que devem ou podem ter influído sobre ele: os conflitos da época que lhe coube viver. Desse modo, os dados biográficos são inseridos em acontecimentos reais, como o estabelecimento da Segunda República na Espanha e a guerra civil espanhola (1936-1939) de que Mercader participou, sua conversão em agente secreto soviético e o ambiente político e ideológico do momento (justamente os anos dos julgamentos de Moscou e da ofensiva stalinista contra o trotskismo, da consolidação do fascismo, do auge das frentes populares etc.), e pude moldar um personagem a partir do que realmente aconteceu em sua vida e, sobretudo, *do que pode ter acontecido de acordo com esse contexto histórico*. Repito: a partir do que realmente aconteceu em sua vida e, sobretudo, *do que pode ter acontecido de acordo com esse contexto histórico*.

Para cumprir meu objetivo e, além disso, penetrar até onde fosse possível em sua psicologia peculiar de assassino ideológico, eu me vali de um recurso de caráter estritamente literário: contar sua vida em terceira pessoa, ocultando, mas ao mesmo tempo utilizando, a perspectiva do próprio personagem, que revela sua história sem dizer que é sua história. Assim, fiz Ramón López (nome falso com que ele viveu em Cuba) contar a história de Ramón Mercader sem reconhecer que ele mesmo era Ramón Mercader. Quem ouve essa história é um personagem de ficção, um jovem cubano, escritor que já não escreve, que batizei de Iván Cárdenas.... E, como jogo ou recurso literário, a vida de Ramón Mercader que lemos no romance será a que foi escrita ou supõe-se que tenha sido escrita por Iván Cárdenas a partir do relato de um Ramón Mercader que oculta sua verdadeira identidade no ato da revelação e fala de si mesmo em terceira pessoa. Nesse caso, o recurso literário das sucessivas mediações entre realidade e representação romanesca é o cimento que permite fundir todos os componentes colocados em jogo: a realidade e a possibilidade, a história e a ficção, o conhecido e o imaginado, o revelado e o oculto.

E o recurso principal para que funcionem em harmonia todas essas estratégias literárias, narrativas, conceituais e éticas (o respeito à verdade histórica, imprescindível num romance que carrega os objetivos literários e filosóficos carretados por *O homem que amava os cachorros*) é a estrutura ou arquitetura do romance, elemento decisivo na conformação dos textos narrativos. No relato, Trótski e Mercader fluem por rios que todos sabemos que se cruzarão num momento altamente dramático, e quem abre ou fecha comportas é o "autor", Iván Cárdenas... o mais real dos três personagens colocados em jogo, pois, se não posso dizer que Ivan existiu na realidade, ou que sou eu, o fato é que Iván nasce de mim, de minha experiência pessoal e geracional, de meu contexto, do romance da minha própria vida real.

O sangue de Trótski

Entre muitíssimos livros, jornais e documentos que fui entesourando ao longo dos anos de pesquisa e escrita do romance, um tem valor especial: a fotocópia dos manuscritos em que Trótski trabalhava no dia de sua morte. Sobre várias dessas folhas, datilografadas em russo e com anotações e rasuras feitas pelo próprio Trótski, ficaram impressas também várias gotas do sangue que lhe saltou do crânio quando Ramón Mercader lhe cravou a pua da picareta.

É difícil expressar, mesmo sendo um sentimento pessoal, o que me embargou quando vi aquelas manchas (que num primeiro momento pensei que pudessem ser de tinta) e quando soube do que se tratava. O que lembro, isso sim, é que me senti tão perto de Liev Trótski e de Ramón Mercader, da casa da avenida Viena e dos acontecimentos de 20 de agosto de 1940 como nunca havia estado: esse é o poder do sangue, esse é o vínculo – às vezes macabro – que um intenso exercício literário pode ter.

Aquele documento (encabeçado pelo título "Declarações complementares à ata de 2 de julho 'Os porões habitáveis'", algumas ampliações ou esclarecimentos a várias perguntas que fizera a Ramón Mercader um tal senhor Flores, ao que parece advogado de defesa de um dos participantes do assalto de 24 de maio) tinha toda a força dramática que depois eu tentaria levar a meu relato. No entanto, mesmo sendo emocionalmente tão decisivo na ou para a redação de meu texto, era impossível incluir no romance a existência daquele documento.

Pude receber as "Declarações..." manchadas com o sangue de Trótski porque aqueles papéis faziam parte das volumosas informações recolhidas pela polícia que, junto com interrogatórios policiais e judiciais, incluíam-se nos atestados do julgamento de Jacques Mornard pelo assassinato de Liev Trótski. O pacote volumoso e revelador chegara-me do México, onde meu amigo Miguel Díaz Reynoso (que conheci em seus dias de adido cultural mexicano em Havana, no início da década de 1990) tivera acesso depois de uma obstinada perseguição que ele me explicava em carta manuscrita (creio que a única que tenho das muitas correspondências que troquei para escrever o romance, pois, com exceção dessa carta, foi tudo por e-mail).

Por fim consegui obter uma cópia do expediente do julgamento de Mercader.
É impressionante como se volta a viver a história com sua leitura. Aí estão as declarações tal como foram ditas. Estão as gotas de sangue, no fim, sobre as páginas escritas em russo por Trótski.
Algumas páginas não são tão legíveis, mas em geral espero que possam ser entendidas.
Um amigo, advogado e apaixonado pelo caso, o emprestou para que eu o fotocopiasse. Espero que lhe seja útil.
Esperamos o romance mais que nunca.
Um abraço para você e para Lucía.

E firmava a carta com sua assinatura característica, Miguel, com um "L" final que se prolonga, e colocava a data, 19 de julho de 2007, justo dois anos antes de eu fazer as últimas emendas ao romance.

O silêncio de Sieva

Esteban Volkov teve o estranho destino de viver durante cinquenta anos como a única voz viva da família Trótski; foi, por assim dizer, o único trotskista genético na ativa por noventa anos. Rebento de uma das filhas do primeiro casamento do revolucionário russo, teve de assumir essa responsabilidade por ter sido um dos poucos descendentes diretos de Trótski que sobreviveu à fúria de Stálin, que, depois de devorar os quatro filhos dos dois casamentos de seu inimigo e outros incontáveis parentes (inclusive netos e irmãos), pareceu arrotar satisfeito e sussurrar baixinho "já estou cheio"... e Esteban ou Sieva se salvou.

Uma das maiores complicações que se impôs a mim ao escrever o romance foi minha decisão inabalável de não voltar à Cidade do México enquanto a cidade não perdesse mil metros de altura, eu me curasse de minha hipocondria hipertensa ou acontecesse outro milagre favorável. Portanto, a possibilidade de conversar com Esteban Volkov e ouvir de sua voz algumas peculiaridades menores da vida de Trótski no México – essas peculiaridades que são maiores para os romancistas – estava descartada, e minhas dúvidas teriam de ser resolvidas pela pura bibliografia. No entanto, a passagem por Havana de um amigo próximo de Sieva, que inclusive trabalhou com ele na Casa Museo Liev Trótski, reinaugurada como Museo del Derecho de Asilo, deu-me esperança de poder entrar em contato com o septuagenário dos Trótski.

Como para outros implicados na história, também escrevi para Esteban Volkov uma carta que, assim eu esperava, deveria ser-lhe entregue em mãos.

Mas Sieva, que tanto falou e escreveu sobre o avô, especialmente sobre os dias finais do revolucionário, quando ele – Sieva – também morava na casa de Coyoacán, nunca me respondeu por nenhum dos canais que deixei abertos.

Por que tanto silêncio, tanta suspicácia, tanto mistério quase setenta anos depois do assassinato de Liev Trótski? Entendo que por anos, até mesmo décadas, muita gente se negasse a falar do assunto, por temores mais que fundados. Mas não foi esse o caso de Natalia Sedov, primeiro, de Esteban Volkov, depois: de alguma maneira, eles assumiram a luta pela reivindicação da figura e das ideias do companheiro de Lênin – e durante muito tempo o fizeram por todos os meios ao alcance. Sieva, por exemplo, aparece como uma das figuras centrais do documentário sobre Ramón Mercader filmado pelos espanhóis Javier Rioyo e José Luis López Linares, documento dramático e revelador sobre a vida e a obra do comunista catalão. Por que, então, Sieva não respondeu à minha carta?

Oito anos depois de publicado *O homem que amava os cachorros*, uma conjuntura por demais importante obrigou-me a voltar à Cidade do México, como agora se faz chamar a capital da república: é que a Universidade Nacional Autônoma do México, a prestigiosa Unam, conferia-me o título de doutor *honoris causa*, numa cerimônia que se realizou em novembro de 2017, na qual era obrigatória a presença do galardoado.

Com a cumplicidade e o apoio de meus editores espanhóis e mexicanos, consegui traçar uma estratégia para a volta às alturas do México: subir pouco a pouco. Assim, fiz uma ascensão que durou vários dias e tive como primeira escala Guadalajara (mil e quinhentos metros acima do nível do mar), de onde fui para Querétaro (dois mil metros) e finalmente para Cidade do México (com seus dois mil e quinhentos metros de altitude).

Finalizando os atos de que participei naqueles dias, que incluíam a entrega muito formal de minha condição de doutor *honoris causa*[1], fui convidado a participar de um colóquio sobre meu romance na Casa Museo Liev Trótski, em Coyoacán, na qual eu estaria escoltado pelo historiador trotskista Alan Woods e, nada mais, nada menos, pelo lúcido e inquieto nonagenário Esteban Volkov.

O ato, que se transformou numa manifestação multitudinária e foi resenhado pela imprensa mexicana como meu regresso "ao lugar do crime", serviu-me para por fim conhecer pessoalmente o ancião que era uma criança no dia em

---

[1] Fui o segundo cubano que mereceu a distinção conferida pela universidade mais importante da América Latina. Antes, em 1920, fora o diplomata cubano Manuel Márquez Sterling, por sua atitude ao salvar a família de Francisco Madero durante a chamada Semana Trágica.

que Ramón Mercader matou seu avô, Liev Davídovitch... Então fiquei sabendo de duas coisas importantes: que Esteban nunca recebera minha carta enviada havia mais de dez anos e que, ao ler meu livro, sentiu que eu realizara um ato de justiça histórica por meio de um exercício poético. Melhor opinião, impossível.

A pupila do Kremlin

– Sou Karmen Vega – disse a mulher de meia-idade e óculos escuros que se sentara no fundo do salão da livraria da Pequeña Habana de Miami. – Fui eu que administrei a saída de Mercader para Cuba e estive ao lado dele até o dia de sua morte, em Havana...

Um dos muitos mistérios que cercaram a vida de Ramón Mercader e que jamais consegui resolver durante as pesquisas prévias e as que continuei realizando durante a escrita de meu romance está relacionado, justamente, com a maneira pela qual o assassino recebeu a necessária autorização para viver em Cuba, inclusive com família e galgos-russos. Nenhum documento nem nenhuma confissão me permitiram conhecer os meandros de uma decisão sobre a qual ninguém escrevia, ninguém falava, menos ainda em Cuba.

A mais elementar especulação me fazia pensar que, sendo Mercader quem era e apesar dos muitos anos transcorridos desde o assassinato de Coyoacán, sua mudança para a ilha do Caribe deveria ter sido um trâmite concretizado nas altas esferas de decisão, de um lado e do outro do mundo.

O próprio Ramón considerava-se uma "batata quente". Era-o, inclusive, para seus compatriotas republicanos espanhóis refugiados na URSS, que tinham diversos graus de proximidade, distância e até rejeição em relação ao obediente homem da picareta.

Seu desejo de sair de Moscou, onde vivia com alguns privilégios mínimos e suas muitas medalhas, correspondia ao desejo de uma busca por mais anonimato, por mais distância com relação a seu passado, e a um desencanto que um compatriota seu no exílio desvendou com a confissão de um diálogo mantido com o catalão – à afirmação do outro refugiado, que comentou: "Como nos enganaram, Ramón". O depoente contou que Mercader respondeu: "A uns mais que a outros"... Mas também influíram na busca de uma alternativa (pois um sonhado regresso à Espanha era impossível) as exigências de sua esposa mexicana, Roquelia Mendoza, comunista que não suportava o clima, a língua, as carências e as filas de Moscou, entre matronas russas hostis de axilas peludas e malcheirosas.

Seja como for, o fato é que em 1974 Mercader recebeu as autorizações necessárias para sair de Moscou e mudar-se para Havana... e, curiosamente, apenas dois anos depois de publicado meu romance, por fim apareceu a revelação da pessoa que se apresentava como o suposto facilitador de uma saída que Ramón havia comemorado quase tanto quanto a libertação de Lecumberri: Karmen Vega.

En la pupila de Kremlin[2] é a história de Karmen Vega, a hispano-soviética filha de militantes republicanos espanhóis refugiados na URSS. Seu autor é o jornalista cubano Álvaro Alba, formado na URSS e depois radicado em Miami, onde conheceu Karmen, ouviu sua história e lhe deu forma de livro.

Devo confessar que me senti muito intrigado quando li esse testemunho da pessoa que se atribuía a responsabilidade de ter administrado aquele mistério histórico e político. Nunca, em nenhuma de minhas pesquisas, surgira o nome daquela mulher que parecia ter sido tão próxima de Mercader e de sua família, antes e durante sua permanência final em Cuba, e que deixava transparecer em sua confissão a possibilidade (também aventada por Luis Mercader, irmão e biógrafo de Ramón) de que a morte de Ramón tivesse sido provocada pelos órgãos de inteligência soviética mediante algum tipo de envenenamento ou inoculação de radioatividade.

Segundo o que Karmen Vega conta a Álvaro Alba, seu momento de glória aconteceu durante uma visita oficial do líder cubano Fidel Castro à Moscou de Brejniev. Foi então que ela teve oportunidade de se aproximar dele e expressar diretamente ao governo cubano o desejo de Mercader (a quem o unia uma profunda amizade) de viajar para Cuba com a família. Os detalhes do encontro próximo de Karmen com Fidel decerto são rocambolescos e, a meu ver, bastante romanescos, tendo em conta as medidas de segurança que em geral acompanhavam o comandante em chefe dentro e fora da ilha. Sempre de acordo com Karmen Vega, porém, no dia seguinte a sua solicitação pessoal, Fidel pôs para funcionar a maquinaria que em poucos meses suspenderia o confinamento moscovita de Mercader e o colocaria sob o céu cálido de Havana, até mesmo desfrutando de comodidades vedadas aos cidadãos cubanos. Certa ou não, exagerada ou não, essa é a história contada a Álvaro Alba por aquela hispano-soviética que havia colaborado com as autoridades cubanas em Moscou e depois, segundo ela, passado temporadas em Cuba, sobretudo nos dias finais de Ramón Mercader...

---

[2] Álvaro Alba, *En la pupila del Kremlin* (Madri, Asociación por la Paz Continental, 2011, Coleção Entrelíneas).

Como a data de publicação de *En la pupila del Kremlin* é setembro de 2011, calculo que meu encontro público e pessoal com a mulher que se apresentou como Karmen Vega deva ter ocorrido no ano 2012.

Tudo aconteceu na tarde em que Manolo Salvat, diretor da livraria e editora Universal, radicadas em Miami, me convidou a participar de uma apresentação pública de minha obra no salão de eventos da livraria, localizada na rua 8, bem no centro daquela Pequena Havana, que foi, por décadas, o coração do exílio cubano no sul da Flórida. Acompanhado por um amigo jornalista, eu falaria sobre minha obra e responderia a algumas perguntas do público que lotou o salão... e justo quando Salvat encerrava o ato que se desenvolvera com pleno sucesso, saltou a lebre... "Eu sou Karmen Vega", havia falado a mulher que se atribuía o mérito da mudança de Ramón Mercader para Cuba!... E surgiu a pergunta: o que fazia em Miami a militante comunista hispano-soviética amiga de funcionários cubanos, com possibilidade até de se aproximar de Fidel Castro durante uma estada dele em Moscou e arrancar-lhe a promessa (logo cumprida) de se interessar pela sorte de Ramón Mercader? A senhora de óculos escuros era a Karmen Vega real ou tudo aquilo fora uma espécie de *happening*? E, se era uma montagem, que fim buscava?

Como muitas outras perguntas relacionadas à vida e aos milagres de Ramón Mercader, essas se encapsularam sem resposta, pois, feita sua declaração de identidade e de suposto mérito histórico, a real ou falsa Karmen Vega, real ou falsa propiciadora da mudança de Mercader para Cuba, sem acrescentar comentários esgueirou-se pelas escadas que levavam do salão de eventos da Universal à rua 8 de Miami e desapareceu, como se nunca tivesse existido.

Cartas perdidas

Sem dúvida uma das pessoas que ainda vive e que seria uma chave para ter uma ideia de como foi e como agia Ramón Mercader é seu filho, Arturo López. Tanto que eu saiba (e o que sei é bem pouco e, além do mais, confuso), Arturo e Laura López são dois irmãos carnais, filhos de uma espanhola exilada na URSS e radicada em Jarkov. Essa mulher, da qual só Luis Mercader dá notícias em seu livro – e, portanto, trata-se de referências tão pouco confiáveis quanto todas as que são oferecidas pelo irmão mais novo de Ramón na biografia que relatou –, morreu durante o parto de Laura. Até agora desconheço por quais vias ou conexões Roquelia – que era estéril – e Ramón conseguiram a custódia da recém-nascida e de seu irmão de sete anos, Arturo (Luis não menciona o pai das crianças, o que é no mínimo curioso). Segundo minhas contas, essa adoção ocorreu no início dos anos 1970, mais exatamente por volta de 1962, de modo que, ao chegar a Cuba, Arturo tinha cerca de dezenove anos, e Laura, uns doze; quando Ramón morreu, quatro anos depois, Arturo teria por volta de vinte e três, e Laura, cerca de dezesseis.

Nas poucas cartas de Ramón, escritas de Havana e publicadas no livro *Ramón Mercader, mi hermano*, assinado por Luis Mercader e pelo jornalista Germán Sánchez, várias vezes o assassino de Trótski refere-se aos filhos e diz que Arturo é um rapaz sério e centrado, cujas paixões são o mar e a navegação, e por isso estava estudando na Escuela Superior de la Marina Mercante cubana, com o propósito de tornar-se capitão. De Laura, por quem parecia ter grande carinho, o pai transmite o sentimento de inapreensibilidade que em geral os adolescentes despertam.

Um dos médicos que se relacionou com Mercader quando sua doença entrou em estado crítico lembra que Laura costumava acompanhar o pai quando ele ia para o hospital. A imagem que ele transmite da moça é de alguém responsável e adulto[3].

Entretanto, para meu propósito original de conhecer mais a fundo uma face possível de Ramón Mercader – a de esposo e pai – e alguns detalhes de como fora sua vida em Moscou e em Havana, Arturo era a fonte mais autorizada, pois Roquelia já morrera, e nos anos soviéticos da família Laura era bem pequena. Além disso, embora Arturo vivesse a maior parte do tempo no México, já aposentado da Marinha, afirmaram-me que ele viajava com certa frequência a Cuba, onde a família tivera o privilégio de conservar a casa de 7ma B e 68, no *reparto* Miramar.

Um dia em que eu havia comentado em lugar público minha intenção de escrever um romance sobre Ramón Mercader, uma ex-colega da universidade aproximou-se de mim e disse que conhecera Ramón Mercader e sua família e visitara a casa de Miramar com muita frequência.

Hilda Barrio – Hildita – havia sido colega de ensino médio e muito amiga da moça que seria namorada de Arturo López e, depois, sua esposa. Ela fora muito próxima do casal desde os tempos do namoro e mais tarde, quando tiveram um filho. Mas a criatura (creio que menina) morrera com poucos dias de vida, e essa perda fora o começo do fim da relação, que acabou por se desintegrar. Ao longo daqueles anos, Hildita visitara com frequência a casa de Arturo e tivera

---

[3] Esse médico nunca me falou de Karmen Vega, que garante em seu depoimento ter sido a pessoa mais próxima de Mercader durante seus últimos meses de vida. Depois, quando lhe perguntei da tal Karmen, disse-me não se lembrar dela. E o médico é real.

certa relação de amizade com Laura, Roquelia e o próprio Ramón López, o velho republicano espanhol que era a cabeça da família.

Segundo Hildita, depois da ruptura do primeiro casamento, Arturo tinha voltado a se casar, estabelecera-se no México – onde já viviam Roquelia e Laura, que se foram de Cuba poucos meses depois da morte de Ramón – e, embora se vissem pouco, tinham conservado a velha relação de amizade juvenil. Uma prova patente da proximidade dessa amizade com Arturo e a família era que Hildita herdara a bela bengala uzbeque que o velho Ramón deve ter usado durante os meses de sua doença.

Com a história da bengala uzbeque, Hildita me revelou uma circunstância tão surpreendente quanto demonstrativa do tanto que o hermetismo envolvera a permanência de Ramón Mercader em Cuba: a maneira e o momento em que havia conhecido a verdadeira identidade do assassino de Trótski. Tudo tinha acontecido em meados da década de 1990, quase vinte anos depois de ela ter travado amizade com Arturo e seus pais, quando outro amigo, talvez conhecedor da bomba que tinha em mãos, entregou a Hildita a fita com a gravação do documentário *Asaltar los cielos*, de Javier Rioyo e José Luis López Linares, que narra a vida de Ramón Mercader del Río e parte de sua família.

Hildita me conta que, mal passados os primeiros minutos da fita, quando aparece na tela Laura López falando, com fortíssimo sotaque mexicano, de seu pai *Ramón Mercader* – não Jaime ou Ramón López, mas *Ramón Mercader* –, ela sentiu uma comoção: sim, aquela era Laura, irmã de Arturo, filha de Roquelia e… do assassino de Trótski?! Posso imaginar, mas dificilmente descrever, o que, segundo Hildita, ela sentiu naquele momento: por um lado, uma sensação fortíssima de ter sido enganada; por outro, o lampejo de uma revelação, mas, sobretudo, o desafio intelectual de sentir como, num instante, todas as peças de uma imagem se transformavam num quebra-cabeças disperso que era necessário voltar a montar para que adquirisse sentido. O pai de Arturo, assassino de Trótski? O homem da picareta? O mesmo Ramón López que tantas vezes a cumprimentara, que saía para passear com seus cachorros, que contava histórias heroicas da Guerra Civil espanhola e lhes dava refrigerantes?

Numa das ocasiões em que Hildita voltou a ver Arturo, vieram à baila – não podiam deixar de vir – a história e a participação de Laura no filme, apresentando-se como a filha de Ramón Mercader e reconhecendo que o pai fora um assassino "político". Mas Arturo resolveu a questão de maneira radical: sua irmã não deveria ter dado a entrevista. E encerrou o capítulo.

Quando fiquei sabendo dessa história, que incluía a informação de que periodicamente Arturo López viajava a Cuba, pedi a Hildita que servisse de intermediária para tentar estabelecer contato com o filho de Ramón Mercader. Então redigi uma carta, tentando ser o mais conciso possível, na qual expunha meu interesse em falar com ele sobre o pai, pois tinha o projeto de escrever um romance em que ele apareceria. Até, em vez de uma, fiz duas cópias da mensagem: uma entreguei a Hildita, que a faria chegar a Arturo por amigos comuns, e a outra foi colocada na caixa de correio da casa 7ma B e 68 pela professora Nara Araujo, que morava muito perto da mansão da família Mercader – na qual, segundo ela me dissera, de tempos em tempos via movimento de pessoas.

Agora reproduzo textualmente a carta, uma espécie de mensagem colocada dentro de uma garrafa:

Cidade de Havana, 5 de setembro de 2005

Sr. Arturo López,
Havana

Antes de tudo, é necessário que me apresente: meu nome é Leonardo Padura Fuentes, sou escritor, vivo em Cuba e, caso possa lhe interessar, depois de lida esta carta, anexo a ela um breve currículo de meu trabalho literário e jornalístico. Feita a apresentação, irei diretamente ao propósito desta carta, que, por sua importância para mim, não poderá ser tão breve quanto se recomenda nesses casos. Acontece que há algum tempo estou muito interessado na vida e no destino de Ramón Mercader del Río como possível personagem de um romance. Motivado por esse interesse, já li alguma bibliografia sobre sua história e os fatos em que interveio (para começar, li *La segunda muerte de Ramón Mercader*, de Jorge Semprún, para verificar se meus interesses já não tinham sido tratados nessa obra), e entre os documentos mais interessantes que me foram chegando às mãos nessa época estão, por um lado, o documentário *Asaltar los cielos* e o livro *Ramón Mercader, mi hermano*, de Luis Mercader e Germán Sánchez, além de outras pesquisas históricas e até policiais dos fatos em que se viram envolvidos Ramón Mercader e sua mãe, Caridad del Río, personagem que também é de meu interesse por sua origem cubana. A esses materiais, de domínio público, pude juntar nos últimos tempos algumas conversas com pessoas que, por diversas circunstâncias e em diferentes lugares, tiveram alguma relação com Ramón e/ou com sua mãe, Caridad.

De início, meu interesse e meus pontos de vista ao começar a pesquisa sobre a vida e o destino de Ramón Mercader foram essencialmente literários, não historiográficos, pois dele me interessou e comoveu, de maneira particular, seu destino, que poderia qualificar (literariamente, repito) como trágico.

O fato de durante anos ter ocultado sua identidade e de, mesmo já em liberdade, nunca ter ventilado em público suas ações e seus pensamentos (por razões fáceis de imaginar) e até o fato de no fim da vida ter sido enterrado num túmulo em que não aparecia seu nome verdadeiro dão uma dimensão trágica e muito literária a sua figura.

Uma vez que existe uma infinidade de acontecimentos na vida de Ramón Mercader que ainda são desconhecidos; que muitos dos fatos conhecidos foram tergiversados por falta de informação de primeira mão ou por interesses de vários tipos; uma vez que sua vida pessoal não está totalmente revelada em nenhum dos textos que fui lendo; e, além disso, por ter estado silenciosa e anonimamente no centro de alguns dos fatos históricos mais importantes do século XX, e sem obter por isso mais que uma medalha e um pequeno reconhecimento por parte das autoridade da URSS (pelo menos que eu saiba), a ponto de se deslocar para viver em Cuba; por tudo isso é que eu gostaria de ter um contato com o senhor, pois, embora meu propósito seja mover-me na ficção, gostaria de fazê-lo a partir da posição mais próxima possível da verdade da vida pessoal de Ramón Mercader.

Posso concluir que o senhor é uma pessoa reservada e que, possivelmente, não deseja falar do tema e até talvez considere atrevimento de minha parte dirigir-lhe esta carta, mas preferi correr o risco de incomodá-lo a deixar de tentar lhe falar e ter a possibilidade de conhecer sua verdade sobre Ramón Mercader, que poderia complementar para mim a informação escrita que existe sobre ele (a qual, como já lhe disse e o senhor deve saber, nem sempre é totalmente objetiva, pelos mais diversos motivos, a começar pelo desconhecimento da real personalidade de Ramón Mercader).

Episódios como sua temporada na prisão de Lecumberri, onde dizem que chegou a ganhar o respeito de muitos detentos por sua atitude solidária para com eles (afirma-se que alfabetizou várias dezenas de presos), e o modo pelo qual iniciou a relação com a senhora sua mãe; as condições de sua chegada à URSS e o retiro obrigatório a que o submeteram, quase uma espécie de prisão em gaiola de ouro; sua decisão de vir a Cuba, terra de origem de sua mãe, Caridad del Río, e onde, ao que parece, sentia-se mais à vontade; os anos finais de sua vida, já doente, que por um testemunho que tenho foram tempos de um tremendo sofrimento físico e talvez psicológico... Enfim, uma infinidade de acontecimentos e detalhes de *sua humanidade* (e sublinho a expressão porque é essa humanidade de Mercader que eu gostaria de conhecer por meio do senhor e de trabalhar em meu possível romance) que são desconhecidos e que, se me permitir conversar com o senhor, eu gostaria de conhecer com a maior fidelidade antes de continuar minha pesquisa e, é claro, antes de começar a possível escrita de um romance sobre a vida, ou parte da vida, ou acontecimentos específicos da vida (ainda não sei), de seu pai adotivo, Ramón Mercader. Compreenderia perfeitamente se não desejasse me receber. Ao mesmo tempo, antecipo que agradeceria muitíssimo poder entrar em contato com o senhor, pois desse modo o romance que estou planejando poderia contar com um testemunho insubstituível, pela proximidade com Ramón Mercader e com a verdade. Se decidir me receber, para combinarmos pode me localizar pelo e-mail [...] e pelo telefone [...], que é o de minha casa, aqui em Havana.

De antemão, peço-lhe desculpas pelos eventuais incômodos, mas confio que entenderá perfeitamente as razões desta carta e de meu atrevimento.

Sem mais, com os melhores votos e esperando uma resposta positiva do senhor, respeitosamente,

Leonardo Padura Fuentes

Nem Hildita nem eu nunca soubemos se Arturo López leu a carta. Hildita tem certeza de que ele a recebeu, mas nunca acusou seu recebimento nem Arturo voltou a contatá-la. A síndrome do silêncio parece perseguir todos os que tiveram relação com Ramón Mercader e seus atos pela consecução de um mundo melhor.

Os cachorros de Mercader

Se da permanência de Ramón Mercader em Cuba não há testemunhos gráficos conhecidos – e muito poucos verbais –, da passagem de seus cachorros por Havana permanece um documento insólito: a participação dos animais no filme *Los sobrevivientes*, rodado pelo diretor Tomás Gutiérrez Alea, entre 1977 e 1978, e estreado nos cinemas de Havana um ano depois.

O assassino de Liev Trótski estava vivendo em Cuba havia três anos e, desde que se mudara para a ilha, seus dois borzóis, presente do irmão Luis, viviam com ele na casa que lhe fora atribuída pelo governo cubano, na rua 7ma B, esquina com a 68, em Miramar.

A aclimatação e o cuidado que exigiram aqueles dois cachorros, exóticos e belíssimos, significaram para Ramón um verdadeiro desafio. Os exemplares dessa raça, animais de tamanho considerável, dependem de duas condições fundamentais para seu desenvolvimento: baixas temperaturas e exercício físico. A alimentação, em contrapartida, não é grande preocupação, pois, apesar da corpulência, os borzóis se satisfazem com bem pouca quantidade de comida... sempre e desde que seja carne.

O problema gravíssimo da temperatura, que na ilha costuma estar acima dos vinte graus Celsius quase o ano todo e além dos trinta durante quatro meses, o refugiado resolveu mais ou menos com o ar-condicionado – todo um luxo na Cuba socialista dos anos 1970 e ainda considerado artigo de luxo na Cuba do século XXI, embora não tanto quanto a carne bovina. Por isso, Ramón Mercader colocou um potente ar-condicionado soviético no recinto em que os animais passavam os longos e ardentes dias de verão.

A necessidade de exercício, em compensação, implicava toda uma responsabilidade que se tornou uma verdadeira fonte de prazer e um modo peculiar de conhecer o país que o acolhera. Nos meses de inverno – conforme conto no romance –, o lugar ideal para os cachorros correrem e gastarem energia eram as largas faixas de areia dos balneários do leste de Havana – Santa María, Mégano, Boca Ciega –, pois os cubanos raramente vão à praia na temporada "fria", não tanto pela temperatura quanto pelas condições do mar, que inclusive em geral se enche de medusas conhecidas como "água-má"*, tão raras nos meses quentes.

No verão, ou nos dias de inverno em que Ramón e os cachorros não iam à praia, um dos lugares pelos quais costumavam caminhar era o calçadão central da Quinta Avenida de Miramar. Essa alameda, que a partir dos anos 1980 tornou-se uma das rotas de *jogging* para os havaneses, é sem dúvida a rua mais aristocrática de Havana. Desde sua construção pelos arquitetos John F. Duncan e Leonardo Morales, nos anos 1920 (quando quiseram batizá-la avenida de las Américas), teve uma extensão inusitada na cidade. Entretanto, foi sendo povoada, de ambos os lados, por algumas das casas mais luxuosas da capital, entre elas o palacete da condessa de Buenavista, galardoado com o Prêmio de Fachadas 1929-1930 do Rotary Club (e depois transformado num *solar* ou casa multifamiliar), ou a "choça" do ex-presidente Ramón Grau San Martín, com dezenove banheiros. Outras muitas residências dessa rua receberam prêmios da Escuela de Arquitectos de Cuba e, por si só, é um mostruário do poderio econômico das classes altas nos anos anteriores ao triunfo revolucionário de 1959.

Depois da debandada da grande burguesia cubana, iniciada no próprio 1º de janeiro de 1959, muitas dessas casas se transformaram em embaixadas e outras viraram escolas e vagas em que foram matriculados e alojados jovens vindos do interior do país. Já na década de 1970, várias dessas mansões tinham sido

---

* Denominação menos comum no Brasil, onde é mais conhecida por "água-viva" (no original, *agua mala*). (N. T.)

recuperadas, renovadas e entregues a diversas empresas e órgãos do Estado e a técnicos estrangeiros de alto nível.

De modo que Ramón Mercader, ou melhor, Jaime Ramón López, costumava caminhar com seus cachorros pelo calçadão aristocrático enquanto desfrutava da paisagem urbana mais seleta daquilo que tinha sido uma cidade poderosa, rica e até perdulária. Talvez sua curiosidade o tenha feito pesquisar um pouco a história do lugar, de algumas de suas casas e lugares emblemáticos.

Mas Tomás Gutiérrez Alea também era um assíduo passeador da Quinta Avenida. Naquela época, Titón já estava casado com a atriz Mirtha Ibarra, e sua casa ficava na rua 2, entre a Tercera e a Primera avenidas, muito perto do rio Almendares e, portanto, no início do outrora elegante calçadão. Essa localização da residência tornava-lhe muito fácil praticar pela Quinta Avenida sua paixão pelas caminhadas, exercício e tempo que utilizava para pensar, quando sozinho, ou para conversar, quando acompanhado por Mirtha ou algum colega ou amigo.

Na primeira vez que Mercader e Titón se cruzaram enquanto caminhavam, o asilado não reparou no cineasta nem o cineasta reparou no asilado… mas, sim, em seus belos cachorros, que ninguém podia deixar de notar.

Segundo contam os que trabalharam com ele, Gutiérrez Alea era um obsessivo, um eterno buscador da perfeição artística, e por isso quase todos os seus projetos cinematográficos, finalmente realizados ou não, levavam anos de maturação antes que ele escrevesse a primeira linha do roteiro e, é claro, que filmasse a primeira sequência, no caso dos que chegavam a esse nível. E *Los sobrevivientes* não foi exceção. Como muitas de suas obras, esta partia de um texto literário que havia desencadeado a centelha criativa. No caso, fora um relato, "Estatuas sepultadas", que fazia parte do livro *Tute de reyes* [Tute de reis] (Prêmio Casa de las Americas, 1967), do escritor Antonio Benítez-Rojo. O conto, tal como depois o filme, narra a história de uma família da aristocracia cubana que – diferentemente de tantos moradores originais da Quinta Avenida – decide permanecer em Cuba, convencida de que a derrubada do novo regime seria questão de semanas ou meses; enquanto isso, para não se contaminar, todos se encerram em suas edificações, onde lutam para que nada mude.

Ignoro se na fase final do roteiro, em que estava então Gutiérrez Alea, se dizia que a família aristocrática tinha uns cachorros – também aristocráticos – que "seriam vistos" no filme. Mas não há dúvida de que, desde esse primeiro encontro com os borzóis de Jaime Ramón López, Titón pensou que *aqueles* eram os cachorros que ele queria para seu filme.

Mirtha Ibarra não se lembra de como o cineasta se aproximou do asilado. Mas está convencida, sim, de que naquele momento Titón não tinha a menor ideia de quem era na realidade o homem que finalmente ele abordou para elogiar seus cachorros e, é claro, perguntar se estava disposto a emprestá-los para a iminente filmagem. Se soubesse que o dono dos cachorros era Ramón Mercader del Río, o homem que assassinara Liev Trótski com um golpe de picareta, teria, ainda assim, se aproximado dele? Não lhe teria importado a história daquele homem nem o fato de ser um criminoso e de ter encarnado o pior da fúria stalinista? Só Titón poderia nos dar essas respostas, mas comprovado está que ele se aproximou do homem dos borzóis, conversou várias vezes com ele e lhe pediu os cachorros para o filme.

O que fez, então, Jaime Ramón López? Talvez num primeiro momento não tenha prestado muita atenção no homem que, como tantas pessoas, estava deslumbrado com os únicos borzóis que havia na ilha de Cuba. No entanto, quando houve a identificação do cineasta, certamente consultou com seus contatos a identidade, a filiação e os possíveis interesses daquele homem tão persistente: em todo caso, a condição principal de sua acolhida em Cuba, provavelmente negociada nos mais altos níveis, era que mantivesse o anonimato e, portanto, deveria informar sobre qualquer pessoa que encontrasse, mais ainda em se tratando de um desconhecido que começava a assediá-lo. É possível que os encarregados da custódia de Mercader, uma vez feitas as consultas pertinentes, tenham dado luz verde para que ele falasse com o prestigioso diretor cubano, mas, segundo Mirtha Ibarra, sustentando que era um refugiado espanhol e que seu nome era Jaime ou Ramón López.

Quando chegou a fase seguinte da aproximação – decidir se atendia à solicitação de que os cachorros participassem do filme –, as consultas voltaram a dar resultado positivo: sim, se ele quisesse, poderia levar os animais ao *set* de filmagem, a antiga casa de Flor Loynaz (irmã da poeta Dulce María), nos arredores da cidade, desde que mantivesse seu necessário anonimato.

Titón soube, então, quem era o dono dos cachorros? Sem dúvida, Gutiérrez Alea conhecia algumas das pessoas que estavam a par da verdadeira identidade do republicano espanhol, entre elas o músico Harold Gramatges. Talvez até algum dos "companheiros" atendidos pelo Icaic – o Instituto Cubano del Arte e Industria Cinematográficos, onde Titón trabalhava e que era a empresa produtora de *Los sobrevivientes* – tenha sido encarregado de colocá-lo a par de quem era Ramón López na realidade. Mas o diretor – sabendo ou não – seguiu em frente e filmou várias cenas nas quais apareciam os belos cachorros... que foram levados ao *set* pelo dono.

Nem Mirtha nem outros amigos próximos de Gutiérrez Alea sabiam à época quem na verdade era aquele personagem. Alguns desses amigos – já cruzamos ou ainda cruzaremos com eles – até tinham relação de amizade com Arturo López, filho do refugiado, sem conhecer nem por essa via a identidade real daquele homem que, vinte e sete anos antes, havia assassinado Liev Trótski.

Alguns meses depois de rodado o filme, o estado de saúde de Ramón Mercader piorou. Sua deterioração foi rápida e progressiva e, para andar, logo precisou de uma bengala. Sempre preocupado com o irmão, Luis Mercader enviou-lhe para Havana uma belíssima bengala uzbeque, de madeira de lei, decorada com pinturas de vivas cores asiáticas. Enquanto conseguiu andar, em seus meses finais, Ramón apoiou-se naquela bengala, que depois de sua morte ficaria na casa da 7ma B e 68.

Dezessete anos depois da morte de Mercader, a preciosa bengala uzbeque concluiria uma estranha relação de confluência entre o mais notável diretor de cinema cubano e um dos assassinos mais enigmáticos do século XX: quando Titón, já doente de câncer em estado terminal, precisou de uma bengala para se apoiar, aquela mesma bengala uzbeque utilizada por Ramón Mercader viria em seu auxílio... Soube então Tomás Gutiérrez Alea a quem pertencera aquela bela peça de artesanato uzbeque? Tenho certeza de que soube, pois sua amiga Hilda Barrio, a nova proprietária da bengala, também já conhecia a identidade real do dono original. O que não consigo imaginar é o que o cineasta pensou e sentiu quando recebeu a bengala e se apoiou nela para dar alguns de seus últimos passos na terra.

O paciente espanhol

O doutor Miguel Ángel Azcue, oncologista, certamente teria demorado muitíssimos anos para saber quem fora, na realidade, aquele paciente em que, nos primeiros meses de 1978, diagnosticou sem margem para dúvidas um câncer de amígdalas em fase avançada. É até mais provável que o médico nunca tivesse chegado a saber a identidade do espanhol pálido e avantajado levado a seu consultório pelo próprio diretor do hospital, o doutor Zoilo Marinello.

Para que em 21 de outubro de 1978 o doutor Azcue soubesse quem fora na verdade aquele paciente enigmático (e já se verá por que uso esse qualificativo) foi preciso que ocorresse toda uma série de coincidências, preparadas e produzidas quase por um destino superior, interessado em revelar ao médico uma história remota e alarmante.

O primeiro fato imprescindível para que toda a montagem se efetivasse foi, em 20 de outubro, a morte em Havana de Ramón Mercader del Río, o assassino invisível de Trótski. A causa de sua morte foi o câncer agressivo que, alguns meses antes, o doutor Azcue vira e diagnosticara sem nenhuma dúvida. O segundo fato indispensável foi que, ao contrário do que era previsto, a notícia do falecimento de

Mercader conseguiu atravessar as cortinas férreas do anonimato e do silêncio e, por algum meio, filtrou-se para a imprensa internacional. Porque, não é preciso dizer, a imprensa cubana nunca publicou essa nem nenhuma outra notícia relacionada à presença durante quatro anos ou à morte, em Cuba, do espanhol que em 1940 havia assassinado com violenta aleivosia o segundo homem da Revolução de Outubro.

Os outros fatos que se conjugaram para que o médico se assombrasse a ponto de chegar à comoção foram o de que naquele 21 de outubro de 1978 o doutor Azcue e seu colega, doutor Cuevas, partiram de Havana para Buenos Aires a fim de participarem de um congresso de oncologia ao qual haviam sido convidados. Se não tivesse havido esse congresso e o convite, Azcue e Cuevitas – como todos chamam seu avantajado discípulo cubano – não estariam a bordo do avião da Aerolíneas Argentinas, uma das companhias que na época cobriam o trajeto Havana-Buenos Aires. Acontece que, se em vez de viajar com a companhia argentina o tivessem feito com a Cubana de Aviación, talvez Azcue e Cuevas também não tivessem tido acesso à verdade: a diferença está nos jornais que, em uma e outra companhia, são entregues aos passageiros. Na Cubana, imprensa cubana; na Aerolíneas Argentinas, imprensa argentina. Os jornais cubanos, como já foi dito, teriam contribuído para manter Azcue na ignorância, pelo menos por mais um dia, ou talvez por muitos dias, talvez até mesmo para sempre; a imprensa argentina, em contrapartida, mostrou-lhe uma manchete que desde o primeiro momento o comoveu em muitos sentidos – "Morre em Havana o assassino de Liev Trótski" – e uma foto que o revolveu de cima a baixo: aquele Ramón Mercader que aparecia no jornal *só podia ser* o mesmo paciente que, meses antes, ele e Cuevitas tinham diagnosticado com câncer... e isso foi confirmado para Azcue por seu colega do Hospital Oncológico e companheiro de fileira no avião da Aerolíneas Argentinas onde, para quase completar as conjunções dessa história, entregaram aos médicos um jornal de Buenos Aires e não um de Havana.

Acontece que, na realidade, a trama da relação do doutor Azcue com o assassino de Trótski tinha começado mais de trinta anos antes, no México D. F., quando, sendo ele criança, seu pai lhe mostrara a casa de Coyoacán onde haviam assassinado o líder soviético e lhe contara os detalhes do episódio. Azcue, filho de republicanos espanhóis refugiados no México, nascera naquele país e só se mudaria para Cuba uns vinte anos depois; tinha vivido toda a existência com a curiosidade despertada por aquela história que comovera não só o pai, e depois ele, como milhões de seres humanos do mundo. Do assassino de Liev Trótski pôde conhecer, ao longo de todos aqueles anos, o pouco que todos sabiam: que o nome dele (provavelmente falso) era Jacques Mornard, que afirmava ser um trotskista decepcionado, embora todos soubessem que era um embuste, que várias certezas o identificavam como comunista espanhol que matara Trótski com uma picareta, com muita premeditação e toneladas de aleivosia, e que por aquele crime ele cumpria vinte anos de pena em prisões mexicanas... e praticamente nada mais. Talvez essa própria camada de mistério, silêncio, conspiração e mentira que se havia condensado em torno da figura do assassino tenha sustentado, através do tempo, o interesse de Azcue por aquele homem: manteve-o no México, trouxe-o junto para Cuba e o conservava quase perdido num canto da memória – porém vivo e latente – quando embarcou no avião da Aerolíneas Argentinas em 21 de outubro de 1978 e abriu o jornal que o confrontaria com uma verdade perturbadora: ele, Azcue, tivera diante de si aquele assassino, falara com ele, tocara-o e fora o encarregado de diagnosticar que ele morreria logo.

Azcue sempre lembraria nitidamente a tarde em que o doutor Zoilo Marinello lhe aparecera com aquele paciente. O próprio fato de o diretor do hospital lhe pedir que, com sua experiência de oncologista especialista em "cabeça e pescoço", examinasse o paciente espanhol, que era um caso "dele", motivou a curiosidade de Azcue. Depois, o fato de aquele homem, segundo ele mesmo dissera, ter sido visto antes por muitos médicos (não disse quem nem onde), que não haviam sido capazes de diagnosticar o câncer de amígdalas evidente e muito espalhado que o estava matando, gerou a surpresa da equipe de especialistas e marcou a memória do médico. Por último, o fato de o tratamento paliativo – algumas poucas radiações – que Azcue e seus colegas aconselharam ao paciente diante da extensão da doença não lhe ter sido administrado no Hospital Oncológico, mas em outra instituição, gravou definitivamente na lembrança de Azcue a figura daquele paciente específico que, caso contrário, talvez tivesse se tornado mais uma das dezenas, centenas, de pessoas que ele examinava a cada ano.

Na recomendação do diretor do hospital, havia, além disso, vários elementos que só meses depois, ao saber quem realmente era seu paciente, o doutor Miguel Ángel Azcue passou a considerar: o doutor Zoilo Marinello era um velho militante comunista, irmão do político e ensaísta Juan Marinello, um dos líderes do antigo Partido Socialista Popular (Comunista) mais reconhecidos em Cuba. Conforme o médico saberia mais tarde, Ramón Mercader e sua mãe, Caridad del Río, tinham relações de amizade com alguns daqueles velhos militantes comunistas cubanos, entre eles o próprio Juan Marinello e o músico Harold Gramatges, com quem – Azcue saberia muito, muito mais tarde – Caridad trabalhara quando Gramatges era embaixador cubano em Paris (1960-1964). Portanto, se alguém sabia ou tinha que saber quem era o republicano espanhol invadido pelo câncer, esse alguém era Zoilo Marinello. Não se tratava, pois, de uma recomendação comum.

Também foi vários anos depois da morte de Mercader e de ter ficado sabendo de sua identidade que o doutor Azcue teria uma nova e estranha comoção relacionada com aquele personagem tétrico e obscuro. Aconteceu na região montanhosa do centro da ilha, Escambray, onde há um museu dedicado à "luta contra bandidos", como foi qualificada desde a década de 1960 a contenda que se desenrolou nessa região entre as guerrilhas de opositores ao sistema e as milícias e o exército revolucionário. Nesse museu, entre muitas outras fotos, há uma de um grupo de combatentes "caça-bandidos" em que aparece um homem que... segundo Azcue, deve ser Ramón Mercader! É possível que, quando todos o acreditávamos em Moscou, Mercader estivesse em Cuba, colaborando com os corpos cubanos antiguerrilhas ou de contrainteligência? Embora as evidências de que se dispõe mostrem essa possibilidade como pouco viável, o doutor Azcue acha que o homem da foto do museu só não era Mercader (não identificado nas explicações escritas da exposição) caso ele tivesse um irmão gêmeo.

Vinte e cinco anos depois da morte de Ramón Mercader, quando eu começava a realizar a pesquisa para escrever o romance sobre o assassino de Trótski, tive a infelicidade e a sorte de conhecer o doutor Miguel Ángel Azcue. O motivo, em princípio, foi doloroso e preocupante: depois da extirpação de uma pequena verruga que meu pai tinha no nariz, a biópsia de praxe que se realiza nesses casos tinha dado resultado positivo, ou seja, havia células cancerígenas. Imediatamente me mobilizei para ver o que poderíamos fazer com meu pai e, como é usual em Cuba, a primeira opção foi procurar um caminho direto para a possível solução: o caminho dos amigos. Então escrevi para meu velho companheiro José Luis Ferrer, que desde 1989 mora nos Estados Unidos, pois sua mãe, a doutora María Luisa Buch, fora durante muitos anos subdiretora do Hospital Oncológico (sob as ordens do doutor Marinello) e, embora ela tivesse morrido, certamente ainda haveria colegas próximos no *staff* da instituição. Por essa via, apenas alguns dias depois cheguei com meu pai pela mão ao consultório do doutor Azcue, que, de início, assumiu o caso como seu e – hoje sabemos, e esta é a parte feliz da história – salvou a vida de meu pai.

Foi numa dessas visitas ao consultório do doutor Azcue, quando eu já lhe presenteara alguns de meus livros e surgira uma amizade extra-hospitalar (meu livro *O romance da minha vida** ajudou muito, e também a curiosidade intelectual do médico pelo mundo da maçonaria cubana e mexicana de que falo no romance e o próprio fato de meu pai ser maçom, grau 33, da Grande Loja de Cuba), que comentei que estava preparando a escrita de um romance sobre o assassino de Trótski. Lembro que o olhar do bom médico se cravou no meu antes de ele me dizer, com altivez e orgulho:

— Pois eu conheci esse homem e tenho com ele uma história incrível...

Um silêncio que se rompe

Foi muito diferente o caminho para conhecer a história que teve com Ramón Mercader outro médico cubano, o especialista em radiologia Fermín X. Num dia do início de 1978, o radiologista recebeu o paciente Jaime López na clínica especial do exército cubano em que trabalhava, e, desde os primeiros exames, ele ratificou o diagnóstico dos oncologistas e o especificou, advertindo que a doença fizera metástase e invadira inclusive o sistema ósseo do paciente. Mas Fermín, por sua condição de médico militar, pelo lugar exclusivo em que trabalhava e pelo mistério que envolvia o doente, também soube de imediato – e sem necessidade de raios X – que o paciente devia ser alguém especial ou peculiar e pediu a informação que esconderam do doutor Azcue, mas que deram a ele: o homem era Ramón Mercader.

Fermín lembra não apenas os exames que fez em Ramón, a comoção que lhe provocou saber quem era o doente, como também que a pessoa que o levava do hospital para casa e que sempre ia com ele às consultas médicas era a jovem filha do homem, Laura Mercader, com quem o moribundo parecia ter uma relação muito afetuosa.

Durante anos Fermín viveu com o segredo da presença comprovada de Mercader em Cuba. Até que em algum lugar perdido descongelou-se a ordem de silêncio absoluto e o médico pôde comentar sua relação profissional com o assassino de Liev Trótski. Curiosamente, foi justo o momento em que também me tornei paciente do doutor Fermín, por causa de uma crise severa de lumbago que, derivando em ciatalgia, me lançaria na cama por vinte dias de dor imperturbável e terrível.

---

* Leonardo Padura, *O romance da minha vida* (trad. Monica Stahel, São Paulo, Boitempo, 2019). (N. E.)

Na manhã de 2005 em que conheci o doutor Fermín e seu segredo descongelado, eu me lembro da comoção que me provocou saber que aquele homem de carne e osso, que se interessava por minha coluna vertebral e meus livros, era um dos poucos cubanos que tivera contato físico e pessoal com Ramón López sabendo que se tratava de Ramón Mercader del Río. Para mim, foi como sentir um fantasma deixando cair o lençol e mostrando sua corporeidade humana onde sempre existira vazio, mito, silêncio. E a humanidade do moribundo se fez definitiva quando Fermín me contou que Mercader, uns meses antes de morrer, havia entrado num estado físico tão lamentável que numa noite, quando foi levantar o copo de água pousado na mesinha ao lado da cama, o úmero de seu braço, incapaz de sustentar aquele peso com que todos nós lidamos todos os dias, se quebrou, provocando dores horríveis. Então pensei que qualquer ser humano normal, qualquer pessoa que não esteja carregada de ódio e fanatismo (como Ramón Mercader), só pode sentir compaixão pelo ser humano que vive esse transe terrível, pior que a própria morte. Mas também disse a mim mesmo: tudo bem sentirmos compaixão, ao que imediatamente me perguntei: Ramón Mercader a merece?

Moscou não crê em lágrimas

A relação dos cubanos com a União Soviética, especificamente a que começa com a aproximação entre Cuba e URSS desde os primeiros meses do triunfo revolucionário, é cheia de histórias assombrosas e muitas vezes absurdas, que têm por base, em quase todos os exemplos, a enorme distância cultural que nem sequer "a indestrutível amizade entre os povos de Cuba e da URSS", "o internacionalismo proletário" e "a ajuda desinteressada dos irmãos soviéticos" foram capazes de vencer. Porém, mais que os lemas, aquela conexão e suas consequências baseavam-se na adoção por Cuba de um modelo político, econômico e social – que inclusive sobreviveu ao desaparecimento da URSS – e, na parte mais humana, na presença física na ilha de milhares de russos, ucranianos, bálticos, na de outros tantos cubanos nos mais diversos e até remotos pontos da geografia soviética (houve cubanos que trabalharam como cortadores de árvores na Sibéria, terra de gelos e *gulags*) e, como era de esperar, de alguns sobrenomes russos na ilha e de alguns milhares de crianças mulatas ex-soviéticas, geradas em histórias de amor turbulentas e quase sempre frustradas.

Desde muito cedo, a cultura soviética começou a invasão dos prédios cubanos e, como advertência do que se avizinhava, no início dos anos 1960 chegaram às livrarias da ilha os romances emblemáticos do realismo socialista (*Assim foi temperado o aço**, de Nikolai Ostrovski; *Heróis da fortaleza de Brest*, de Sergei Smirnov; *A estrada de Volokolamsk*, de Alexandr Bek; ou *Chapaev*, de Dmitri Furmanov), embora seja justo dizer que também se publicou *Um dia na vida de Ivan Denisovitch*, de Alexandr Soljenítsin. Mas a penetração mais ambiciosa se fez no território do cinema. A cada ano chegavam a Cuba – ao longo de quase três décadas – dezenas de filmes soviéticos das mais diversas qualidades e pretensões estéticas (vimos em sua época os clássicos de Tarkóvski e Nikita Mikhalkov, entre outros grandes), mas, sobretudo, uma enxurrada de filmes de guerra que, salvo uma ou outra exceção, eram estranhos, aborrecidos e lentos para espectadores educados em outros cânones e que, além do mais, puderam ver nesses mesmos anos prodigiosos o melhor do cinema italiano, francês, polonês ou japonês.

O resultado da invasão cultural soviética provocou, em meu caso, como no de outros muitos membros de minha geração, uma reação adversa – considerando os objetivos dos que a promoveram: a rejeição em bloco de tudo o que trouxesse aqueles rótulos nacionais e culturais com os quais, graças aos estereótipos e à pressão exterior, decidi que eu não tinha nada a ver. É curioso que, apesar dessa rejeição, nos anos finais de meus estudos pré-universitários e antes de adquirir o vírus que ainda me acompanha de ler autores estadunidenses e hispano-americanos, degluti com devoção vários romances de Dostoiévski, Gogól, Turguêniev, os contos de Tchékhov – na época eu resistia a *Guerra e paz*** –, todos em edições cubanas que ainda conservo, apesar de que muitas delas já estão ilegíveis pelo escurecimento do papel em que foram impressas. Minha indiferença visceral pelo soviético era tal, e durou tanto, que em 1988 fui estúpido a ponto de declinar da possibilidade de realizar uma viagem a Moscou e outras cidades da URSS, a parte mais substancial do Prêmio Literário da revista *El Caimán Barbudo*, que eu ganhara na categoria de ensaio.

Uma agradável surpresa em meio a toda aquela inundação de sovietismo cultural (as "bonequinhas" russas, por Deus!) foi a exibição em Cuba do filme *Moscou não acredita em lágrimas* (ou "nas lágrimas") do diretor Vladimir Menshov, que estreou em 1979 e ganhou o Oscar de melhor filme estrangeiro no ano seguinte.

As razões da (agradável) surpresa foram tão simples quanto reveladoras: a obra conta a história de três amigas que lutam para alcançar alguns retalhos de

---

* Nikolai Ostrovski, *Assim foi temperado o aço* (trad. Maria Delamare, São Paulo, Expressão Popular, 2005). (N. E.)
** Liev Tolstói, *Guerra e paz* (trad. Rubens Figueiredo, São Paulo, Companhia das Letras, 2017). (N. E.)

felicidade. É um filme da vida comum, do socialismo comum, de gente comum, e talvez por isso tenha sido um sucesso de público em uma Cuba que repelia o cinema soviético, que estava saindo da década obscura de 1970 e apalpava o que seria a cultura mais polêmica e humana dos anos seguintes.

Mas alguns poucos filmes vistos e quase nenhum livro lido (as exceções mais notáveis foram, sem dúvida, *O mestre e Margarida**, o incômodo romance de Bulgákov, e, em menor medida, *A cavalaria vermelha***, de Bábel) faziam de mim um ignorante da cultura e da vida soviéticas, ou melhor, um cubano inteirado apenas dos tópicos que amigos e conhecidos que tinham estudado na URSS contavam sobre sua experiência na "querida e heroica pátria de Lênin e Stálin".

Por essa razão, precisei fazer uma corrida contra o relógio de leituras e buscas de referências quando decidi escrever *O homem que amava os cachorros*, e tive até de acelerar o passo quando me foi dada a possibilidade, imprescindível para o desenvolvimento de meu trabalho, de visitar Moscou por uma semana.

Jorge Martí e sua esposa bielorrussa Mirta Karchik, então embaixadores cubanos em Moscou, e Víctor Andresco, na época à frente da filial do Instituto Cervantes da capital russa, foram os promotores e garantes da viagem que Lucía e eu empreendemos, a partir de Paris, no verão de 2007. A outra fonte de garantia moscovita nos foi proporcionada por nosso velho amigo Stanilav Vierbov, um dos pouquíssimos russos que permaneceram em Cuba depois de 1990, e em seu caso graças a duas âncoras muito profundas e peculiares: sua esposa cubana (nossa querida amiga Helena) e suas filhas (Camila e Cristina) e seu vínculo com a religião afro-cubana, na qual detém a condição de babalaô, ou seja, categoria religiosa máxima da *santería*, pois só os iniciados nessa dignidade podem manipular o "tabuleiro de Ifá", da arte da adivinhação. Uma curiosidade digna do livro *Guinness*: Stas, como todos os amigos o chamamos, deve ser não só o primeiro babalaô russo da história da humanidade, como também o primeiro judeu russo que adquire essa dignidade.

O choque entre a esquemática Moscou imaginária e livresca que eu tinha e a Moscou real pós-socialista e pós-Iéltsin foi mais duro do que eu imaginara e, mal caminhei por algumas ruas da cidade, tive certeza de que aquela estadia física era imprescindível para meu projeto literário. Muito cedo também vislumbrei que

---

* Mikhail Bulgákov, *O mestre e Margarida* (trad. Irineu Franco Perpetuo, São Paulo, Editora 34, 2017). (N. E.)
** Isaac Bábel, *O exército da cavalaria* (trad. Aurora Fornoni Bernardini e Homero Freitas de Andrade, São Paulo, Cosac Naify, 2015). (N. E.)

não era só por Stálin e suas fúrias que Moscou *não acreditava em lágrimas*, mas também porque se trata de uma cidade ríspida e agressiva, em cujo tamanho, ritmo e temperamento a vida humana é apenas um componente – e de modo nenhum o mais importante.

Na lista de lugares que eu queria e devia visitar estavam a igreja reconstruída de Cristo Salvador, mastodonte arquitetônico que Stálin mandou demolir em 1932 e que, assim que desapareceu o socialismo, os russos voltaram a construir com total apego aos velhos planos; claro que a praça Vermelha e o Kremlin; o túmulo de Ramón Mercader em Kúntsevo (adiante vou me referir a ele); a Sala das Colunas onde se celebravam os julgamentos de 1936 a 1938; a praça da Lubianka (percorrida com a cautela sugerida por meus guias, pois, embora nela já não brilhe a estátua de Dzerjínski, continua sendo um edifício dos órgãos de segurança interna russa) e os bairros e lugares em que Ramón Mercader viveu ou em que pode ter vivido seu mentor, o coronel Leonid Eitingon. O hotel Moscou, talvez o exemplo mais excelso da arquitetura staliniana, já fora demolido, como se a cidade se envergonhasse dele.

Parte desses percursos fiz com os embaixadores cubanos, outros com o amigo Jorge Petinaud, correspondente da Imprensa Latina em Moscou, outros com o amigo hispano-soviético Miguel Bas, correspondente da EFE e velho amigo de Stas com quem entrei na impressionante Casa de Espanha de Moscou, e outros com a melhor guia que pode ter um visitante com minhas exigências e necessidades numa cidade enorme e esparramada: a especialista Tatiana Pigariova, autora da excelente *Autobiografia de Moscou*.

Uma das pesquisas mais complexas foi a localização dos lugares em que Ramón Mercader morou com a família ao longo dos catorze anos que passou em Moscou, desde a saída da prisão até a instalação em Cuba. Com o habitual mistério e síndrome do silêncio que cercava tudo o que se relacionava com Ramón, eu tinha conseguido saber que durante uns anos o assassino e sua família viveram nas imediações de Sokol e que, mais tarde, transferiram seus quartéis para um edifício para técnicos estrangeiros e ex-espiões de certo nível, localizado no dique Frunze. Este último lugar, conforme o que eu já escrevera, era um cenário importante para o que queria fazer e dizer no romance, razão pela qual sua localização – eu nem sequer sonhava em visitá-lo, embora pretendesse localizá-lo o mais exatamente possível – era muito importante.

Nas diferentes referências que eu tinha do último lugar em que Mercader havia morado em Moscou, sempre se dizia que era um edifício localizado no dique Frunze, "em frente do parque Górki". Meu desconhecimento físico de Moscou e as imprecisões das fontes levaram-me a pensar que a construção ficava exatamente em frente ao parque (para ter ideia do entorno eu tinha lido o romance *Parque Górki**, de Martin Cruz Smith), e só ao chegar ao suposto lugar descobri algo muito importante: entre o dique e o parque, corre o rio Moscou... na realidade, entre o edifício e o parque há também um passeio arborizado e uma avenida extensamente moscovita que margeia a calçada do dique.

Como também sabia que do apartamento em que Mercader morava era possível ver, em primeiro plano, a ponte Krimski (que na realidade liga o dique ao parque) e, mais além, as torres do Kremlin, não me foi difícil concluir qual poderia ser o edifício que a família ocupou de meados dos anos 1960 a 1974: só há um cuja construção data do início da década de 1960, que além do mais tem altura suficiente para que seja possível, de suas varandas minúsculas, contemplar o parque, a ponte e as torres do Kremlin. E concluí romanescamente que, se aquele não era o edifício em que o assassino de Trótski havia morado, *poderia ter sido*, e reescrevi toda uma passagem do romance na qual eu descrevia o prédio, a calçada, a avenida e o dique... de onde se vê o parque Górki, do outro lado do rio.

No entanto, de todos os lugares que visitei naqueles dias – inclusive cemitérios, bairros proletários horripilantes e várias capelas e palácios do Kremlin –, um que não aparece em meu romance e que encontrei num simples passeio pela cidade produziu em mim a comoção mais inquietante e reveladora: o parque com seu tanque que aparece em *O mestre e Margarida*. Ao ver aquele lugar que só se distingue por suas conotações literárias e talvez pela arquitetura muito moscovita que o cerca, senti, mais que emoção pelo achado, uma ira profunda contra todos os burocratas e pretensos iluminados que tornaram a vida impossível para Bulgarov e para tantos artistas e criadores soviéticos, artistas e criadores que se suicidaram física ou intelectualmente e produziram, então, aqueles romances e filmes ditados pela ortodoxia e não pelo espírito criativo, as obras que quase instintivamente eu rechacei, porque acreditava (ou aqueles e outros burocratas alentadores dessa arte me fizeram acreditar) que russos, ucranianos e bálticos nada tinham a me dizer, a mim, um caribenho hispano-americano. Bulgarov e um parque com um tanque mostravam-me o contrário.

---

*   Martin Cruz Smith, *Parque Górki* (trad. A. B. Pinheiro de Lemos, São Paulo, BestBolso, 2009). (N. E.)

A cubana Caridad del Río

Certo dia de 1960 – a data exata poderia estar em algum arquivo da extinta KGB –, a agente da inteligência soviética Caridad del Río, usando seu próprio nome e invocando sua origem, apresentou-se na embaixada cubana em Paris e pediu uma audiência com o embaixador, o músico Harold Gramatges.

Quarenta e cinco anos depois, quando conversei sobre essa história com Harold Gramatges, o músico disse-me que não guardava lembrança exata desse encontro com tão extraordinária personagem. De fato, não sei se o maestro Harold estava mentindo ou dizendo a verdade, pois certas evidências me levam a supor que Caridad del Río tinha contato com alguns velhos membros do partido comunista cubano (chamado Partido Socialista Popular, PSP, durante as décadas de 1940 e 1950).

Quando entrevistei Gramatges, mal havia começado a pesquisa a fundo sobre a vida de Ramón Mercader e sua mãe, mas escolhi o músico cubano por duas razões: a primeira foi sua idade, já próxima dos noventa anos; a segunda, o fato de ser uma das poucas pessoas em Cuba que admitia publicamente vínculo com aquela família marcada pelo horror de um crime.

Houve várias questões, que depois se esclareceram para mim, sobre as quais o maestro me escondeu informações. Uma, que mais tarde consegui comprovar com documentos, foi a existência de uma longa relação do músico e de sua esposa com Caridad del Río, posterior a 1960 e que se prolongou até a morte da agente, em Paris: várias cartas dirigidas ao músico e a sua esposa, nas quais Caridad faz referência a encontros em Paris e Havana, mostram a persistência de uma proximidade e também de contatos entre Harold e Ramón durante a permanência deste último em Cuba. Outra foi o desconhecimento inicial de Harold, em seu período de embaixador, da verdadeira história da comunista espanhola nascida em Santiago de Cuba que, voluntariamente, começaria a trabalhar como recepcionista e secretária onipresente da delegação cubana. Nesse sentido, a afirmação do embaixador contrapõe-se ao profissionalismo demonstrado pelos órgãos cubanos de inteligência e contrainteligência, já então atuantes, que tornam pouco plausível que se aceitasse sem verificações a presença daquela entusiasta num lugar pelo qual passava tanta informação. Mas o próprio fato de Caridad ser, desde a década de 1930 até sua morte, agente dos serviços de espionagem soviéticos torna essa possibilidade duplamente estranha, pois fica evidente para qualquer observador que ela se apresentou à embaixada cubana por ordem de seus mentores, que precisavam saber um pouco mais sobre as intenções do governo revolucionário cubano instaurado um ano antes. Será que algum dia saberemos a verdade sobre esse episódio?

Finalmente uma verdade em Paris

O que consegui saber em Paris, quando viajei à capital francesa para participar da turnê promocional da tradução de *O homem que amava os cachorros*, foi que Caridad del Río podia ter sido a pior mãe do mundo, mas ao mesmo tempo a melhor avó que qualquer neto pode ter. Uma revelação!

Jean Dudouyt é uma das pessoas próximas de Mercader e da história do assassinato de Trótski que a publicação de meu romance me permitiu conhecer. Enquanto o redigia, poucas foram as pessoas conhecedoras de aspectos internos da trama e de seus protagonistas que consentiram em falar comigo. Algumas para não remexer o que não queriam remexer; outras por desconhecimento, como aconteceu com Gay Mercader, produtor musical catalão, parente de Ramón, que também me disse algo revelador: ele fora criado ouvindo que, para sua parte da família Mercader, aqueles outros Mercader (Ramón, Caridad e companhia) não eram da mesma estirpe. "Agora mesmo você sabe mais de Mercader que eu", concluiu. A última das várias pessoas relacionadas com o episódio que tive possibilidade de conhecer foi nem mais nem menos que um sobrinho de Sylvia Ageloff – a jovem que Mercader utilizou como ponte para chegar à casa de Coyoacán –, que se apresentou a mim em Nova York quando terminei uma conferência sobre meu trabalho e, num breve diálogo, confirmou algo que eu já sabia: "Minha tia Sylvia nunca quis falar sobre sua relação com Mercader. Repetia que o que tinha a dizer já dissera aos policiais mexicanos que a interrogaram"[4].

Mas Jean Dudouyt, culto e afável, engenheiro agrônomo de profissão, era um homem aberto com suas experiências e memórias familiares, tanto que me obsequiou com algumas fotos de Ramón em Cuba, inclusive uma na qual aparecem seus cachorros, e me entregou cópias de certos documentos reveladores, como a certidão de recuperação da nacionalidade cubana de Caridad, datada de 1940, em Havana.

Talvez a informação mais valiosa que esse sobrinho de Ramón e neto de Caridad me deu tenha sido a revelação de certas tramas familiares. Entre elas,

---

[4] Sylvia Ageloff, a mulher que Ramón Mercader/Jacques Mornard/Frank Jackson utilizou para se aproximar de Trótski, morreu nonagenária em Nova York no fim do século XX. Ao que parece, nunca voltou a falar da trama macabra em que se viu envolvida.

a mais perturbadora foi, sem dúvida, a do nível da relação que sua mãe, Montserrat Mercader (Dudouyt por casamento) tivera com a mãe dela, Caridad, quando ambas viveram em Paris, a partir da década de 1940. Segundo Jean, o tratamento dado por Caridad a todos os filhos foi tirânico: com o maior rigor, mandava-os para o Exército, para a guerra, para o assassinato como caminhos para a construção de um mundo melhor[5]. Um deles morreu durante a guerra civil; Ramón, por sua vez, a odiava, amava, temia. E a mãe de Jean, Montse, tinha pavor dela.

Em seus anos de vizinhança parisiense, Caridad exigia que a filha Montse fosse visitá-la ao menos uma vez por semana. Na tarde anterior ao dia combinado para o encontro, Montse adoecia: dores de cabeça, vômitos e náuseas a atacavam como reação psicossomática provocada pelo simples fato de pensar que no dia seguinte teria de passar várias horas com a mãe e ouvir críticas, queixas, admoestações.

Essa mesma mãe tirânica, até odiada, tinha, no entanto, outro jeito com os netos. Como sua criação não era questão que lhe importasse, quando os encontrava – Jean Dudouyt era um desses netos – permitia-lhes comer, fazer, destruir o que quisessem, no melhor estilo anarquista que sempre a acompanhara.

O de sempre: tudo depende do prisma pelo qual enxergamos as coisas.

A última hora de Caridad Mercader

Diferentemente dos cemitérios de Père-Lachaise, Montmartre e Montparnasse, o cemitério de Pantin, também parisiense, não pode exibir uma lista numerosa de celebridades que tenham feito dele sua última morada. Sua localização, no limite noroeste da cidade, e a falta de mausoléus elegantes e personalidades ilustres em igual densidade à que apresentam os outros três famosos campos-santos da capital francesa, já se adverte assim que o visitante transpõe os muros de Pantin: seus mortos só recebem visitas dos que os quiseram bem em vida, não de turistas curiosos, que muitas vezes nem sequer sabem da existência dessa necrópole.

Copiosamente arborizado por castanheiros-da-índia e ameixeiras-do-japão, talvez o mais impressionante do cemitério de Pantin sejam os enormes setores em que jazem soldados e civis vítimas das guerras mundiais. As pequenas lápides

---

[5] Em algum momento, Caridad del Río disse algo assim: "Posso não ser boa para construir o socialismo. Mas sou uma especialista em destruir o capitalismo". Seus métodos nunca foram dos mais ortodoxos. Na década de 1920, atentou de diversas maneiras contra os negócios do marido, Pau Mercader.

colocadas sobre a terra, numa imagem semelhante à que percorreu o mundo no filme de Steven Spielberg, *O resgate do soldado Ryan* (1998), são modestas e estão emboloradas; no entanto, sobre elas ondula uma bandeira francesa.

Se visitei o cemitério de Pantin em maio de 2007, foi porque num canto afastado de seu território jaz um personagem dos mais tétricos, misteriosos e peculiares do século XX: um personagem essencial na vida e na obra de Ramón Mercader. Embora seu nome talvez não diga nada para a maioria das pessoas que hoje habitam o planeta, a simples menção a ele ao chegar a Pantin, e graças à informática e à eficiência do funcionário que mexe com localizações e destinos dos mortos do cemitério, o nome de Caridad del Río Hernández transformou-se num terreno, numa fileira, num túmulo e, sobretudo, numa pergunta inquietante que o funcionário, com certa esperança que não conseguia esconder por trás de sua cara de funcionário eficiente, fez aos buscadores de sepulturas (minha amiga, guia e tradutora Elena Zayas e eu): "Os senhores são familiares dessa pessoa?".

Depois eu saberia que havia vários anos o funcionário começara a fazer essa pergunta aos estranhos e raros interessados precisamente naquela sepultura. Também concluiria por que, quando dirigiu a pergunta a minha amiga Elena, os olhos dele se fixaram em mim. E também saberia que ninguém respondera afirmativamente ao insistente funcionário do cemitério de Pantin, pois ninguém parecia interessar-se pela tal Caridad del Río Hernández, também conhecida em sua época como Caridad Mercader.

Segundo consta na placa de granito do túmulo que ela compartilha ou compartilhava com o genro Charles Dudouyt, Caridad del Río nasceu em Cuba, em 1892 (o funcionário me achou com cara de cubano? Certamente), e morreu em Paris, em 1975. Ao longo daqueles anos, porém, a mulher que jaz ou jazia na terra do Pantin forçou o destino até se colocar em um dos recantos mais estranhos e sórdidos da história do século passado. Sua apoteose ocorreu justamente em 20 de agosto de 1940, no remoto bairro mexicano de Coyoacán, quando seu filho Ramón assassinou o líder comunista Liev Trótski, cumprindo ordens do líder comunista Josef Stálin. Caridad del Río não só foi quem educou seu filho no ódio e colocou-o em contato com os oficiais do tétrico NKVD [Comissariado para os Assuntos Internos] soviético encarregados de conceber e executar o assassinato, como foi quem o alentou e impeliu em sua missão até aquela mesma tarde de 20 de agosto, quando, a bordo de um carro e em companhia do oficial soviético criador do plano, Leonid ou Naum Eitingon (vulgo Kótov, Tom e sabe Deus quantas outras identidades), Caridad viu Ramón Mercader entrar na casa de Trótski e nas cloacas da história do século.

Espanhola de nascença (quando ela nasceu, Cuba ainda era colônia da Espanha), catalã de formação, francesa de gostos, soviética de nacionalidade, naquele dia Caridad del Río prestou um serviço pelo qual receberia das mãos de Kalínin, então chefe de Estado soviético, a ordem de Lênin e, até sua morte, a gratidão do país pelo qual induzira seu filho a tornar-se um dos criminosos menos conhecidos e mais importantes da história. Estabelecida em Paris desde a década de 1940, onde com toda a certeza empenhou-se em continuar trabalhando para os órgãos de espionagem soviéticos, nem sequer a morte de Stálin, a queda de Laurenti Beria e o degelo de Khruschov afetaram seu *status*, transformado num pacto de silêncio, em alguns serviços esporádicos e num salário vitalício que lhe permitiria viver com folga na capital francesa.

Uma das missões que ela cumpriria durante aqueles anos é das mais singulares que se possa imaginar: provavelmente Caridad recebeu a ordem de resgatar sua condição de "cubana" e recuperar sua antiga relação[6] – estabelecida enquanto o assassinato de Trótski se preparava – com velhos militantes do partido comunista cubano e, fazendo-se passar por admiradora da muito jovem revolução em andamento na ilha, buscar a maneira de trabalhar na embaixada da ilha na capital francesa. Lá se apresentou e, por quase quatro anos, trabalhou junto do embaixador cubano, o músico Harold Gramatges, para quem – Caridad costumava dizer – comprava vários jornais franceses pagos de "seu bolso".

Assim, diferentemente de tantos outros agentes expurgados e presos durante as décadas de 1940 e 1950, ou marginalizados depois da morte de Stálin, Caridad del Río teve o privilégio de ver a gratidão de seus empregadores passar por cima de retificações e reabilitações, mantendo-se, silenciosa, mas firme, até que a heroína da URSS exalasse o último suspiro, sob a foto de Stálin pendurada numa parede de seu quarto, e a embaixada de Paris se encarregasse dos funerais e do enterro, numa campa de Pantin.

É curioso: ao chegar a hora da morte para os dois, Caridad teve mais sorte que seu filho. Ramón Mercader, que morreria três anos depois, seria discretamente enterrado no cemitério de Kúntsevo (muito perto da famosa *datcha* em que Stálin

---

[6] Em 27 de abril de 1940, em Havana, Caridad del Río recebeu a certidão que atestava sua nacionalidade cubana. Sobre sua atividade na ilha naqueles anos, nunca se revelou nenhuma informação conhecida. Com respeito à existência de outros propósitos, especulou-se que talvez a fuga de Ramón do México ao executar o assassinato tivesse sido planejada através de Cuba, entre outras alternativas. Assim, a presença de Caridad em Havana e as possíveis tramas que ela criou teriam uma explicação mais contundente. Talvez desde então tenha mantido relações com algumas figuras cubanas.

planejou e ordenou o assassinato de Trótski e de tanta, tanta outra gente), sem que seu nome fosse gravado na lápide: até alguns poucos anos atrás, foi apenas Ramón Ivanóvitch López, herói anônimo da URSS. Em contrapartida, Caridad del Río foi enterrada como tal, e a seu funeral assistiram alguns poucos familiares e vários funcionários da delegação soviética na capital francesa que reconheceram seus méritos de lutadora revolucionária... No entanto, desde então a história deu uma reviravolta surpreendente, e agora Ramón, com seu verdadeiro nome gravado na borda inferior do monólito de mármore sobre o qual se enquadra inclusive seu retrato de assassino, ainda recebe flores de admiradores secretos e nostálgicos de sua ação homicida e inútil. O túmulo de Caridad, por sua vez, exibe (ou exibia) a desolação da morte e, a mais triste, a do esquecimento. Pior ainda: segundo o decepcionado funcionário do campo-santo de Pantin, sobre a sepultura de Caridad pairava um destino incerto, que explicava sua insistência em saber se os visitantes eram familiares da morta e seu interesse por minha provável origem cubana.

Como no momento em que íamos deixar o cemitério a estranha pergunta do funcionário ainda nos acompanhava, pedi a Elena Zayas para voltar ao escritório a fim de saber a razão pela qual aquele homem indagava se alguém era familiar *justamente* de Caridad del Río. Sem muita vontade, o funcionário nos respondeu que o contrato do espaço da sepultura, feito por trinta anos, vencera em 28 de outubro de 2005 e que, se não houvesse renovação antes do então próximo 28 de outubro de 2007, os restos de Caridad e de seu genro seriam retirados e colocados num ossário. À pergunta sobre quem pagara o contrato inicial, o funcionário se desculpou por não poder me dar a informação. Mas vi em seus olhos que sabia a resposta que eu também conhecia: a embaixada de um país que já não existe. Tal como aquele país, o mesmo para o qual Caridad trabalhara e pelo qual seu filho matara, o túmulo de Caridad del Río parecia destinado a desaparecer – e talvez já tenha desaparecido, conforme merece –, porque há histórias e mortos com que ninguém quer ficar. Ainda assim, há histórias e mortos que merecem um romance, ou fazer parte de um romance.

A satisfação de um escritor

Escrever *O homem que amava os cachorros* foi um desafio no qual investi cinco anos de minha vida. Dediquei parte importante desse tempo a redigir com o maior esmero possível cada página do livro. Outra parte essencial desse período foi ocupada pela pesquisa documental e pela busca de certezas numa história em que, como diria um dia meu colega espanhol José Manuel Fajardo, "o problema é que nessa história todos mentem".

O livro foi publicado na Espanha, em 2009, e, no ano seguinte, circulou a primeira edição cubana, de alguns poucos milhares de exemplares, mas que permitiu que muitos compatriotas meus lessem o romance naquele momento.

Nos meses que se seguiram ao início da venda dessa edição (que ganhou o Premio de la Crítica de Cuba e foi reeditada no ano seguinte), recebi com frequência o melhor dos reconhecimentos que teve esse romance. Porque, por e-mails, telefonemas, comentários ao vivo e até cartas recebidas pelo correio comum, dezenas de leitores cubanos me expressaram, com suas palavras, a mesma reação à leitura do livro: agradeciam por eu ter escrito o romance, pois, lendo-o, ficaram sabendo de muitas histórias que não conheciam e, inclusive, de muita coisa de sua história própria e pessoal. Com essa satisfação às costas, eu soube que tinha acertado em minha resposta literária à pergunta que me perseguia sobre o motivo de ter escrito o romance[7].

2013-2018

---

[7] Uma terceira impressão, realizada em coedição com uma instituição cubana, ainda não circulou na ilha.

A liberdade como heresia

Na medida, pois, em que aqueles que nada temem nem esperam são autômatos, também são inimigos do Estado e tem-se o direito de detê-los.
Baruch Spinoza, *Tratado político*

Buscando uma heresia

Em 30 de novembro de 2010, cheguei pela primeira vez a Amsterdã. Naquela viagem, como em quase todas as que realizei nos últimos quinze anos, acompanhava-me minha esposa, Lucía, que é parte não só de minha vida, como também – parte muito importante – de minha literatura.

Por razões diversas e até esquecidas, que agora não vêm ao caso, meu desejo de conhecer aquela cidade fora retardado no tempo e, depois de conhecer quase toda a Europa, Amsterdã continuava se esquivando de mim. No entanto, por motivos que depois vou explicar, já não podia adiar meu encontro com aquela cidade. Por isso, por nossa conta e risco, sem que ninguém nos esperasse e nos orientasse, chegamos naquela manhã gélida de fim de novembro, em voo a partir de Madri, ao aeroporto de Schiphol.

Devo avisar agora que, antes de pôr um pé em Amsterdã, graças à parte obsessiva de minha personalidade (algo assim como três quartas partes de mim), já conhecia muito da cidade – e não só de seus mitos, sua história ou sua arte, mas também de seu funcionamento prático e presente. Pelo menos conhecia quase tudo que precisava saber para cumprir meus propósitos daquele momento: aproximar-me ao máximo das intimidades do mundo em que vivera e pintara, havia três séculos e meio, Rembrandt van Rijn...

Desde antes de chegar, eu sabia, por exemplo, em que máquinas distribuidoras deveria tirar os bilhetes do trem que vai de Schiphol à estação central da cidade; tinha localizado o lugar em que se vendem os bilhetes de ônibus e bondes que, por três dias, uma semana ou um mês (também sabia o preço), permitem viajar nesses veículos todas as vezes que for preciso durante os dias contratados;

tinha definido até a linha de bonde a tomar na Central Station para chegar ao pequeno hotel que tínhamos reservado por três noites, na rua Overtoom, além do cinturão dos grandes canais, e até sabia o ponto exato em que teríamos de saltar, para caminhar uma quadra e meia e encontrar o albergue... O que era verdadeiramente significativo de todo esse conhecimento que me permitiria ser e estar em Amsterdã é que tinha conseguido fazê-lo de meu escritório em Cuba, onde o acesso à internet muitas vezes é missão impossível, ainda neste século XXI.

Além disso, graças a leituras, registros de mapas e anotações, eu conhecia, sobretudo, o caminho que deveria fazer para, depois de deixar a bagagem no hotel, empreender a primeira e decisiva travessia da cidade. O périplo perfeito que eu montara começaria na pracinha Spui, de onde poderia me dirigir ao chamado Begijnhof, pequeno recinto urbano, algo como uma pracinha ou um pátio interno onde se erguem várias edificações que permitem observar, em pleno coração da Amsterdã de hoje, a cidade que Amsterdã foi no século XVII, ou seja, justamente a Amsterdã que eu buscava naquela minha primeira viagem à Holanda. Dessa aldeia em miniatura suspensa no tempo, onde se conserva a casa de madeira mais antiga da cidade, a Houten Huys (1460) e a chamada Engelse Kerk, construída no início do século XV, e várias casas típicas do XVII como as que Rembrandt via em suas caminhadas pela cidade, eu também sabia por quais ruas deveria me dirigir até o Dam, a esplanada senhorial da prefeitura, que há séculos é o coração da urbe e que assumiu sua forma definitiva nos tempos do pintor. Do Dam, eu sabia como sair em busca do Nieuwmarkt, na grande praça do Waag, lugar onde os holandeses se entregavam com notável frequência à prática de enforcamentos e decapitações. Enveredando já do Waag pela Sint Antoniesbreestraat, entraria no antigo bairro judeu da cidade justamente pela Jodenbreestraat – a rua Larga dos Judeus –, onde, no número 4, estava (está) a principal razão pela qual Lucía e eu havíamos chegado naquela manhã fria e nevada a Amsterdã: a já inadiável necessidade de romancista de ver com meus olhos, sentir as dimensões, tocar as paredes da casa em que Rembrandt van Rijn viveu e pintou por mais anos. Mas, sobretudo, meus escrúpulos e minhas exigências de escritor apegado às realidades físicas reclamavam que eu me apropriasse da noção viva, que só a experiência pessoal pode proporcionar, de como era o estúdio onde aquele mestre pintara *A companhia do capitão Cocq* (a mal denominada *A ronda noturna*) e onde também se empenhara, em seu momento de maior capacidade artística, no insólito exercício – provavelmente nunca tentado com propósitos tão definidos – de pintar "do natural" nem mais nem menos que o rosto de Jesus Nazareno.

Essa casa, onde Rembrandt morou por vinte anos e de onde foi expulso em 1660 por falta de pagamento hipotecário – quase nada é novo neste mundo –, sobreviveu à passagem dos anos; no fim foi recuperada pela cidade de Amsterdã no início do século XX e, conforme merecia, foi transformada no museu Rembrandthuis, a casa de Rembrandt. Uma parte da construção contígua, anos depois anexada ao museu, dá entrada agora à mansão histórica, à qual se tem acesso, desde então, pelo corredor que separa a cozinha daquilo que foi o vestíbulo, no andar de baixo. A escada em espiral, que ali mesmo começa a subir, permite que o visitante inicie o percurso dos outros dois níveis da casa e o sótão que a coroa, os andares em que ficam quartos e salas, que Lucía ia fotografando enquanto eu filmava com uma pequena câmara de minicassetes estreada naquele dia. Tudo o que via e registrava, com algumas anotações num caderno ou comentários ao microfone da câmara, constituía aquisição de substância para minhas necessidades de romancista, embora o prato principal, a razão de maior peso daquela primeira viagem a Amsterdã, estivesse no terceiro andar da casa, onde a grande sala que vai da escada à parede frontal do prédio era o lugar em que funcionava o famoso estúdio de Rembrandt.

Eufórico, realizado, na expectativa, cheguei diante da porta de madeira que o mestre pedia que se mantivesse fechada sempre que ele estivesse trabalhando. Como por fotos e leituras eu conhecia toda a estrutura e a distribuição daquela casa em que pisava pela primeira vez, tinha uma ideia muito detalhada do santuário, da forma de suas grandes janelas de vitrais, da existência de cortinas móveis acionadas por roldanas para aumentar ou atenuar a luz de acordo com as necessidades do artista e de uma estufa com colunas lavradas de ferro fundido (que agora sei com a própria pele, exposta à inclemência com que Amsterdã nos recebeu, por que nos tempos do pintor nunca era apagada enquanto se viviam os longos e úmidos invernos holandeses). Eu tinha visto em várias imagens a disposição ideal, museográfica, do cavalete, dos potes de tintas, dos pincéis e paletas de diversas formas, réplicas dos utilizados pelo pintor.

Naquela manhã, diante da porta do estúdio (fechada como se em seu interior o mestre estivesse trabalhando), porém, estava uma das muitas mulheres que vigiam a casa e, quando lhe perguntei (sabendo a resposta) se aquelas não eram as portas que davam acesso à sala de trabalho de Rembrandt, a senhora me disse que sim, de fato, embora durante toda aquela semana a entrada ao estúdio estivesse interditada por... Não consegui ouvir o que a vigia me disse. Como... como era possível que tivéssemos viajado de Havana a Amsterdã para ver exatamente aquele estúdio e, entre tantas semanas do ano, do século, da vida, chegássemos ali justamente na semana em que a entrada do tal lugar estava interditada?

O que aconteceu depois apagou-me da memória a ideia exata do que senti naquele momento. Claro, deve ter sido uma mescla terrível de frustração e vontade de matar alguém, mas o que lembro é que me afastei das portas trancadas e fui para um canto do recinto onde são armazenados alguns dos muitos objetos (*naturalia e artificialia*, ele os chamava) que Rembrandt entesourou e que puderam ser resgatados ou substituídos por similares (lanças africanas, conchas exóticas, máscaras indonésias, carapaças de tartaruga, globos terrestres, bustos de mármore etc.) depois da dispersão provocada pelo leilão público de todos os pertences do gênio despejado. Mas, sem eu saber, enquanto eu ruminava minha frustração, naqueles minutos começara o grande momento de Lucía.

Devo observar agora que talvez um dos traços característicos de minha mulher seja sua timidez. Embora se comporte como uma pessoa perfeitamente sociável, boa dançarina, teimosa quando resolve sê-lo, sua timidez e seu grande senso do ridículo às vezes a superam... No entanto, naquele meio-dia ela venceu a própria personalidade, pois, sempre mantendo o diálogo em inglês, perguntou à vigia a razão do fechamento do ateliê e soube que lá estavam trabalhando numa delicada restauração de uma peça de Caravaggio que logo seria exibida em Amsterdã. E, com um Caravaggio lá dentro e dois especialistas trabalhando, sob nenhum pretexto ninguém estranho ao trabalho poderia ter acesso ao estúdio. Então Lucía explicou à vigia a razão de nossa presença ali, naquele dia, naquela semana, com aquele frio capaz de congelar um cubano: "Meu marido é escritor", explicou. "Está escrevendo um romance em que Rembrandt aparece, muitas vezes trabalhando neste estúdio e... viemos de Cuba, de Cuba", ela repetiu, pois *de Cuba* ninguém em toda a história pátria viajou a Amsterdã com o propósito essencial de visitar o estúdio de Rembrandt, "para que meu esposo pudesse ver esse estúdio e terminar seu romance" (e não sei se ela até lhe falou de minhas obsessões e manias)... As razões de Lucía talvez tenham sido compreendidas pela vigia, ou talvez não – não seria tudo mentira, qual é a ligação entre um escritor cubano e Rembrandt? –, mas em todo caso a decisão de não nos deixar entrar era inviolável, e apesar disso Lucía insistiu, buscando alguma alternativa, e continuou até o momento em que a porta do estúdio se abriu e de seu interior saiu um dos especialistas que trabalhavam ali. Foi então que a vigia, talvez comovida com a fatalidade daquele escritor cubano que, segundo sua mulher, estava escrevendo sobre Rembrandt e viajara de Havana para ver justamente aquele lugar, disse a Lucía que talvez o especialista... e Lucía se lançou à súplica.

Se naquele dia o estúdio de Rembrandt estivesse aberto como em qualquer expediente normal, meu conhecimento do lugar teria sido o de um visitante a mais do museu: o percurso do ateliê endossado por algumas (bastantes, no meu caso) informações prévias, a gravação ouvida no audioguia do museu, a leitura posterior do livro que compramos ao deixar a casa da Jodenbreestraat. Mas a presença dos dois especialistas em pintura barroca, íntimos conhecedores daquele estúdio e das técnicas pictóricas da época em que ele funcionava, acabou sendo uma conjuntura providencial, pois, quando o restaurador comovido nos permitiu o acesso à sala onde funcionava o ateliê do grande mestre, ofereceu a Lucía e a mim uma explicação de como Rembrandt se deslocava pelo recinto, as posições em que colocava o cavalete conforme os graus de luz de acordo com a hora do dia ou a época do ano, a posição em que se localizava a grande caldeira de ferro na qual se acendia um fogo para que, com aquela iluminação, ele pintasse à noite, a maneira como funcionavam as cortinas móveis dos janelões e os ângulos em que Rembrandt costumava colocar os espelhos para realizar algumas das dezenas de autorretratos legados por ele em seus vinte anos de trabalho naquele ambiente. O lugar em que, transgredindo limites que beiravam a heresia, Rembrandt e um jovem judeu daquele bairro de Amsterdã colaboraram na tentativa de pintar "do natural" o rosto de Cristo.

A liberdade como heresia

Amsterdã é uma das cidades que conseguiu criar para si uma fisionomia inconfundível no imaginário coletivo ocidental. É claro, não com a força avassaladora de Roma, Paris ou Nova York, lugares transbordantes de história ou de poderes imperiais, mas como Veneza, Barcelona ou mesmo Atenas, graças a uma mistura de singularidade arquitetônica, irradiação cultural e, sobretudo, presença mítica através dos séculos (como é o caso de Atenas, cuja grandiosidade física ficou reduzida às ruínas gloriosas do Partenon e seus arredores devastados, embora sua indelével marca espiritual, impressa na Antiguidade, esteja nas raízes da cultura do Ocidente). Amsterdã, especificamente Amsterdã, conseguiu sua preeminência como referência universal principalmente graças à longa e exultante prática de um estado cívico e espiritual que todos nós desejamos – no presente ou no passado – desfrutar: a liberdade.

Ainda que a urbe mais conhecida da Holanda – na realidade, dos Países Baixos – goze da capacidade de ser identificada pelos inúmeros canais que a atravessam e lhe conferem seu caráter urbano, ou por milhares de bicicletas que percorrem suas ruas sob a lei rude de que o ciclista sempre tem prioridade, ou de ser evocada pela figura emblemática de Anne Frank e seu testemunho demolidor e dramático do que constituiu o nazismo para a culta Europa, a condição que supera as anteriores e que melhor definiu a imagem de Amsterdã foi a maneira como pôs em prática as liberdades do indivíduo. Porque o passado e o presente de Amsterdã, sua história e seu mito, foram obras da prática da liberdade. Nas últimas décadas, como todo mundo sabe, a representação mais esfuziante dessa prerrogativa cidadã foi assumida e identificada pela existência dos *coffee shops*, onde legalmente se fornece e se consome maconha, e as vitrines do chamado Bairro Vermelho, onde se exibem em roupas muito exíguas as mulheres de aluguel.

Mas é preciso dizer que a prática da liberdade não é uma conquista contemporânea ou pós-moderna de Amsterdã. Em meados do século XVII, enquanto o restante da Europa se desgastava em perseguições a hereges e disputas teológicas empenhadas em dirigir a mente e, é claro, as ações dos indivíduos até mesmo nos âmbitos mais privados, Amsterdã chegou a se tornar a cidade mais rica e culta do mundo graças, justamente, aos benefícios do exercício da liberdade no contexto de uma sociedade republicana: liberdade comercial, liberdade política, liberdade de credos religiosos, liberdade de criação artística…

Essa foi a Amsterdã que, com inteligência pragmática, assimilou dezenas de milhares de judeus sefarditas expulsos da Espanha e de Portugal e os tolerou, primeiro, e lhes permitiu praticar sua religião, depois, em tranquila convivência com protestantes de todas as denominações e seitas imagináveis (calvinistas, luteranos, menonitas, arminianos etc.) e até com obstinados e minoritários católicos, num exemplo de tolerância ideológica que superava o imaginável em sua época histórica e que, ainda hoje, em dias de tantas intolerâncias e discriminações por razões de fé ou de ideologia, continua sendo um paradigma significativo. Um dos testemunhos evidentes desse estado de graça é, por exemplo, a grande sinagoga portuguesa, a chamada Esnoga, erigida em pleno bairro judeu de Amsterdã com o sonho de se tornar uma réplica futurista – em sua época – do que pode ter sido o templo mítico do rei Salomão.

Com base nessa liberdade, Amsterdã construiu na época, sob um sistema republicano, o modelo de Estado burguês moderno em que foi possível separar as vidas públicas das vidas privadas, para que os homens desfrutassem internamente suas preferências escolhidas e participassem externamente das práticas que tanto ajudaram ou até permitiram o enriquecimento e o empoderamento de uma cidade pela qual passavam quase todas as linhas do comércio e da economia mundial daquele momento, a tal ponto que ela chegou a ser a metrópole mais rica do planeta.

Toda essa liberdade, geradora da prosperidade, sobre a qual se assentou o crescimento da cidade – visível nos edifícios da época (como os de Begijnhof ou praça Dam) ou nos novos canais dos Senhores, dos Príncipes, dos Reis, que, como ondas concêntricas, iam secando pântanos inóspitos e aumentando o espaço urbano habitável –, foi que permitiu a Amsterdã não só tornar-se uma urbe próspera e tornar suas frotas comerciais as mais ativas e rentáveis, como também chegar a ser algo muito mais nobre e importante: a capital mundial da arte. Amsterdã orgulhou-se, então, de ser a metrópole onde coabitaram mais pintores, onde o mecenato de reis e cardeais foi substituído pelo mercado moderno da arte exercido pela burguesia e onde mais obras de arte foram criadas, vendidas e compradas, graças ao trabalho de mestres como Rembrandt, Frans Hals, Emanuel de Witte, Ruysdael, Gerrit Dou e uma longa lista de nomes imprescindíveis da arte pictórica. Foi também a cidade em que o mundo da cultura e do pensamento abriu de par em par as portas para a modernidade graças a filósofos como Baruch Spinoza e seu antigo professor Menasseh ben Israel (ambos judeus), ou a juristas como Hugo Grócio, considerado o pai do direito internacional moderno, os quais conviveram com cientistas que inventaram ou aperfeiçoaram instrumentos que desde então nos acompanham, como o telescópio, o termômetro ou o microscópio. Não por acaso, foi nessa Amsterdã efervescente e tolerante que chegou a se refugiar René Descartes, que deixou uma opinião capaz de refletir melhor que nenhuma outra o que era a urbe no século XVII: Amsterdã é a cidade, ele escreveu: "... a que os barcos trazem em abundância tudo o que se produz nas Índias e tudo o que existe de requintado na Europa. Que outro lugar eu poderia escolher no mundo onde todas as comodidades da vida são encontradas com tanta facilidade?". E acrescentava, numa definição muito precisa da realidade: "Nesta grande cidade, sou a única pessoa que não se dedica a fazer negócios, e cada um está tão ativamente preocupado em ganhar dinheiro que eu poderia passar a vida na mais completa solidão".

Não por acaso, Amsterdã foi a cidade onde viveu, pintou e morreu Rembrandt van Rijn, um dos maiores e mais revolucionários criadores da pintura moderna. Porque Rembrandt e sua arte representaram, sem dúvida, uma das consequências dessa liberdade de que Amsterdã se ufana há séculos e que se patenteou, justamente, nos dias em que aquele gênio da pintura morou na cidade e, respondendo aos apelos de seu caráter e às condições do meio, empenhou-se em desafiar os códigos do que na época se concebia como bom gosto pictórico, majestosamente exemplificado, sobretudo, pela pintura do flamengo Rubens.

Mas acontece que, mesmo onde mais se desfruta de liberdade, sempre há forças que a espreitam e tentam impedi-la, com razões ou pretextos das mais diversas índoles, a começar pelo argumento muito recorrente do "bem ou interesse comum", que até os totalitarismos costumam empunhar. Por isso, a atitude de desafio com que Rembrandt enfrentou a criação artística e as novas noções que ele concebeu e praticou como função da pintura lhe custariam um alto preço em sua vida mundana e em sua carreira de artista.

A obra hoje mais conhecida e venerada de Rembrandt, a que ocupa a parede melhor e mais cotada do Rijksmuseum de Amsterdã e, para muitos entendidos, constitui uma das realizações mais significativas da cultura ocidental foi, curiosamente, a peça que acabou com seu período de boas graças com a alta sociedade holandesa, levando-o a viver o resto da existência em dolorosa tensão econômica. Mas essa obra (que ele ia pintando enquanto a esposa, sua querida Saskia, definhava até a morte) e as consequências imediatas que ela acarretou foram também o desafio artístico que, ao mesmo tempo, abriu as portas para sua necessidade ardente de exercer a criação com toda a liberdade possível... A hoje chamada *A ronda noturna*, originalmente intitulada *A companhia do capitão Cocq* (que é uma cena matinal, só que escurecida ao longo do tempo devido aos vernizes aplicados com profusão pelo artista), foi catalogada em sua época como uma obra provocativa, que se distanciava tanto dos conceitos imperantes para os chamados "retratos de grupo" que se julgou que chegasse às raias do escárnio e do mau gosto – e deixou insatisfeitos vários de seus clientes ali retratados, cada um dos quais pagara a alta quantia de cem florins para aparecer na peça. Muitos de seus retratos e suas obras das décadas de 1640 e 1650, posteriores a *A ronda*, também seriam considerados toscos e inacabados, carentes da delicadeza que o bom gosto de Rubens havia estabelecido, que os demais pintores holandeses exerciam e do qual Rembrandt se afastava com pretensões de pintar rugas, peles pendentes, membros flácidos, sem adornos nem atributos cenográficos: com a intenção de pintar *a realidade*.

Mas a mais dramática das restrições à liberdade artística que o grande Rembrandt sofreria chegou-lhe em 1661, com a recusa, por parte dos hierarcas da Prefeitura de Amsterdã, do quadro que lhe haviam encomendado para representar a origem mítica do país nos tempos do Império Romano: a obra de Rembrandt intitulou-se *A conspiração dos batavos sob Claudius Civilis*. Aquela encomenda, que vinha salvá-lo da indigência quando seu prestígio decaíra tanto que ninguém mais lhe fazia nenhum pedido, talvez lhe tenha sido feita por insistência do influente burgomestre Jan Six, seu amigo, várias vezes retratado por Rembrandt. Ao contrário do esperado ou do desejado, no entanto, o pintor entregou uma obra em que todo o romantismo e o heroísmo mitificado e grandiloquente solicitado pelos compradores, orgulhosos da prosperidade do país, foram transformados numa cena difusa (como difusa era na época histórica), dotada de uma força brutal, com personagens concebidos com rosto fantasmagórico e olhos como órbitas vazias. Um quadro pelo qual ele não recebeu um único dos florins combinados, apenas a censura da recusa.

Foi então que Rembrandt, com urgência de extrair algum dinheiro da obra rejeitada, tomou a terrível decisão de cortar a tela maravilhosa para tentar vender pelo menos o fragmento em que aparecem por trás de uma taça de vidro três personagens fantasmagóricos, de órbitas oculares escuras: a única parte da peça que sobreviveria e que teria sido suficiente para imortalizar o pintor. Na realidade, qualquer pintor. Com o fracasso econômico e com a castração artística de sua própria obra, Rembrandt pagava naquele momento, mais uma vez, o preço de cometer uma heresia, de pretender exercer sua arte com mestria e, sobretudo, com liberdade.

Poucos anos antes de Rembrandt, certamente com lágrimas nos olhos, mutilar aquela obra maravilhosa e revolucionária, outro dos grandes homens do século de ouro da arte e do pensamento holandês sofreria os efeitos dolorosos de acreditar que vivia numa sociedade em que imperava a liberdade e de pensar que também era livre. Esse outro homem castigado por sua ousadia foi Baruch Spinoza, filho de Miguel de Espinosa*, um dos muitos judeus ibéricos acolhidos pela cidade de Amsterdã e beneficiado pela tolerância religiosa que lá imperava. Mas os repressores de Spinoza foram seus próprios correligionários, representados pelos poderosos membros do conselho rabínico da *Naçao* – como geralmente chamavam a comunidade sefardita – que, eficiente e prodigamente, encarregam-se de castigar com diversas penas qualquer mostra de violação dos preceitos rabínicos ou da Torá, por eles considerada heresia... E a heresia de Spinoza foi tal que, como a de seu antecessor Uriel da Costa, também condenado com um chérem para toda a vida, ele foi declarado proscrito e castigado com um pronunciamento rabínico de excomunhão, assinado em 27 de julho de 1656 pelo rabino Saúl Levi Morteira e que, por seu tremendo dramatismo literário e humano, atrevo-me a citar por extenso:

> Os chefes do conselho comunicam – leu o rabino Morteira para os judeus de Amsterdã – que, tendo conhecido há muito tempo perversos atos e opiniões

---

* O autor adota deliberadamente as grafias Spinoza (para Baruch Spinoza, o filósofo holandês) e Espinosa (Miguel de Espinosa, pai de Baruch, nascido em Portugal). (N. T.)

de Baruch Spinoza, esforçaram-se, apelando a diferentes meios e promessas, para apartá-lo do mau caminho. Como não puderam encontrar nenhum remédio e, pelo contrário, receberam diariamente mais informações acerca das abomináveis heresias praticadas e ensinadas por ele e acerca dos atos monstruosos que cometeu, e sabendo-o por boca de muitas testemunhas dignas de confiança que declararam e testemunharam isso na presença dos rabinos, o conselho decidiu, por recomendação dos rabinos, que o citado Spinoza seja excomungado e apartado da nação de Israel.

[...] Com o julgamento dos anjos e a sentença dos santos, anatematizamos, execramos, amaldiçoamos e expulsamos Baruch Spinoza [...], pronunciando contra ele o anátema com que Josué anatematizou Jericó, a maldição de Elias contra os filhos e todas as maldições escritas no livro da Lei. Maldito seja de dia e de noite; maldito ao se deitar e ao se levantar, ao sair e ao entrar. Que o Senhor jamais o perdoe ou reconheça! Que a cólera e o desagrado do Senhor ardam contra este homem daqui em diante e descarreguem sobre ele todas as maldições escritas no livro da Lei e apaguem seu nome sob o céu [...]. Portanto, adverte-se a todos que ninguém chegue a lhe prestar nenhum serviço, a morar sob o mesmo teto que ele, a aproximar-se dele menos de quatro côvados de distância ou a ler qualquer documento ditado por ele ou escrito por sua mão.[1]

As crônicas da época contam que, durante a leitura dessa maldição na sinagoga de Amsterdã,

> o gemido e o toque prolongado de uma grande trompa ouviam-se a intervalos; as luzes, que ardiam intensamente no começo da cerimônia, apagavam-se uma por uma à medida que esta prosseguia, até que, por fim, apagou-se a última, simbolizando a extinção da vida espiritual do excomungado, e assim a congregação ficou em total escuridão.

Em terras de liberdade, que os judeus sefarditas chamavam de Nova Jerusalém, ou *Makom*, o bom lugar... Como era possível que Rembrandt e um jovem judeu de seu bairro ousassem participar, um com sua arte, o outro com seu corpo, da tentativa de copiar "do natural" o rosto vivo de Cristo? Para falar destas e de outras heresias, escrevi um romance intitulado, justamente, *Hereges*[2].

---

[1] *Enciclopédia Judaica.*
[2] Leonardo Padura, *Herejes* (Tusquets, Barcelona, 2013) [ed. bras.: *Hereges*, trad. Ari Roitman e Paulina Wacht, São Paulo, Boitempo, 2015].

Em busca do rosto de Cristo

O rosto mais conhecido de todo o imaginário que compõe a cultura universal é o de Jesus Nazareno, Cristo ou, em rigor, o Ungido, como o chamariam os gregos. Centenas de milhares, de milhões, de imagens suas encontram-se dispersas pelo mundo. É possível achá-lo numa pequena capela de aldeia africana, perdida na geografia e na miséria, exibindo traços iguais ou muito semelhantes aos que esse rosto poderia nos mostrar num templo católico do Extremo Oriente, da Patagônia argentina e até muito similar à face que, endossada pela assinatura de um dos grandes (ou dos prescindíveis) da pintura universal, encontra-se numa das riquíssimas paredes do Museu Vaticano. Lembro, como perfeito exemplo dessa presença constante, o fato de que praticamente em todas as salas das casas cubanas da primeira metade do século XX o melhor espaço era reservado à figura do Sagrado Coração de Jesus, imagem idealizada, impressa em papel e vendida em série, na qual Cristo, com a mão esquerda na altura do rosto e dois dedos erguidos, abre o peito com a mão direita para mostrar seu coração, oferendado à salvação da humanidade. Basta-me fechar os olhos (ou não) para vê-lo naquela gravura familiar, com o cabelo castanho, a barba rala e descuidada, o olhar condescendente em que transparecem um vestígio de dor e um ar de transcendência.

O Jesus da iconografia cristã que nos acompanhou por séculos foi concebido de início por desenhistas de ícones bizantinos e pintores de afrescos em capelas europeias. Aqueles artistas primitivos pretenderam refletir, valendo-se de suas limitadas capacidades técnicas e de sua fé, o rosto possível do homem cuja vida, paixão e morte o Novo Testamento narrava, o Filho de Homem que terminara seus dias na terra penando na cruz, conforme cabia a seu papel de messias. E o representaram abundantemente: já crucificado ou em seu momento de glória quando sobe aos céus ou em seus atos tanto cotidianos como milagrosos narrados nas Escrituras. O Renascimento, com sua revolução econômica, social e, sobretudo, artística (quando se aperfeiçoaram técnicas e a arte assumiu seu sentido moderno), acabou por patentear uma imagem que, no dizer de um contemporâneo de Jesus, governador romano da Judeia, Publius Lentulus, caracterizava-se por cabelos

> de uma cor indefinível, caindo em cachos até abaixo das orelhas e espalhando--se com graça sobre os ombros, estando repartidos na parte superior da cabeça, como usam os nazarenos. Sua fronte é alta e despojada, e suas faces têm um rosado agradável. O nariz e a boca são formados com regularidade

admirável; a barba espessa e de cor semelhante à dos cabelos tem cerca de duas polegadas de comprimento e, dividindo-se ao meio, forma a figura de uma fina forquilha. Seus olhos são brilhantes, claros e serenos.[3]

Mas o que acontecia quando essa imagem possível, embora já edulcorada, de um homem "que por sua excelente beleza e por suas perfeições divinas supera os filhos dos homens" era representada como a de um deus? Caso se buscasse a imagem de Deus, toda idealização de sua figura seria tolerada, mas e no caso de se pretender alcançar a imagem do homem que Jesus também foi ao longo dos trinta e três anos que habitou a terra, justo quando (presumivelmente) Publius Lentulus o retratou para o imperador Tibério – ao que parece, antes de ele ter sido crucificado, mas já o vendo como se fosse o Deus que, três séculos depois, os romanos assimilariam?

Em seu estúdio de Amsterdã, localizado – como eu já disse – na casa marcada com o número 4 da Jodenbreestraat, a rua Larga dos Judeus, Rembrandt van Rijn se fez essa pergunta muitas vezes. Tantas que, no momento em que sua maestria artística atingia o ápice, o pintor decidiu empreender um de seus experimentos mais ousados: plasmar numa tela a humanidade de Cristo, pintar "do natural", como costumava dizer, o rosto possível do homem que, morto na cruz, havia ressuscitado aos três dias para, antes de subir ao céu e sentar-se à direita do Pai, compartilhar uma ceia com discípulos no caminho de Emaús, episódio bíblico que tanto atraía o mestre.

A pretensão de Rembrandt de plasmar a verdadeira humanidade de Cristo não era, na verdade, capricho de um pintor rebelde e iconoclasta. O historiador da arte e filósofo holandês Johan Huizinga afirma:

> Essa crença inabalável na realidade e na importância de todo o terrestre, fora de todo realismo filosófico, movia os espíritos do século XVII, como uma consciência do anseio de viver e do interesse que cada objeto oferecia; como

---

[3] Reproduzo o restante do fragmento conhecido da carta de Publius Lentulus, governador da Judeia, ao imperador Tibério: "Há na Judeia um homem de virtude singular a quem chamam Jesus. Os bárbaros o acreditam profeta; mas seus sectários o adoram como descendente dos deuses imortais. Ressuscita os mortos e cura os enfermos por meio da palavra e do tato; é bem--apessoado e de alta estatura; seu aspecto é suave e venerável [...]. Censura com majestade, exorta com doçura e quando fala ou se move o faz com elegância e gravidade. Nunca o viram rir, mas com frequência o viram chorar. É muito comedido, modesto e judicioso. É um homem, enfim, que por sua excelente beleza e por suas perfeições divinas supera os filhos dos homens".

tinham fome e sede de refletir essa realidade, o menor objeto de seu entorno era suficientemente significante para empenhar todo o esforço em refletir essa realidade e, junto com a imagem ou representação de paisagem, edifícios, utensílios, homem ou animal, estava o tesouro das figuras fantásticas, representadas em alegoria ou emblema [...]. Rembrandt esforçou-se durante toda a vida para refletir outra forma de vida que não a que se podia perceber em seu meio habitual, [ou seja] a vida cotidiana burguesa da república da Holanda... [Mas] sua destreza artística demorou muito para poder sair desse mundo realista...

E agora acrescento eu: demorou muito e muitas vezes não saiu pela simples razão de que Rembrandt era um apaixonado pela realidade e seu grande propósito como pintor de seu tempo foi dar ao concreto – inclusive ao feio – vida transcendente por meio da arte.

Com essa plasmação específica e arriscada do rosto de um personagem que viveu como homem entre os homens, Rembrandt pretendia não só captar a essência humana de Jesus, como também, sobretudo, superar-se (já pintara ou gravara vários Cristos, inclusive sua primeira cena de *A ceia em Emaús*, que assinara em 1629, quando era apenas um aprendiz). Mas também aspirava a se impor a todos os mestres que o antecederam, muito especialmente ao avassalador Caravaggio, cujo realismo e uso do claro-escuro ele admirava, e, é claro, ao flamengo Rubens, que tanta glória, dinheiro e poder conseguira com sua arte, mais idealizante que verista. O pintor de Amsterdã fez, então, a opção que a vida, a realidade e a história lhe ofereciam de maneira ostensiva: buscaria a imagem de Cristo por meio do rosto vivo e presente de um dos judeus que pululavam em seu bairro. Pintaria "Cristo em vida", como alguns chamaram as obras surgidas desse empenho. Porque, afinal, se de alguma coisa ninguém tinha dúvida, era de que Nazareno, o Ungido, fora um judeu puro, além de descendente da casa gloriosa do rei Davi dos relatos bíblicos, monarca dos reinos da Judeia e de Israel...

Para Rembrandt, não deve ter sido complicado encontrar o modelo "vivo" que o ajudaria naquela empreitada. Como se sabe, ele era amigo dos líderes da comunidade de sefarditas aceitos pela cidade de Amsterdã, aqueles homens que escaparam do horror da Inquisição que os estigmatizou, perseguiu, torturou e até imolou na Espanha e em Portugal. Os refugiados, que em seu novo destino se autodenominaram a *Nação* e batizaram Amsterdã como *Makom*, o bom lugar. Também é bem possível que Rembrandt não tenha utilizado suas influências com aqueles homens na procura pelo modelo adequado para seu experimento, mas que o tenha buscado entre seus vizinhos. E, se algum daqueles judeus poderosos que eram seus amigos alguma vez lhe perguntou sobre suas intenções, certamente o pintor sustentou uma importante explicação: faria um retrato – que logo se transformaria numa série de retratos – de um jovem judeu. Só isso, sem mencionar – especulação minha – que seu propósito mais remoto era registrar a possível representação humana ou humanizada de Cristo.

Por suas obsessivas leituras bíblicas, por seu ofício de pintor filiado desde muito jovem à poderosa Guilda de São Lucas (o grêmio que permitia comercializar as pinturas), por sua proximidade com pastores protestantes, rabinos e filósofos judeus como Menasseh ben Israel, Rembrandt teria de esconder seu verdadeiro propósito. O pintor sabia que a lei mosaica era bem explícita quanto a questões de representação gráfica de figuras. No livro do Êxodo (20:4), adverte-se terminantemente aos filhos de Israel: "Não farás para ti ídolos, nem figura alguma do que existe em cima, nos céus, nem embaixo, na terra, nem do que existe nas águas, debaixo da terra"*. E, no Deuteronômio (4:16-19), repete-se a sentença: "Guardai-vos bem de corromper-vos, fazendo figuras de ídolos de qualquer tipo, imagens de homem ou de mulher, imagens de animais que vivem na terra ou de aves que voam no céu, ou de animais que rastejam sobre a terra..."**. Como poderia um dos judeus assentados em Amsterdã prestar-se a servir de modelo nem mais nem menos que de Jesus, homem a que muitos de seus irmãos de raça não haviam reconhecido sua condição de messias e que, no entanto, fora capaz de dar origem a uma religião que dominava praticamente todo o Ocidente? Quem foi aquele homem, aquele jovem sefardita, que se arriscou a todas as excomunhões possíveis, numa época em que os chamados chérem ditados pelo conselho rabínico choviam em Amsterdã e caíam em cabeças como as de Uriel da Costa e Baruch Spinoza? Nem a história da nação judia, nem a de Amsterdã e da Holanda, nem a história da arte conseguiram saber quem foi aquele jovem desafiador que, por anos, posou para um Rembrandt empenhado em levar a uma tela ou uma tábua a humanidade de Cristo e, por isso, insistiu várias vezes, até estampar uma ampla dezena de *tronies* (como os holandeses da época chamavam bustos ou retratos de quase três quartos) com os quais repetia, todas essas vezes, uma ação que, para as leis judaicas, só tinha um nome possível: uma heresia. E, para os líderes daquela comunidade, um castigo certo para o herege: a excomunhão por toda a vida, o temível e drástico chérem.

---

* Trecho extraído de *Bíblia sagrada* (50. ed., Petrópolis, Vozes, 1996). (N. T.)
** Idem. (N. T.)

Os elementos citados até aqui são os fatos e as especulações mais certeiras a que esses fatos podem nos levar. Essa é a história, documentada, escrita, neste caso até mesmo pintada, para que sua realidade dessa história tenha inclusive sustentação gráfica. E é nesses elementos factuais que a imaginação pode se apoiar. Quanto a mim, essa *realidade* me serviu, depois de engolir milhares de páginas de textos históricos e tratados sobre a arte de Rembrandt e de seus contemporâneos, sobre a religião, a história e os costumes dos judeus, para dar um nome e uma biografia ao modelo que o mestre de Amsterdã utilizou em seu propósito de pintar "do natural" a imagem possível de Cristo, de captar a humanidade de Cristo na série de *tronies* que ele pintou e de fazê-lo descer à terra em sua nova versão (1648) de *Os peregrinos de Emaús*...

Pois em meu romance *Hereges* o jovem sefardita retratado por Rembrandt se chama Elías Ambrosius Montalbo de Ávila e nasceu em Amsterdã, *Makom*, o bom lugar, em 1626, e, depois de escapar de Amsterdã para evitar o transe da excomunhão, morreu, em data indeterminada posterior a 1648, talvez em mãos dos cossacos que massacravam judeus na Polônia, talvez em terras do Mediterrâneo, já agregado às hostes de Sabbatai Zeví[4], o judeu que se apresentara ao mundo como o verdadeiro messias e convocara seus correligionários a saltar as muralhas de Jerusalém para propiciar e lá esperar a chegada do anunciado Juízo Final.

Elias Ambrosius Montalbo de Ávila é um herege de romance, criado pela imaginação. Os fatos que cercam sua vida romanesca e sua possível morte, também romanesca, são a realidade ou parte dela, como facilmente demonstram as "cabeças de Cristo" pintadas por um artista real, chamado Rembrandt van Rijn.

Os peregrinos do *Saint Louis*

Um dos acontecimentos mais vergonhosos de toda a história de Cuba aconteceu entre o porto de Havana e o Palácio Presidencial da República, nas proximidades, justamente entre os dias 27 de maio e 3 de junho de 1939. Foi durante esses dias que, ancorado no porto havanês, o transatlântico *S. S. Saint Louis*, que duas semanas antes partira de Hamburgo com 937 judeus europeus a bordo, protagonizou uma história dramática e conhecida. O nó da tragédia seria o fato de que, apesar

---

[4] Sabbatai Zeví e suas peripécias messiânicas são absolutamente históricas, e existem sobre ele numerosas referências bibliográficas. Para a história dos massacres de judeus na Polônia durante os anos 1648 e 1653, contamos com o irretocável e horripilante depoimento de uma testemunha presencial: *Javein Mesoula (Le fond de l'abîme)*, de N. N. Hannover.

dos vistos comprados pelos viajantes no consulado cubano em Berlim, quando chegaram ao suposto destino, foi-lhes negada a possibilidade de desembarque na ilha e viram-se obrigados a voltar para a Europa – depois de receber as mesmas negativas por parte dos governos dos Estados Unidos e do Canadá.

Esse episódio específico foi qualificado pela historiadora Margalit Bejarano, professora da Universidade Hebraica de Jerusalém, como "a última porta na cara dos judeus alemães, três meses antes da eclosão da Segunda Guerra Mundial".

Vários livros e um filme[5] fizeram a crônica daqueles acontecimentos terríveis, em cujo fundo moveram-se muitos interesses mesquinhos: a propaganda fascista organizada por Goebbels, as políticas migratórias norte-americana e cubana, as maquinações corruptas de altos funcionários cubanos (possivelmente com participação do próprio presidente, Federico Laredo Brú) e uma estarrecedora insensibilidade diante do destino de seres humanos que, com a decisão de fazê-los voltarem para a Europa, tinham decretada sua sorte final. Dos 937 passageiros que chegaram a Havana a bordo do *Saint Louis*, só 23 receberam autorização para desembarcar (o último da lista foi Max Lowe, que cortou as veias e se jogou na água e foi enviado pelas autoridades portuárias a um hospital). Dos demais, acolhidos por Holanda, Bélgica, Inglaterra e França, calcula-se que entre trezentos e seiscentos – segundo fontes diversas – morreram durante o Holocausto... Essa é a história.

Entre esses judeus vítimas do nazismo alemão estavam o médico Isaías Kaminsky, polonês de origem; sua esposa, Esther Kellerstein, membro de uma refinada família de judeus alemães; e a filha pequena de ambos, chamada Judit, como a heroína bíblica. Da família só se salvou o jovem Daniel Kaminsky, que com seu tio paterno Joseph (vários anos atrás estabelecido em Cuba e já conhecido como Pepe Cartera, por sua arte como seleiro) viveu nas imediações do porto de Havana os dias dramáticos em que se discutiu no Palácio Presidencial da República (e se definiu seu preço) a sorte de seus familiares e dos demais peregrinos do *Saint Louis*. Esse é o início de um romance que se baseia na história e se mistura com ela.

No episódio histórico da rejeição dos refugiados que chegaram a Havana a bordo do *Saint Louis*, há uma questão que torna mais vergonhosa e lamentável a decisão presidencial cubana de não os admitir no país. E é o fato real, ainda

---

[5] O filme homônimo, dirigido por Stuart Rosenberg (1976), inspira-se em um dos livros mais documentados sobre esse episódio: Gordon Thomas e Max Morgan, *Voyage of the Damned* (Londres, Hodder and Stoughton, 1974).

sentido por quem o viveu, de que em Cuba os judeus não sofreram discriminações especiais por sua condição religiosa ou étnica, muito ao contrário: foi um lugar que os acolheu, admitiu e até permitiu prosperar, com uma liberdade que, em perspectiva histórica, pode lembrar muito o que existira três séculos antes em Amsterdã, *Makom*, o bom lugar. Ao longo do século XX, Cuba recebeu quatro levas bastante específicas de emigrantes de religião hebraica. Os primeiros a chegar, na aurora da centúria, foram os judeus provenientes dos Estados Unidos (chamados em Cuba de "americanos"), que, atraídos pelas possibilidades comerciais que se abriam para eles no novo país, viajaram como representantes das muitas companhias estadunidenses que puseram o pé na ilha, que havia pouco tornara-se independente, e dedicaram-se fundamentalmente ao comércio e à indústria. Esses "americanos", na maioria enriquecidos, mais tarde seriam parte importante da elite da comunidade hebraica que se formaria em Cuba. Depois foi a vez dos "turcos", sefarditas otomanos que buscavam refúgio entre os anos 1908 e 1917, impelidos pela Revolução dos Jovens Turcos (1908), pela Guerra dos Bálcãs (1912-1913) e pela Primeira Guerra Mundial. A terceira leva foi a dos chamados "polacos", asquenazes da Europa oriental que aportaram ao longo da década de 1920, depois da Dança dos Milhões vivida na ilha pelos altos preços do açúcar durante a Primeira Guerra Mundial e que, apesar do apelido que recebiam, provinham não só da Polônia, mas também da Romênia, da Rússia e de outros países do Leste, onde eram perseguidos, e atracaram em Cuba por não conseguirem ir para os Estados Unidos devido às leis migratórias restritivas daquele país. A quarta e última leva, chamada dos "refugiados", era integrada, sobretudo, por alemães e austríacos, chegados entre 1933 e 1948, impelidos pela ascensão do nazismo e pelos acontecimentos da Segunda Guerra Mundial[6].

Todos esses emigrantes, que eram de diferentes camadas sociais, origens nacionais e culturais, tendências religiosas e políticas, formaram a comunidade hebraica cubana que teve sua base principal em Havana, especificamente na região próxima ao porto, a chamada Habana Vieja. Lá fundaram suas primeiras sinagogas, suas escolas, seus centros culturais e montaram diversos estabelecimentos comerciais, como o famoso Moishe Pipik, o mais conhecido e concorrido restaurante *kosher* da cidade.

---

[6] Essa sistematização da migração judaica para Cuba foi realizada pela historiadora Maritza Corrales, máxima autoridade cubana no assunto. É autora, entre outros estudos, de *La isla elegida. Los judíos en Cuba* (Havana, Editorial Ciencias Sociales, 2006).

Joseph (Pepe) Schribman, durante muitos anos professor na Washington University de Saint Louis, Missouri, viveu a infância e o início da juventude no bairro judeu havanês, antes de seu pai resolver emigrar para os Estados Unidos em 1956, impelido por sua pouca fortuna econômica. Em suas viagens a Havana, várias vezes pedi a meu amigo Pepe que percorrêssemos juntos os lugares emblemáticos ou pouco conhecidos do bairro. Nesses passeios vespertinos, ele sempre evocava seus anos cubanos como uma estadia no paraíso: contou-me que a única vez que o trataram de "*judío culón*"* foi num jogo de beisebol (nunca se deu bem nos esportes) e que respondeu à ofensa da melhor maneira possível, chamando seu colega de "*negro 'e mierda*", sem que houvesse maiores consequências. Pepe também lembrou, em cada uma dessas viagens ao passado, que em muitas ocasiões não foi para a cama de estômago vazio graças à generosidade de uma vizinha do cortiço (*cuartería* ou *solar*, como se diz em Cuba), uma mulher negra casada com um asturiano roliço...

Esse estado de graça cultural e racial que aqueles imigrantes viveram em Cuba foi tão profundamente assumido por suas consciências que muitos deles, depois de saírem da ilha com o triunfo revolucionário que já anunciava os possíveis rumos socialistas do processo cubano, e depois de estabelecidos em Miami Beach há várias décadas, ainda hoje evocam seus dias cubanos como um passado perfeito e insistem em se autodenominar "hebreus cubanos", mesmo que alguns deles tenham nascido na Polônia ou na Áustria ou tenham vivido apenas pequena parte da vida na "ilha eleita"...

Qual poderia ser, então, a heresia cometida por um jovem judeu asquenaze numa terra em que os de sua origem conviviam sem pressões raciais, progrediam economicamente, integravam-se culturalmente, participavam da vida política sem maiores restrições? Pois uma heresia seria recusar um pertencimento que, em muitos casos, só provocara dor e marginalização; seria tomar a decisão de separar-se da tribo, negar-se a continuar sendo judeu, renegar sua origem e sua religião, para ser, exclusivamente, mais um cubano. Como fizera Daniel Kaminsky... Só que há destinos e pertencimentos que, por concatenação de acontecimentos ou conjunturas cósmicas, não podem ser esquivados. E, para Daniel Kaminsky, quando mais cubano ele se sentia, quando o futuro lhe sorria, o chamado fatal de seu pertencimento lhe chegaria envolvido na imagem de uma cabeça de Cristo, pintada por Rembrandt van Rijn três séculos antes, na acolhedora e liberal Amsterdã. A pintura que fora trazida por seus pais a bordo

---

* Insulto correspondente a algo como "judeu cuzão" ou "judeu de merda". (N. T.)

do *Saint Louis*, destinada, se necessário, a funcionar como moeda de troca para obter a autorização de residência cubana... que não lhes foi concedida. E aqui o romance se complica. Porque a maior de todas as heresias é a violação de um dos mandamentos que Deus entregou a Moisés no monte Sinai: não matarás.

Hebreus cubanos em Miami Beach

Da populosa comunidade judaica que ao longo das cinco primeiras décadas do século XX foi se formando em Cuba, cerca de 80% resolveu abandonar a "ilha eleita" nos anos imediatamente posteriores ao triunfo revolucionário de Fidel Castro (1959). A comunidade próspera e efervescente de alguns anos antes secou como uma árvore partida por um raio. Seus negócios desapareceram, suas sociedades e confrarias enlangueceram, sua vida religiosa ficou à deriva, pois na ilha não permaneceu nem sequer um rabino para oficiar os ritos do Shabat, tampouco um *mohel* para executar a circuncisão... O destino tomado por esses novos peregrinos foi o mais rápido e próximo – e até o mais acolhedor, pensaram eles: a jovem cidade de Miami Beach, onde, alguns anos antes, foram viver numerosas famílias de judeus estadunidenses provenientes dos estados do norte, em especial pessoas da "terceira idade", desejosas de encontrar um lugar ensolarado e barato onde pudessem viver com folga de suas poupanças e rendas.

A história dos judeus saídos de Cuba e chegados a Miami Beach na década de 1960 é a crônica de uma diáspora (mais uma), mas também de uma obstinação e, sobretudo, de uma constante e prolongada história de amor. Porque aqueles homens e mulheres que, impelidos pelos acontecimentos políticos, abandonavam sua *Makom* começaram desde então uma luta para preservar a identidade já adquirida e se propuseram a formar uma comunidade "hebraica-cubana" que sobrevive até hoje no enclave bem turístico de Miami Beach. A comunidade dos *jewbans*, judeus cubanos.

Ao chegarem ao balneário da Flórida, aqueles eternos emigrantes encontraram uma realidade que os chocou: seus correligionários "americanos" consideravam--nos cidadãos de segunda, pois, ao saírem de Cuba, só podiam levar duas malas com roupas – uma a mais que os nazis permitiram que os passageiros do *Saint Louis* e de outros navios fretados levassem na época. Além disso, naquele subúrbio emergente não havia sinagoga, e os ofícios e as festividades, quando se realizavam, exigiam a presença de um rabino, que geralmente vinha de Tampa. Como reorganizar a vida, como defender sua identidade, como tornar-se novamente forte e competitivo? A resposta foi claríssima: distinguindo-se das demais pessoas que já viviam lá por meio da estratégia de se aferrar a um pertencimento singular. Assim, em 1961, fundaram a instituição a partir da qual se aglutinaria o restante da comunidade: o Círculo Cubano-Hebraico de Miami (Cuban-Hebrew Congregation of Miami), o mesmo que, meio século depois, continua organizando atividades à sombra de três bandeiras: a de Israel, pátria ancestral; a dos Estados Unidos, pátria de destino e vida; e a de Cuba, pátria de nostalgias e lembranças amáveis que se negam a perder e que os mais velhos transmitem aos jovens que não as viveram...

Encontrar os vestígios da Miami Beach *real* a que em 1958 chegou, proveniente de Havana, o imaginário (romanesco) judeu polonês-cubano Daniel Kaminsky, casado na Igreja católica com uma cubana filha de galegos, pode ser tarefa árdua. Do que foi aquele subúrbio praiano há meio século permanecem os vestígios dos edifícios com características *art déco* que lá se ergueram na época, permanecem os nomes das ruas e, é claro, permanecem o mar e um calor que pode ser sufocante... porém pouco mais. O vertiginoso desenvolvimento urbano daquele lugar, transformado num dos centros turísticos do sul da Flórida, torna quase impossível a missão de colocar de maneira verossímil e realista aquele judeu cubano de romance em ruas que, embora tenham os mesmos nomes, já não são as mesmas.

Como encontrar aquela Miami Beach que eu precisava *ver* (como em *O homem que amava os cachorros** precisei *ver* a Barcelona dos anos anteriores à guerra ou a Moscou soviética para sentir que meus personagens se moviam num ambiente possível, real)? Com meus amigos Wilfredo Cancio e Miguel Vasallo, radicados em Miami há vinte e trinta anos respectivamente, comecei a andar por Miami Beach, a registrar em fotos suas mais velhas construções, sua sinagoga, o monumento comemorativo do Holocausto lá erigido, a ter uma visão do entorno físico que meu judeu de ficção pudesse ter na real realidade de um lugar onde eu o colocaria, romanescamente, para viver por longos anos... e a duplicar sua heresia, quando, da maneira mais pragmática, compreende que, para ter espaço no novo mundo onde foi parar por culpa de uma das cabeças de Cristo pintadas por Rembrandt, sua melhor opção é... voltar a ser judeu.

Naquelas andanças, enquanto decidia qual poderia ser a casa em que morou Daniel Kaminsky e nasceu seu filho Elías, eu sentia que sempre me faltava a densidade da experiência pessoal, a respiração das esperanças e vicissitudes vividas...

---

* Leonardo Padura, *O homem que amava os cachorros* (2. ed., trad. Helena Pitta, São Paulo, Boitempo, 2015). (N. E.)

Foi graças à historiadora cubana Maritza Corrales que, numa de minhas viagens aos Estados Unidos, entrei em contato com o judeu-cubano-estadunidense Marcos Kerbel, toda uma personalidade na comunidade de Miami, pois até foi, por dois mandatos, presidente do Círculo Cubano-Hebraico. Com os olhos de Marcos, que chegara de Cuba ao balneário do sul da Flórida quando adolescente, comecei a adquirir essa capacidade enquanto percorríamos os lugares da vida daqueles refugiados e dele próprio. Mas foi sobretudo graças à conversa com a senhora Ofelia Ruder, idosa, mas ainda muito ativa, eterna secretária e alma do Círculo, que pude *sentir* o que havia sido para a grande maioria dos emigrados judeus-cubanos perder Cuba e começar de novo, num lugar, se não hostil, pelo menos indiferente, uma experiência que com diversos graus de dramaticidade (com todos os graus de dramaticidade) o povo hebreu viveu desde os tempos bíblicos. Foi com Marcos e com Ofelia Ruder que consegui recolocar numa realidade real, que já não existe, mas existiu, um personagem fictício que, em cada um de seus ossos romanescos, tem envolvidos os músculos de uma realidade histórica e de um entorno físico real. Essas são as alternativas literárias com as quais um escritor pouco dotado desse dom indispensável para escrever romances faz funcionar sua imaginação.

As dez tribos encontradas

A rua G, também conhecida como avenida de los Presidentes, foi um dos passeios mais belos e aristocráticos de Havana. Desde sua nascente na altura da rua 29, no El Vedado havanês, onde se ergue o mausoléu que reproduz em proporções mais discretas o monumento romano dedicado a Vittorio Emanuele II, até seu encontro com o mar, além do muro do Malecón, a avenida acolheu em sua época áurea estátuas dos diferentes presidentes republicanos. Com o triunfo da revolução de 1959, trazendo aquela necessidade que as revoluções em geral carregam de demolir o passado e seus símbolos, as estátuas dos presidentes da "pseudorrepública" foram derrubadas de seus pedestais. Mas a rua G manteve sua distinção, devida não tanto aos edifícios que a ladeiam, mas, sobretudo, ao passeio central que a engalana por toda a extensão de quase dois quilômetros...

Na aurora do século XXI, a rua G, ou avenida de los Presidentes, passou a testemunhar um fenômeno curioso e espontâneo – num país pouco dado às espontaneidades. Um grupo de jovens muito jovens, quase adolescentes, amantes de rock, por falta de lugar melhor, começou a se reunir no passeio, nos bancos, nos jardins da avenida, para falar de música, tocar guitarra, beber garrafas de álcool em abundância... A confraria dos jovens roqueiros que se instalou nas noites da rua G foi aumentando sua presença com os meses, e, sob o olhar alerta das autoridades policiais visíveis e das invisíveis, sempre desconfiadas diante das aglomerações (e ainda mais sendo jovens um pouco esquisitos), em pouco tempo a reunião espontânea da rua G ultrapassou o círculo dos roqueiros; assim, ao costume de passar ali as noites dos fins de semana, foram se somando as mais diversas e insólitas tribos urbanas: frikis, rastas, mikis, reparteros, gamers, punks, skaters, emos... e até a tribo dos vampiros. As dez tribos perdidas!

Dessas livres associações de jovens pós-pós-modernos e digitalizados, tínhamos até então poucas notícias e noções bastante turvas e preconceituosas. Muitos de nós nem imaginávamos que alguns deles pudessem ter adeptos em Cuba, país de cultura mestiça e heterogênea, mas onde a política impôs nivelar a sociedade mediante a exigência de unanimidade e ortodoxia mental – incluída na formação do Homem Novo. Nesse ambiente fechado, o fato de aparecerem hordas de jovens e adolescentes que militavam voluntária e veementemente em grupos (logo foram chamados de tribos urbanas) em que só funcionavam suas preferências e seus gostos, sem interferência da "orientação" estatal ou partidarista, constituiu um fenômeno social e sociológico novo. Uma heresia, segundo as acepções muito claras da palavra que a RAE* nos oferece.

Já nos anos 1960, haviam brotado em Cuba várias dezenas de hippies tropicais, imitadores dos que em outras partes do mundo assumiam essa filosofia libertária da inconformidade. Aqueles hippies cubanos, em tempos de fervor revolucionário, nem sequer chegaram ao *status* de tribo, pois foram fervorosamente reprimidos, pulverizados como baratas, e muitos deles até foram parar por vários meses nas chamadas Unidades Militares de Ayuda a la Producción (Umap), onde ficavam reclusos em regime militar de trabalho... para serem reeducados. Depois, na década de 1980, apareceram os chamados frikis (de *freak*), jovens que pretendiam viver sem conexão com o restante de uma sociedade na qual não encontravam lugar. Mas a chegada da crise profunda dos anos 1990 – provocada pelo desaparecimento da URSS e do socialismo do Leste, causando a paralisação econômica da vida cubana – dispersou-os num ambiente em que, de alguma maneira, todos (ou quase todos) fomos frikis lutadores, como cada um podia, pela sobrevivência...

A chegada das dez (ou mais) tribos urbanas à rua G tinha, então, um sentido diferente, inédito quanto à proposta filosófica e à dimensão exibida em pleno coração de Havana. Esses rapazes, que se apartavam dos códigos oficiais

---

* Real Academia Española, cujo dicionário é a principal referência da língua espanhola. (N. T.)

promovidos (embora muitos deles continuassem estudando, numa espécie de mundo paralelo ou de vida dupla), optavam pelo pertencimento pessoal, decidido com liberdade, a um grupo no qual encontravam respostas para suas necessidades sociais e até filosóficas, ou pelo menos um canal para a necessidade de não pertencer à massa. No entanto, fosse qual fosse a razão, sempre à margem do Estado socialista totalizador.

Na atitude decididamente herege desses jovens, houve um elemento que me atraiu desde que sua presença se fez visível na rua G: o anseio de praticar com liberdade suas preferências musicais, sexuais, ornamentais, filosóficas. Sua maneira de vestir fez-se irreverente e peculiar (conforme a tribo escolhida); seus próprios corpos foram colocados em função do pertencimento, com penteados e carecas extravagantes (de acordo com minha concepção), tatuagens, *piercings*, gírias e maneiras de se comunicar – e até a forma de pensar em algumas coisas fundamentais da existência: o tempo, a vontade, o sexo, a vida e inclusive a morte.

Essa opção pela liberdade de comportamento e pensamento, pelo livre arbítrio com respeito à escolha dos modos de exercer sua vida privada e também a vida pública e social, provocou preocupações oficiais num país que continuava alentando a uniformidade em sua manifestação mais dramática: a unanimidade de propósitos e maneiras de pensar os grandes temas da sociedade e da política. Contudo, isolados em suas tribos, os jovens da rua G resistiram às mais diversas pressões e sobreviveram por anos até transformar as noites da avenida numa manifestação pacífica do germe de um exemplar de Homem Novo que não saíra dos manuais revolucionários, mas do próprio esgotamento da retórica revolucionária, que pelo visto já não lhes dizia nada, já não lhes cabia.

A liberdade, a liberdade, a liberdade! Era isso que se respirava na rua G, com os pulmões das centenas de jovens que mijavam em público, tomavam álcool – e, suponho, tragavam outras coisas mais radicais – e praticavam sexo com o atrevimento próprio de sua idade e reforçado por suas respectivas filosofias libertárias, tão heréticas para seu ambiente.

Entre todas essas tribos urbanas saídas das entranhas da sociedade socialista cubana, houve uma, no entanto, que conseguiu intrigar-me de modo especial por suas características, ou melhor, por sua filosofia: os chamados emos.

Os emos cubanos são uma réplica tropical dos jovens filiados a essa tendência que se encontram no resto do mundo ocidental. Como seus colegas de além-mar, vestiam-se com roupas escuras ou rosadas, ouviam Nirvana, penteavam-se com uma parte do cabelo caída sobre metade do rosto (em Cuba chamavam isso de "*bistec*"), cobriam os braços com mangas listradas, calçavam-se com tênis da marca

Converse, maquiavam-se com cosméticos escuros e usavam *piercings* em diversas partes de sua anatomia. Mas o que me comoveu até a medula foi saber, por uma militante emo filha de velhos amigos, que os emos cubanos comungavam com os de outras latitudes não só por fora, mas também em sua filosofia, que entre outros tinha dois axiomas surpreendentes: o estado mental perfeito do emo é a depressão, e uma das formas de expressar sua rejeição ao corpo, ao perecível, é infligir-lhe dor, muitas vezes por meio de cortes na pele. Masoquismo mental e físico praticado por um cubano! Aquela informação me advertiu, com um grito, de que algo ia mal, muito mal no Reino da Dinamarca, e que minha capacidade de entender o país em que vivera todos os mais de cinquenta anos de minha vida era cada vez menor, pois estava se transformando velozmente num território do qual eu não tinha mapas atualizados. E o alarmante é que aquela era *a realidade*.

E daquela *realidade*, com a qual eu convivia e que podia observar – pelo menos em algumas de suas manifestações –, simplesmente aparecendo num outrora aristocrático passeio havanês, surgiu uma ideia que de outro modo minha limitada imaginação talvez não tivesse concebido com as mesmas força e clareza: os jovens militantes das tribos urbanas, inclusive os emos, eram a amostra mais evidente da rejeição ao que a sociedade pretendia exigir deles e um ato de assumir, às vezes ao limite, as opções da prática de uma liberdade individual, entendendo até os riscos que tal escolha implicava. Sobre essa *realidade*, pus em funcionamento, então, os mecanismos sintetizadores da imaginação romanesca.

Como outras vezes ao longo de minha carreira literária, decidi entregar a construção dessa ficção à psicologia e ao caráter de um personagem que me tem acompanhado por mais de vinte anos e outros sete romances na tentativa de refletir a partir da ficção os avatares da realidade cubana: foi assim que convoquei para enfrentar o desafio Mario Conde, meu policial aposentado, já transformado, pelas peculiaridades da *realidade* cubana, em comprador e vendedor de livros de segunda mão. E aí começou o processo de transformar uma realidade histórica (embora contemporânea) em romance... Quer dizer, a história fictícia, mas possível, de uma jovem cubana, emo por escolha e convicção, teórica da liberdade e degustadora da depressão procurada, que desapareceu sem deixar o menor rastro de seu paradeiro físico, mas uma montanha de pegadas psicológicas, filosóficas, culturais, éticas, que no romance a transformam no que chamei de emo-delo.

Essa personagem própria da Havana destes tempos, em cuja busca o personagem de Conde se vê comprometido, em princípio sem muito desejo de fazê-lo, serve-me, então, para trazer à realidade e ao presente de Cuba, com uma perspectiva muito mais universal, o tema que percorreu todo o romance de cuja gestação e escrita estou falando há tantas páginas: a busca da liberdade do indivíduo. Se em outros momentos da história, transformados em partes do argumento do romance, recorro a dois personagens judeus, embora de culturas e épocas distintas, com desafios e atitudes diferentes em sua opção de escolher um livre exercício de seu arbítrio pessoal, é porque a própria filosofia judaica me revelou sua capacidade favorável para realizar a partir dela essa busca empreendida por dois indivíduos. Enquanto isso, a escolha da emo cubana perdida me oferecia a mesma possibilidade conceitual num contexto histórico e filosófico muito diferente, mas que, no aspecto específico da relação entre o indivíduo e sua prática da liberdade, podia ser tão repressivo e ortodoxo quanto leis estabelecidas em tempos quase pré-históricos.

E essa é a substância filosófica e histórica de *Hereges*, romance que eu jamais poderia ter concebido sem o apoio de realidades tão vivazes e concretas. Tão viscerais e próximas.

E para que escrevi *Hereges*?

Creio que, nesta altura, a resposta é evidente – e está relacionada a algo essencial da natureza humana, que é observado em duas de suas manifestações antagônicas e mais dramáticas: o eterno desejo do homem de exercer livremente sua vontade de levar a vida de acordo com suas necessidades e suas expectativas e a não menos eterna presença de forças sociais (políticas, religiosas, econômicas, socioculturais) que derrubam com paixão e quase com júbilo os homens que se propõem o exercício dessa liberdade. Mas escrevi *Hereges*, sobretudo, para ver como, em lugares e tempos históricos que mais se ufanam de conceder liberdades aos cidadãos, o exercício desse livre arbítrio, nos mais diversos âmbitos do comportamento individual, sempre implica riscos e em geral merece castigos. Porque a liberdade é algo muito sério, definitivamente fundamental para o homem e a sociedade em que ele vive.

Como diz Vassili Grossman em seu imenso e impactante romance *Vida e destino*:

> ... *o instinto de liberdade do homem é invencível.* Fora reprimido, mas existia. O homem condenado à escravidão torna-se escravo por necessidade, *não por natureza.* [...] A aspiração do homem à liberdade é invencível; pode ser esmagada, mas não aniquilada. O totalitarismo não pode renunciar à violência.

Se o fizesse, pereceria. A eterna, ininterrupta violência, direta ou mascarada, é a base do totalitarismo. *O homem não renuncia à liberdade por vontade própria.* Nesta conclusão, acha-se a luz de nossos tempos, a luz do futuro.[7]

Grossman, mais que muitos outros romancistas, escreve *Vida e destino* só para testemunhar uma barbárie quase insuperável ocorrida no âmago do século XX, embora também para nos deixar essa última luz de esperança na "aspiração do homem à liberdade" como "resposta ao destino da humanidade". No entanto, apesar de suas enormes pretensões, não o faz em termos filosóficos, como talvez o trecho citado leve a pensar, mas em duríssimas tentativas de penetração nas almas individuais que permitiram, transmitiram, sofreram ou morreram pelas ondas de selvageria e messianismo dessa barbárie (que teve como desfecho a Segunda Guerra Mundial, os campos de extermínio nazistas e os *gulags* stalinistas), a mais típica e aterradora do século passado, que se tentou refletir, ou melhor, englobar, num romance.

Os grandes romances sempre conseguem um efeito similar: comover-nos aproximando-nos de uma compreensão nova ou melhor da vida e da natureza humana. Não sei, nem me cabe decidir, se *Hereges* é um grande romance. O que posso dizer é que, ao escrevê-lo, fui sempre acompanhado por uma *grande* ambição e uma *grande* ideia e que, partindo das realidades históricas e vividas nas quais vasculhei até o fundo do abismo humano (leiam se quiserem o testemunho de Hannover sobre as matanças de judeus na Polônia de 1650, texto do qual me apodero em meu romance), tentei construir personagens literários, reais ou fictícios, por meio de cujas aspirações, vivências, histórias e frustrações, com dramatização de seus atos e decisões considerados hereges, puderam tornar patentes e próximas minha ambição literária e minha ideia filosófica ou humanista em torno da necessidade e, mais ainda, do direito de livre escolha que o homem tem na sociedade... Se não é um *grande* romance, mas consegui esse propósito e fui capaz de transmiti-lo aos leitores, me dou, pois, por satisfeito e dou por muito bem empregados os quase quatro anos de minha vida em que, por necessidade espiritual e vontade livremente escolhida, decidi conviver com Rembrandt, Elías Ambrosius, Daniel Kaminsky, a emo cubana Judy Torres e meu amigo Mario Conde, escrevendo sobre suas pobres e tão humanas heresias.

Mantilla, junho de 2013

---

[7] Vassili Grossman, *Vida y destino* (Barcelona, Galaxia Gutenberg, 2007), p. 264 [ed. bras.: *Vida e destino*, trad. Irineu Franco Perpetuo, Rio de Janeiro, Alfaguara, 2014]. O grifo é de Leonardo Padura.

O romance da sua vida
José María Heredia ou a escolha da pátria

... el primero que [...] hizo resonar la lira cubana
con acentos delicados y nobles.*
Domingo del Monte

El primer poeta de América es Heredia. Sólo el ha puesto en
sus versos la sublimidad, pompa y fuego de su naturaleza.
Él es volcánico como sus entrañas y sereno como sus alturas.**
José Martí

Em 15 de junho de 1824, sentado à beira da imponente catarata estadunidense, o desterrado José María Heredia escreve sua prodigiosa ode ao "Niágara". Tem então apenas dezenove anos e já vivera tanto e escrevera poemas tão impressionantes de temática filosófica, amorosa, civil e patriótica que o reflexo daquele homem que se projeta para nós do Niágara até a imortalidade tende a nos parecer o de um ser que exauriu todos os caminhos da vida.

Dois dias depois, em 17 de junho, e ainda sob a poderosa emoção vivida diante de um dos maiores prodígios da natureza americana, Heredia descobre a verdadeira essência de seu destino e escreve a seu tio Ignacio, instalado em Matanzas, na saudosa e distante ilha de Cuba, de onde precisou escapar por atividades independentistas, uma missiva reveladora em que, com seu espírito romântico desenfreado, comenta:

> Não sei que analogia tem aquele espetáculo solitário e agreste com meus sentimentos. Parecia-me ver naquela torrente a imagem de minhas paixões e da borrasca de minha vida. Assim, assim como as corredeiras do Niágara, ferve meu coração no encalço da perfeição ideal que em vão busco sobre a terra.

---

* ... o primeiro que [...] fez soar a lira cubana com tonalidades delicadas e nobres. (N. T.)
** O primeiro poeta da América é Heredia. Só ele pôs em seus versos a sublimidade, pompa e fogo de sua natureza. Ele é vulcânico como suas entranhas e sereno como suas alturas. (N. T.)

Se minhas ideias, conforme começo a temer, não são mais do que quimeras brilhantes, filhas do calor de minha alma boa e sensível, por que não consigo despertar do meu sonho? Ó, quando terminará o romance da minha vida para que comece sua realidade?

Justamente nessa inquietante sensação de um homem que, mal terminada a adolescência, descobre a fatal certeza de estar vivendo como em um romance no qual é apenas um personagem movido pelos anseios de um veleidoso demiurgo, encontram-se a origem e o motor dessa aproximação da mais enigmática e essencial contribuição de Heredia para a cultura e a própria definição da incipiente nação cubana: seu senso de pertencimento. Porque, lida aquela dramática e agônica frase do poeta – cuja existência pessoal, na realidade, foi um verdadeiro romance, romântica demais e até demasiado melodramática –, desatou-se a obsessão em que vivi durante três anos: escrever o romance da vida de Heredia[1], no qual, como componente dramático principal, tive de explicar – ou melhor, tentei explicar, como se a empreitada fosse possível – por que José María Heredia decidiu que devia ser cubano... Que não era outra coisa se não cubano.

Por mais que eu pense, não deixa de me surpreender o fato de que o primeiro grande momento da poesia cubana, o instante refulgente em que se cristalizam e se projetam para a posteridade vislumbres, sensações, assuntos, paisagens, sentimentos e palavras até então apenas pressentidos – o termo *pátria*, redefinido e carregado de novo sentido na poesia de Heredia –, venha acompanhado de um dos enigmas culturais, políticos e humanos mais assombrosos que qualquer pesquisador da cultura possa encontrar. Porque, se não há dúvida de que o primeiro poeta – ou, com mais propriedade, o primeiro grande poeta do amplo e populoso parnaso cubano – é José María Heredia, não deixa de nos intrigar o fato de que um homem que só viveu trinta e cinco anos tenha decidido, com tão conhecida veemência, ser o primeiro poeta de um país que então nem sequer existia e no qual ele apenas viveu um pouco mais de seis anos, metade deles na primeira infância.

Como se sabe, José María Heredia y Heredia, filho do funcionário colonial José Francisco Heredia Mieses e de sua prima María de la Merced Heredia y Campuzano, ambos de origem dominicana, nasceu em Cuba, em 31 de dezembro de 1803, e morreu na Cidade do México, em 7 de maio de 1839. Mas é

---

[1] Leonardo Padura, *La novela de mi vida* (Barcelona, Tusquets, 2002) [ed. bras.: *O romance da minha vida*, trad. Monica Stahel, São Paulo, Boitempo, 2019].

importante lembrar que seus trinta e cinco anos de vida, alguns meses a mais ou a menos, ele gastou da seguinte maneira: um pouco mais de seis anos em Cuba – três deles na primeira infância, conforme já disse –, cinco e meio na Venezuela, dois em São Domingos, um pouco mais de quatro anos no atual território dos Estados Unidos e uns dezesseis anos no México, onde viveu um longo período de seu desterro, participando ativamente da vida política, social e literária de um país em que foi considerado por muitos como mexicano. Por que – creio que vale a pena perguntar-se novamente – Heredia decidiu ser cubano, sentiu-se cubano, viveu toda a vida adulta como cubano, se também poderia ter sido venezuelano, dominicano e, com mais razão, mexicano...?

O próprio fato de ter nascido em Santiago de Cuba é, em si, fortuito: a única razão para que seus pais tenham chegado a essa cidade da ilha foi a presença circunstancial naquele lugar do capitão Francisco Heredia Pimentel, avô paterno do poeta, destacado na pequena guarnição daquela praça. Provenientes da Venezuela, onde se casaram, seus pais vêm a Cuba por uma temporada, à espera de um destino definitivo para o funcionário José Francisco, que dois anos depois seria enviado para trabalhar na cidade nada agradável de Pensacola, parte da já moribunda colônia espanhola da Flórida.

Com apenas duas breves permanências em Havana, uma em 1806, a caminho de Pensacola, e outra em 1808, em viagem para a Venezuela – novo destino de seu pai –, José María Heredia só voltou à ilha em 1817, às vésperas de completar catorze anos, para viver em sua terra natal pelos dezesseis meses seguintes. Sua educação se fizera até então praticamente no lar, ao passo que seu pendor poético começou a se manifestar entre os anos 1812 e 1817, quando viveu na Venezuela, em meio à agitada fase da luta independentista que obrigou a família a frequentes deslocamentos dentro daquele país.

O adolescente que nos dias finais de 1817 chega a Cuba e se matricula no curso de direito de sua universidade ainda muito escolástica é, então, um homem nascido em Cuba, que recebeu do pai o sentimento de ser um *espanhol de ultramar* – distinção que já é importante e que, em seu caso, logo passará a ser essencial –, que se educou lendo os clássicos latinos e os poetas franceses e que, pelas vicissitudes em que se viu lançado em sua curta vida, não pertence cultural nem sentimentalmente a lugar nenhum. No entanto, uma operação extraordinária e radical ocorre em seu caráter no ano e meio vivido entre Havana e Matanzas, pois o jovem que em abril de 1819 volta a embarcar com a família, agora rumo ao México – a última incumbência colonial que o pai cumpriria –, já leva consigo a surpreendente e quase inesperada sensação de pertencimento à terra cubana. Que acontecimentos foram vividos na ilha naquele curto período e que importância que tiveram para que o jovem até então sem pátria definida começasse a se transformar em algo tão etéreo e difícil de sustentar como "ser um cubano", num momento em que mal existia uma noção de país chamado "Cuba"? Porque, embora nele ainda palpite a ideia adquirida de ser um espanhol de ultramar ou um "espanhol americano", como em geral eram chamados na época, o jovem de quinze anos que volta a cruzar o Caribe rumo a sua primeira permanência mexicana já carrega a consciência nascente e obstinada de que seu enraizamento espiritual cabe ao breve território da ilha em que nasceu.

Na verdade, os meses que o jovem poeta vivera em Cuba foram um período de intensas mudanças numa colônia em que, nos vinte anos anteriores, começara a gestação de um verdadeiro milagre econômico – a transformação definitiva do que Manuel Moreno Fraginals chama de "colônia de serviços" em uma "colônia de produção", graças à "revolução plantadora cubana"[2] – que trouxe associadas importantes mudanças sociais, entre as quais devemos mencionar, como a mais significativa, o surgimento de um tímido, mas evidente, fermento nacionalista graças ao qual, pela primeira vez, já se abre uma visível distância de interesses entre os que começam a ser chamados "crioulos" e os peninsulares, com a consequente consciência dessa distinção.

Nesse período, Heredia testemunha um acontecimento de primeira ordem quando, em 10 de fevereiro de 1818, é decretada a abertura de todos os portos da ilha ao comércio internacional e é proclamado o fim do polêmico monopólio real do tabaco* – que limitava a produção e a exportação cubanas –, medidas monárquicas que só vêm referendar uma realidade estabelecida na prática, mas que advertem para o peso que as fortunas e os interesses cubanos adquiriram nas decisões metropolitanas. Ao mesmo tempo, a sensibilidade do jovem choca-se abertamente contra o fenômeno da escravidão, que no século XIX entrou em seu período mais infame, porém se nega a desaparecer e até aumenta e floresce como negócio, enquanto se inicia a contagem regressiva para o fim legal do tráfico de negros pactuado com a Inglaterra graças ao tratado de 1817. Por esse motivo, naqueles anos os negreiros espanhóis e os fazendeiros cubanos empreendem uma corrida desesperada para encher barracões e plantações que lhes garantiriam riquezas

---

[2] Manuel Moreno Fraginals, *Cuba/España, España/Cuba: Historia común* (Barcelona, Editorial Crítica, Grijalbo/Mondadori, 1995) [ed. bras.: *Cuba Espanha Cuba, uma historia comum*, trad. Ilka Stern Cohen, São Paulo, Edusc, 2005].

* Conhecido como "estanco del tabaco". (N. T.)

e bem-estar, a tal ponto que só entre 1816 e 1820 trazem para Cuba 111.041 negros africanos, ou seja, quase uma quinta parte do que era, então, a população total do país, que, segundo censo da época, contava com 553.028 habitantes, dos quais só 43% eram brancos... Ainda sem saber, os ricos cubanos estavam levantando os muros da prisão deles mesmos e do futuro político do país: a escravidão.

Algumas das experiências formadoras que o jovem poeta carrega consigo, depois dessa breve temporada cubana, estão relacionadas ao início de seus estudos de direito na Universidade de Havana, com seu despertar para um amor romântico e platônico – personificado na jovem de apenas doze anos, Isabel Rueda y Ponce de León, a "Lesbia" ou "Belisa" de seus poemas românticos – e, sobretudo, com sua rápida integração num grupo de jovens aficionados da poesia e da literatura, entre os quais se destacam Domingo del Monte, Silvestre Alfonso, José Antonio Cintra, Cayetano San Feliú e Anacleto Mermúdez, entre outros.

Movido por esse pertencimento a um clã que provavelmente já se acreditava predestinado, Heredia compõe naqueles meses suas duas primeiras peças dramáticas, *Eduardo IV o el usurpador clemente* – obra em prosa e em um ato que chega até a ser representada em Matanzas por uma companhia de amadores, na qual o próprio Heredia atua – e seu magnífico sainete *El campesino espantado*, que ele escreve já em 1819 e no qual capta uma imagem típica do campo cubano. Sua melhor safra, porém, como era de esperar, se produz no terreno da poesia e, antes de ir para o México, monta com seus manuscritos uma "Colección de composiciones de José María Heredia, Cuaderno segundo", na qual reúne seus versos venezuelanos e cubanos – muitos deles não incluídos depois nas edições de suas *Poesías* de 1825 e 1832 –, ao passo que no "Cuaderno primero" reúne suas numerosas traduções juvenis, de originais franceses e latinos, como o próprio Horácio.

De todo modo, é enigmático que o jovem Heredia comece a se sentir em seu ambiente verdadeiro e insubstituível ao viver numa das poucas colônias espanholas em que, significativamente, não existem vislumbres do independentismo que percorre toda a América – a Venezuela de onde ele vem, o México para onde vai – e na qual, pela existência profusa de negros escravos desenraizados de sua terra de origem, falando línguas diversas, ainda não se forjou um espírito nacional integrador, capaz de funcionar como conjunto humano harmônico, ou pelo menos como maioria coesa e atuante, capaz de se engajar na busca de uma mudança política.

Na Cuba daquele tempo, as forças sociais e políticas aglutinadoras e as dissociadoras atravessam um momento no qual ainda parece distante uma possível concretização nacional. Segundo Moreno Fraginals, os diferentes grupos humanos estavam unidos pela proximidade, pelas condições comuns preexistentes, pela mestiçagem, pela força de coesão do meio e pelo inevitável contato social; e separados por diferenças culturais, de origem, cor de pele, níveis econômicos e condição social de livre e escravo.[3]

Fica evidente, só de ler a lista dos diversos elementos socioculturais e econômicos vigentes no contexto cubano da época, que as forças dissociadoras são muito mais radicais e poderosas, definitivamente mais pesadas e essenciais, que as forças aglutinadoras tão relativas apontadas pelo historiador, que de imediato argumenta:

> Não existe fórmula para expressar o que havia de comum naqueles grupos diferenciados, mas também não é possível enfatizar só as diferenças. Todos povoavam o reduzido espaço geográfico cubano e mantinham a inevitável relação livre/escravo, branco/negro, cultura europeia/cultura africana, campo/cidade, rico/pobre, peninsular/crioulo etc. Talvez a diferença máxima pudesse ser encontrada entre o topo da sociedade branca dominante e o abismo da sociedade negra escrava da fazenda. Naturalmente, se analisarmos apenas esses extremos, omitiremos a riquíssima gama intermediária em que é gestada a nova sociedade que o tempo vai impregnando de certa cor cubana.[4]

Num ponto impreciso – mas povoado de premonições e vislumbres esclarecedores – dessa "riquíssima gama intermediária", parece ter encontrado seu espaço o jovem que sai de Cuba para o México, onde nessa ocasião viverá apenas um ano e meio. Porque o Heredia daquele momento já é, aos quinze anos, um homem de surpreendente precocidade e maturidade literária, como fica demonstrado pela escrita, naqueles dois meses, de duas de suas composições poéticas mais importantes: "Al Popocatepetl" e, principalmente, "En el teocalli de Cholula", que chegou inclusive a ser considerada sua criação mais perfeita e profunda e o primeiro grande poema do romantismo poético ibero-americano.

Ao seguir a evolução poética e cultural de Heredia, em função de sua apropriação da pátria, encontramos um texto, localizado justamente no momento anterior ou imediatamente posterior a sua chegada ao México, que já anuncia as futuras noções do poeta. Escrito em 1819 e publicado pela primeira vez na

---

[3] Manuel Moreno Fraginals, *Cuba/España, España/Cuba*, cit., p. 170.
[4] Ibidem, p. 170-1.

edição de suas *Poesías* de 1832, "A Elpino" poderia ser mais um de seus poemas de temática amorosa tão abundantes nesse período, talvez paralelo a um anterior intitulado "A Julia" – não incluído em suas obras editadas –, pois seu assunto tem a ver com os amores que, pelas vicissitudes da vida, ficam para trás quando o bardo – com seu inflamado espírito romântico – parte para outras terras. No entanto, enquanto "A Julia" é apenas um adeus ao amor platônico que permanece em Caracas quando Heredia viaja para Cuba, "A Elpino" é uma despedida do amor que fica "na pátria", através de um canto ao amigo que volta a ela…

> Tu, no entanto, partes, e à doce pátria
> Tornas… Dado me fosse
> Tuas pisadas seguir [...]
> Ó! Como palpitante saudaria
> As doces costas da pátria minha,
> Ao ver pintada sua distante sombra,
> No tranquilo mar do meio-dia!*

Embora a pátria aqui evocada esteja desprovida de toda a carga política, própria do século XIX, que Heredia lhe conferirá nos anos seguintes, o fato de o poeta identificar pela primeira vez Cuba com "a pátria" – e, além disso, chamá-la de "doce pátria" e vê-la através do mar, limite invencível – é, neste caso, um sinal importante demais para não ser levado em conta. "A pátria" cantada por Heredia em 1819, delimitada por "doces costas" e o "tranquilo mar", é, no mínimo, um espaço geográfico preciso, emoldurado pelo oceano que lhe outorga uma entidade física diferenciada e própria – degrau indispensável na escalada para uma singularidade nacional –, um caráter insular – nossa insularidade – ao qual voltarão repetidamente os escritores cubanos do século XIX e de todo o século XX.

Já radicado no México – por um período que poderia ser extenso ou definitivo –, há um acontecimento de ordem familiar e dois acontecimentos políticos de primordial importância que, sem sombra de dúvida, funcionarão como catalisadores do pensamento ético, civil e humano de Heredia.

O primeiro é a morte de seu pai, o funcionário José Francisco Heredia, em outubro de 1820, fato que dá mais uma volta no parafuso da inescrutável e ao mesmo tempo predestinada fortuna que reconduziria Heredia a seu caminho

---

* *Tú, empero, partes, y a la dulce patria/ Tornas…! Dado me fuera,/ Tus pisadas seguir! [...]/ Oh! Cómo palpitante saludara/ las dulces costas de la patria mía,/ Al ver pintada su distante sombra,/ En el tranquilo mar del mediodía!* (N. E.)

rumo à *cubanía* pressentida. A morte do pai coloca a família numa situação econômica difícil, que tem sua primeira repercussão importante na decisão de María de la Merced de voltar com os filhos para Cuba, onde viverão sob a proteção de Ignacio Heredia, jovem advogado radicado na então provinciana, mas já pujante, cidade de Matanzas.

Ao morrer, depois de longuíssimos anos a serviço da metrópole, José Francisco deixa a família praticamente na miséria, e sua viúva precisa inclusive recorrer à ajuda de alguns mexicanos para oferecer um funeral decente ao probo funcionário. A injustiça dessa situação calou profundamente na consciência do jovem Heredia, que sente na própria carne a ingratidão da Coroa espanhola para com seus mais fiéis servidores no longínquo mundo americano, tal como expressa na biografia do pai que ele então escreve e publica no *Semanario Político y Literário*, no México.

Ao mesmo tempo, Heredia vive no velho vice-reinado a experiência da já irrefreável vocação separatista que assimilou dos mexicanos depois da primeira tentativa revolucionária de Hidalgo e Morelos e que provocou notável mudança na mentalidade dos intelectuais e dos homens públicos do país, que em sua maioria sentem-se cada vez mais próximos da opção separatista. No entanto, para acentuar o ambiente de mudanças, também chegam ao México de 1820 os ecos da sublevação de Riego e seus soldados e a consequente reinstauração de um regime constitucional, inclusive jurado por Fernando VII sobre a Constituição liberal e revolucionária de 1812, tão próxima do espírito político do iluminismo e do racionalismo francês, de clara raiz individualista, zelosa dos direitos do homem e que, pelo menos em seu texto, equipara em direitos os espanhóis nascidos em ambas as margens do Atlântico.

De imediato, essa soma de acontecimentos e experiências, de decepções e aprendizados, teria um reflexo na lírica herediana. Assim, em seu ciclo poético em geral reunido como "Poesías cívicas y revolucionarias", é fácil notar a vertiginosa evolução sofrida pelo escritor entre 1820 e 1823 no que se refere à definição da pátria – e já num sentido estritamente político do termo – e, ao mesmo tempo, o surgimento de certas atitudes e ideias sociais e filosóficas que o acompanharão até seus dias finais, marcados pela decepção política e pela renúncia a alguns de seus ideais.

São daquele ano 1820, vivido no México, vários textos de caráter cívico especialmente reveladores: poemas como "1820", "España libre", "Himno poético al restablecimiento de la Constitución" e "El Dos de Mayo" mostram um Heredia que, apesar de "A Elpino", ainda se assume como espanhol – mesmo que o seja "de ultramar" – e que, portanto, sempre se refere à Espanha como a pátria

("*Oh, patria mía!, Gloria eterna a mi patria!*", ele clama em "España libre!"), significativamente entusiasmado pela nova liberdade de que esta desfruta a partir do estabelecimento de um sistema constitucional. Uma presença constante, visível e confirmada em cada um desses poemas é seu regozijo pela liberdade civil e individual acarretada pela nova fase política, assim como sua oposição aberta à tirania, em qualquer de suas formas, assunto que já aparecera – exposto de maneira magistral – em "En el teocalli de Cholula". Entretanto, a falta de perspectiva histórica sobre o significado daquele momento, que Heredia saúda à medida que vão se produzindo os acontecimentos, leva-o a exaltar até mesmo a figura de Fernando VII – algo que naqueles anos também fará Félix Varela, embora por outros motivos –, pois assume que o monarca espanhol tornou-se defensor do direito cidadão e nacional encarnado pela Constituição progressista que deveria acabar com o absolutismo monárquico e abrir caminho para um sistema mais democrático. Assim, os ecos dos grandes princípios da filosofia e da práxis revolucionária francesa e da fé constitucionalista – típica do século XIX, tão herediana – já são nitidamente percebidos no pensamento do jovem de apenas dezessete anos que abraça sem reservas a causa da liberdade, a oposição a qualquer forma de tirania, a defesa da lei constitucional – chama-a de "el Libro sagrado" em "Himno patriótico" – como bem comum para os cidadãos da pátria à qual ainda se sente ligado. Enfim, as noções de liberdade social e individual que o poeta traz consigo desde seus primeiros vislumbres literários – e que o fizeram reagir contra a escravidão humana, tão evidente em Cuba – encontram um corpo legal em que se fundamentar e que Heredia erguerá entusiasmado como o melhor estandarte.

Desse modo, o José María Heredia que volta a Cuba em fevereiro de 1821 parece um homem decidido a encontrar a si mesmo, já livre da cerrada tutela ideológica do pai, contente por submergir num ambiente que o fortalece e com o qual se comunica.

Duas das preocupações sociais e políticas que o obsessionam a partir de então – e que influíram muito na consolidação de seu sentimento de *cubanía* – encontrarão seu canal definitivo durante o regresso à ilha: a primeira é sua já declarada repulsa ao sistema escravagista e ao próprio fato da escravidão humana, que constituem o sustentáculo socioeconômico da sociedade cubana e o grilhão que amarra todas as suas decisões políticas. Agora, de maneira consciente e organizada, o jovem pronuncia-se contra a escravidão – já o fizera num poema inicial (1817) intitulado "Canción hecha con motivo de la abolición del comercio de negros" – naquela que foi sua tese para obter o grau de bacharel em direito na

Universidade de Havana, sobre a falta de direitos dos escravos na Roma antiga, mas sem dúvida carregada de intenções e leituras contemporâneas. Sua segunda grande preocupação, muito mais essencial e importante, encontra-se em sua admiração cada vez mais clara pelo sistema constitucional que, no caso específico de Cuba – onde continuam não aparecendo indícios de separatismo –, ele espera que traga uma necessária democratização e francas vantagens cidadãs, até mesmo talvez a própria abolição da escravidão e, por conseguinte, a incorporação do negro a uma sociedade da qual também seria cidadão.

Em cartas, poemas e atitudes dessa época, é fácil constatar que o Heredia de 1821 já é, se não um americano, ou talvez nem sequer um cubano, pelo menos um indivíduo "não peninsular", quase "não espanhol", engajado numa dramática busca de pertencimento a uma cultura, um território, uma sensação de país sobre a qual se erguer. Há algo de destino insondável no fato de na terra cubana, onde viveria agora o ano e dez meses mais importantes de sua vida, Heredia perfilar todas essas necessidades e intuições para se tornar, já de forma definitiva, algo que hoje podemos considerar "um cubano", mas incrementado com as magníficas agravantes de ser o primeiro grande poeta cubano, o primeiro grande desterrado cubano e o primeiro dos nascidos nessa ilha condenado a morrer no exílio, sem nunca ter encontrado uma cura para essa densa nostalgia da pátria que também ele, exatamente ele, inaugura entre nós... Essas condições pessoais e essas constantes que me levaram a escrever o romance da sua vida: *O romance da minha vida*.

O encontro com a pátria

Entre 1811 e 1823 – pouco antes da chegada do jovem Heredia a Cuba e quase no instante de sua saída definitiva da ilha –, a cautelosa cristalização dos interesses e a singularidade social e econômica cubana conseguem uma importante definição por meio de dois documentos públicos nos quais, pela primeira vez em meio a uma persistente circunstância colonial cujo fundamento não é questionado, brota a consciência de uma cubanidade em ascensão com respeito à açambarcadora metrópole espanhola. É significativo, sem dúvida, que o amadurecimento intelectual e político do primeiro poeta cubano ocorra nesse período e que, nesse momento, ainda mais, seja forjada sua filiação definitiva a uma pátria nova por cuja independência chega a ser submetido a um desterro irrevogável.

No ano 1811, um dos primeiros pensadores cubanos, padre José Agustín Caballero, por solicitação do Real Consulado de Agricultura y Comercio de Havana, redigira para discussão nas cortes um projeto visando à criação de um chamado Consejo Provisional de la Isla de Cuba, cuja função seria colaborar com o governador espanhol na deliberação dos assuntos sociais, políticos e da administração publica próprios da colônia. Esse documento, que nunca chegou a ser discutido em Madri, pretendia

> alterar em nossa antiga Constituição o necessário para que os delegados da autoridade não pudessem abusar de seu poder e dos povos; e substituir o miserável sistema que desde a conquista sacrificou os grandes e naturais recursos amplos domínios pelo interesse privado do grêmio.

Segundo registra Chacón y Calvo, que vê no projeto "um sentido profundamente liberal"[5], dever-se-ia acrescentar a existência significativa de uma mudança de perspectiva histórica quando se encontra um "culpado" pelos males sofridos pelo território, em virtude de um sistema de governo obsoleto e inapropriado.

Esse primeiro vislumbre da necessidade de reconhecer uma singularidade cubana, pelo menos nos atos do governo, tem importância fundamental no processo de formação de uma incipiente consciência nacional, pois na realidade encarna algo mais profundo que a expressão de uma rivalidade econômica visível recém-manifestada entre a burguesia produtora crioula (elite pensante) e os comerciantes peninsulares, rivalidade que já adquire claros contornos políticos no primeiro período constitucional de 1810-1814, quando, sob o disfarce de absolutistas – os crioulos – e constitucionalistas – os peninsulares –, esses dois importantes setores econômicos desencadeiam um primeiro enfrentamento histórico, no qual a origem "nacional" já pesa como fator decisivo e diferenciador.

A discreta petição do padre Caballero tem continuidade previsível no período constitucional seguinte, quando, em 4 de março de 1823, o padre Félix Varela, na qualidade de deputado cubano, apresenta às novas cortes um "projeto de instrução para o governo econômico político das províncias de ultramar" – poucas restavam –, cuja redação final aparece datada de 16 de fevereiro desse ano e assinada por outros seis deputados para essa instância de governo. O documento, conhecido como *proyecto autonomista*, adianta em vários sentidos o do padre Caballero, pois já parte do reconhecimento das notáveis diferenças quanto a clima, população, economia, relações, costumes e ideias entre a metrópole e suas velhas possessões de ultramar. Nesse sentido, Varela afirma, no preâmbulo do projeto:

---

[5] Citado por Medardo Vitier, *Las ideas y la filosofía en Cuba* (Havana, Editorial Ciencias Sociales, 1970), p. 74-5.

É inegável que a natureza, separando em tão alto grau os dois hemisférios, torna muito desvantajosa a sorte daqueles habitantes e *apresenta obstáculos a sua união política*, que só pode ser suscitada *confiando aos que têm sua felicidade identificada com a daquele solo, seja por natureza, seja por adoção*, a vigilância sobre o cumprimento das leis.[6]

No documento, Varela reconhece, assim, a existência de "outro" tipo de espanhol, que ainda não chama de americano, mas que se acha identificado com *aquele solo* – o americano – por nascimento ou por longa convivência com ele e reconhece, ao mesmo tempo, a dificuldade que existe para *a união política* entre a metrópole e suas antigas colônias.

Esse "estado de espírito", ainda balbuciante, mas que indica o caminho para a inevitável singularidade nacional cubana – e para a autoconsciência dessa singularidade –, somado ao concurso de novos acontecimentos históricos e pessoais, mais importantes que os vividos em sua estada anterior na ilha, agem diretamente no processo de aproximação de um pertencimento nacional definido que se apossa de José María Heredia.

Entre os anos 1821 e 1823, na ilha de Cuba respiram-se ares de liberdade e vive-se uma efervescência política, econômica, social e cultural nunca antes constatada. Enquanto na América continental desenrolam-se as últimas batalhas contra a coroa espanhola, esses são os anos em que, na colônia escravagista e fiel à metrópole, o padre Félix Varela acende as consciências da juventude a partir de sua cátedra de Constituição do Colegio y Seminario San Carlos y San Ambrosio, fornalha em que forjam suas ideias homens como José Antonio Sacco e Domingo del Monte, além do próprio Heredia – apesar de nunca ter sido aluno direto de Varela, embora em muitos sentidos fosse seu discípulo, inclusive no desterro norte-americano. Também é o momento da eleição mais encarniçada e esperançosa de deputados para as cortes espanholas, realizada em 1822, que se tornou o episódio mais notável da já declarada contenda entre crioulos e peninsulares – e não só entre *produtores* crioulos e *comerciantes* peninsulares –, que na época aparecem até divididos em dois partidos "políticos", de acordo com seus interesses econômicos: por um lado, crioulos ou *oreillistas*, capitaneados pelo conde cubano Pedro Pablo O'Reilly; por outro, peninsulares ou *piñeiristas*, liderados pelos sacerdote espanhol reacionário Tomás Gutiérrez de Piñérez. Essas eleições, que já acusavam a presença de interesses diversos entre os habitantes da ilha e a

---

[6] Ibidem, p. 78. O grifo é de Leonardo Padura.

expressão de uma maneira de sentir e de pensar diferenciada, resultaram numa importante vitória para os cubano ao serem eleitos seus três representantes: o próprio Varela, o havanês Leonardo Santos Suárez e o comerciante catalão Tomás Gener, homem próximo dos fazendeiros crioulos.

Como se não bastasse, também esse momento foi um breve período de candente liberdade de imprensa, que serve de plataforma para os mais diversos debates políticos e sociais na luta ferrenha entre absolutistas e constitucionalistas, favoráveis e contrários ao tráfico negreiro, crioulos e peninsulares, fazendeiros e comerciantes, e inclusive para a difusão de panfletos americanistas, apoiadores do diário independentista que chegava da América continental e que muito contribuiu para a criação de um espírito americanista (em oposição ao espírito hispânico) entre os jovens intelectuais de então... E é também uma das épocas de maior efervescência cultural do país, quando convivem, participam e publicam em jornais como *El Observador Habanero* ou *El Revisor Político y Literario* nomes como os já mencionados Varela, Del Monte, Saco, além de Felipe Poey, José de la Luz y Caballero, Anacleto Bermúdez, Francisco Javier de la Cruz, Cayetano San Feliú, Leonardo Santos Suárez, José Antonio Cintra, Nicolás Manuel Escovedo e o próprio Heredia, entre outros.

O jovem Heredia participa com toda a veemência desse clima de confronto e reafirmação, ao mesmo tempo que sedimenta seu pertencimento definitivo ao grupo da chamada "juventude ilustrada"[7], com o qual compartilha tertúlias, passeios, projetos literários, discussões políticas e, sem dúvida alguma, visitas a cantinas, bordéis e casas de jogo. Nesses anos, o poeta consegue editar o primeiro de seus periódicos literários, a enigmática *Biblioteca de Damas*, do qual publicou cinco edições e do qual hoje não se conserva sequer um exemplar. Colaborou com diversas publicações e trabalhou em vários escritórios de advocacia de Havana e de Matanzas fazendo o "estágio" necessário para se tornar advogado, título que acaba conseguindo em 1823. Na cidade de Matanzas apaixona-se pela jovem Dolores Junco, e ela passa a ser sua nova musa literária. E, também nessa cidade, ingressa na loja dos Cavaleiros Racionais, ramo de Matanzas dos Sóis e Raios de Bolívar, organização clandestina empenhada na luta independentista, criada sob influência de Simón Bolívar e dirigida pelo havanês José Francisco Lemus, oficial dos exércitos do Libertador.

Entre a ação política e a participação social, e a criação poética, mais individual, logo se estabelece uma ponte pela qual transitarão os ideais patrióticos

---

[7] Ver Urbano Martínez Carmenate, *Domingo del Monte y su tiempo* (Havana, Unión, 1997).

e (proto)nacionalistas de José María Heredia. No entanto, o fato de ser ele, exatamente ele – que pouco viveu em Cuba, entre outros fatores –, a abrir esse caminho na poesia cubana tem em sua origem outras condições socioeconômicas sem as quais é impossível entender sua radicalização peculiar e antecipada no desenrolar de um processo cultural e espiritual que ainda levará décadas para se manifestar plenamente.

Antes de tudo, o Heredia que se situa em contexto tão específico, contraditório e explosivo como a sociedade cubana de 1820 é um intelectual no mais puro sentido da palavra, e talvez o mais intelectual dos cubanos da época: porque, diferentemente de seus amigos e contemporâneos, escritores e pensadores – com exceção de José Antonio Saco e, em determinado período, Domingo del Monte –, Heredia e sua família mais próxima não são donos de escravos nem de terras, tampouco de negócios, o que o distingue no aspecto econômico com respeito ao mundo da inteligência branca da época, ligada por diversos laços ao açúcar, ao latifúndio, ao comércio negreiro ou aos negócios. Nesse deslocamento das raízes de sua categoria, deve-se buscar a possível origem de sua liberdade de pensamento e até de ação: porque, não tendo compromissos éticos nem muito menos econômicos com a sociedade cubana, ainda conservadora – econômica e politicamente falando –, pode fazer suas opções com mais independência e, por isso, apropria-se primeiro da pátria e, quase imediatamente, deseja-a livre, ao contrário da decisão oportunista das camadas altas da sociedade, que se aferram às vantagens que ainda obtêm da coroa e optam por não correr o risco de uma guerra civil que – enquanto houver escravidão – temem que possa transformar Cuba num novo Haiti.

O caso mais próximo ao de Heredia é o de Félix Varela, outro intelectual da época que, sem vínculos econômicos com o sistema social vigente, comunga primeiro com um reformismo concreto e profundo para depois, já no exílio, advogar pelo ideário independentista. Também deslocado de sua categoria, como Heredia, Varela pode ser considerado singular até dentro de seu grupo social, o clero, que se supunha a serviço da elite econômica e social, embora num país em que a Igreja nunca deteve o mesmo poder com que contava, por exemplo, no México, e que teve entre seus membros ilustres o padre José Augustín Caballero (Havana, 1762-1835) e o próprio bispo Espada y Landa (de origem basca), e essa postura do presbítero – pelo menos em sua fase reformista – contou com certo apoio daqueles de seu grupo social específico.

Embora concretamente não tenham ganhado muitos adeptos, o ideal independentista, a política antitráfico e mesmo o abolicionismo obtiveram as simpatias de parte notável da intelectualidade do momento. Os ecos concretos do que estava acontecendo em toda a América, somados ao espírito e à filosofia revolucionária e republicana chegada da Europa, logicamente atraíam o que havia de mais avançado do pensamento e da cultura da época, embora não se deva esquecer que

> ... era mais fácil ser antiescravista na Europa, onde não havia negros, e independentista na América continental, onde a escravidão não era essencial, que em Cuba. Na ilha tropical e açucareira, esse eticismo romântico estava entrando em crise diante do contato direto com milhares de realidades negras ameaçadoras, acumuladas pelo ódio e pela inferioridade social dos africanos e seus descendentes [...]; além disso, a consciência dos brancos abrigava o temor de que a morte da escravidão produzisse a derrocada da sociedade crioula em que eles prosperavam. Era "moderno", "europeu", ser antiescravista e independentista, mas isso não impedia de sentir terror diante de um possível conflito que derrubasse o modo de vida e valores e hierarquias existentes. Podia-se declarar em poemas e ensaios uma liberdade que se rechaçava como ação social.[8]

É por isso que no próprio reconhecimento da excepcionalidade social e econômica de dois intelectuais como Heredia e Varela, um fundador da poesia cubana e o outro da filosofia nacional, devem-se buscar as razões pelas quais o projeto de uma possível Cuba independente e sem escravos não chega a se solidificar naquele momento histórico, ao passo que no resto da América se estabelecem as novas repúblicas separadas da metrópole.

> A resposta [volta a argumentar Moreno Fraginals] aponta duas razões elementares. *Primeiro*, porque no momento da independência americana Cuba tem uma enorme população escrava, quase totalmente africana (os negros crioulos são minoria) e a experiência colonial (Saint Domingue) mostrara que uma guerra entre os patrões leva inevitavelmente a uma sublevação escrava e à ruína da riqueza que se baseia na escravidão. *Segundo*, porque sob o Antigo Regime a sacarocracia crioula era governo de fato e, portanto, carecia de razões para exercer a violência. E Cuba não só não se tornou independente, como colaborou muito amplamente na luta contra

---

[8] Manuel Moreno Fraginals, *Cuba/España, España/Cuba*, cit., p. 168.

os revolucionários americanos e, ainda mais, na organização de expedições de reconquista da América.[9]

O fato dramático é que a escravidão encarcerou as vontades e as decisões das classes com influência política na Cuba da década de 1820, e elas se viram obrigadas a sacrificar "a nação à plantação", pois,

> entre 1790 e 1820, emergira em Cuba uma produção açucareira e cafeeira cujo volume de exportações (em valor e peso) *era maior que o de qualquer outra atividade econômica da Espanha*. E esse desenvolvimento econômico não se originara num investimento de capital espanhol nem dependia do transporte marítimo espanhol ou da capacidade de reprocessamento e reexportação da Espanha. [...] Nessas condições, *Cuba não era uma colônia*.[10]

E a independência do país não estava entre as necessidades de suas classes pensantes e atuantes, que, embora já começassem a expressar certo nacionalismo e uma notável mudança de atitude com respeito ao tráfico de escravos, procuravam não misturar esse sentimento e essa atitude com a possibilidade de uma guerra independentista e limitavam-se a obter concessões do governo central, enquanto esperavam uma mudança de condições – distante no tempo – que lhes permitisse, em paralelo, mudar de posição política.

No entanto, tudo parece indicar que interesses e perspectivas da burguesia produtora crioula também se dividiram naquele momento, e para um grupo avançado, e de certo modo já nacionalista – embora minoritário – desse setor econômico, o fim legal do tráfico (1820) e as constantes flutuações da política espanhola começaram a evidenciar a necessária – em médio prazo – abolição de um sistema escravagista que o limitava politicamente e o limitaria economicamente.

Talvez a mais clara tomada de posição a esse respeito seja um projeto elaborado no mais estrito segredo para que fosse apresentado por Varela nas cortes, no qual já se propunha uma emancipação gradativa dos escravos e a imigração maciça de colonos brancos que ajudasse a inverter as proporções raciais no país. A existência desse documento mostra com bastante clareza que naqueles anos fora se produzindo um importante reconhecimento que redundaria, definitivamente, no nascente nacionalismo cubano: o do problema social, político e

---

[9] Ibidem, p. 159.
[10] Idem.

econômico que a escravidão encerrava e, adiante, o problema racial a que levaria a existência de uma abundante população negra na ilha. No fundo, mas com todo o peso, a compreensão de que a maquinaria e o operário eram a única opção possível de futuro.

Esse projeto abolicionista de Varela sem dúvida deve ter sido alentado por um setor da burguesia dos produtores crioulos, que, a partir do decreto que proibia legalmente o tráfico – que passou a vigorar em 1820 –, decidiu desde muito antes mudar de atitude com respeito ao sistema cujas características os amarravam às veleidosas decisões metropolitanas e lhes impedia qualquer mudança radical de sua política – conforme demonstrou o próprio fato de quase não existirem movimentos independentistas em Cuba, ao passo que todo o continente hispano-americano se libertava. Assim, a mesma burguesia que em 1812 defendia o tráfico e a escravidão nas cortes espanholas – Arango y Parreño foi o encarregado dessa missão –, já em 1827 vê-se forçada a redefinir sua posição e saudar, e até quase redigir, o protocolo destinado a impedir o tráfico. Dessa maneira, ao mesmo tempo que começa a se manifestar contrário ao tráfico, esse setor da burguesia crioula busca desesperadamente uma saída para o conflito econômico que se avizinha: o encarecimento da mão de obra da qual dependia para criar suas riquezas. Agora, utilizando um homem como Varela na função de novo porta-voz, o setor mais liberal e avançado dessa burguesia produtora – que, de maneira significativa e oportunista, apoia o manipulável Fernando VII e não os constitucionalistas – procura alternativa para o desafio que se avizinha. Por isso eles programam um desaparecimento gradativo da escravidão e clamam por medidas capazes de alentar a imigração branca para a ilha como meio de substituir a pouco eficiente – em termos de avanços tecnológicos – e encarecida mão de obra africana. Essa nova atitude da burguesia crioula chocava-se abertamente contra os interesses dos comerciantes peninsulares, que tinham se apropriado do negócio negreiro, cada vez mais lucrativo, o que a partir de então engendraria uma intensa rivalidade que chegaria a assumir claros matizes nacionalistas e dividiria mais ainda a própria classe dos crioulos ricos, conforme ficaria evidente ao longo de todo o século XIX.

Mesmo que seus interesses pessoais sejam alheios a alguns desses conflitos, Heredia participa desse ambiente de debate e opções políticas diversas. O aprofundamento de seus princípios democráticos, dos ideais libertários e contrários à tirania, assim como sua oposição a qualquer forma de escravidão e sua defesa dos direitos civis dos cidadãos, é percebido com coerência e premência cada vez maiores nos dois grandes poemas de temática civil publicados entre 1812 e 1822. Curiosamente, os dois são dedicados à luta pela liberdade e pela democracia, mas têm como objeto temático fatos ocorridos fora de Cuba e da Espanha: "A la insurrección de la Grecia en 1820" (publicado definitivamente como "A los griegos en 1821", na edição de 1832) e "Oda a los habitantes de Anáhuac" prefiguram definitivamente a poesia patriótica e revolucionária de Heredia e, ao mesmo tempo, firmam seu ideário político favorável à independência e contrário às tiranias. Não por acaso, de modo nenhum, esses textos foram escritos enquanto Heredia se aproxima e, por fim, abraça o projeto independentista cubano – do qual pode haver mais de uma leitura ou referência indireta e até direta nos versos dessas duas importantes obras que já anunciam sua definitiva maturidade política. Entretanto, vivendo na ilha e mantendo na clandestinidade sua filiação separatista, Heredia não pode expressar abertamente sua mudança radical de "origem" nacional, sua ruptura irreversível com a pátria ibérica que pouco antes ele cantava e nem sequer seu pertencimento à nova pátria cubana, que espiritualmente ele já sente desligada daquela, pela qual se dispõe a lutar e à qual dedicará, uma vez descoberta sua ligação com o independentismo, seus poemas de fundamento patriótico, iniciados com a escrita de "La estrella de Cuba", poucos dias antes de iniciar seu exílio político definitivo.

"A la insurrección de la Grecia en 1820" tem sua primeira edição na revista havanesa *El Revisor Político y Literario*, número 64, de 6 de agosto de 1823, exatamente nos dias em que, descoberta a conspiração de Sóis e Raios de Bolívar, ocorre a prisão de seus líderes, tanto em Havana como em Matanzas. No entanto, o poema, certamente escrito vários meses antes, contém a primeira menção clara e aberta de Heredia ao problema da independência de Cuba, quando na estrofe final, num exercício poético e político de premonição, ele vê unidas na história a insurreição e vitória dos gregos contra o Império Otomano e a independência de Cuba e escreve:

> Vivo no porvir: como um espectro,
> Do sepulcro à beira suspenso,
> Dirijo ao Céu meus derradeiros votos
> Pela alma Liberdade: olho minha pátria,
> A risonha Cuba, que a fronte
> Eleva para o mar de palmas coroada,
> Pelos mares da América estendendo
> Sua glória e seu poder: olho a Grécia

Lançar seus tiranos indignada
E à alma Liberdade servir de templo,
E o Orbe ouço que jubiloso aplaude
Vitória tal e tão glorioso exemplo.*

Talvez o mais importante, com relação à apropriação por Heredia de um novo espaço espiritual e cultural, seja a primeira menção que encontramos em sua poesia a Cuba assumida como "minha pátria", com todas as conotações políticas do caso – além do mais, uma pátria americana, com uma paisagem que a identifica e singulariza –, noção que três anos antes atribuíra algumas vezes à Espanha, pátria metropolitana e colonial herdada de seu pai.

É no mínimo surpreendente que justo na estrofe final do poema Heredia tenha introduzido alterações importantes em sua edição definitiva, coligida em suas *Poesías* publicadas em Toluca, em 1832. Nesse livro, em que acaba reunindo todas as suas obras de alento político e civil que não incluiu na edição nova-iorquina autocensurada de 1825 – pois mantinha a esperança de que circulasse em Cuba, caso excluísse os textos de temática patriótica –, o poeta introduz mudanças notáveis no original, das quais a mais significativa é, justamente, a supressão da menção a Cuba, "minha pátria", quando ele mesmo já é um conhecido independentista, condenado a desterro e morte, autor de versos de caráter político muito mais radicais. A única razão que vemos como possível para essa supressão tão sensível é de estrita ordem poética: talvez Heredia tenha estimado que o recurso literário de ver o destino de Cuba através do grego não era bem-sucedido e tenha decidido reescrever a estrofe final e descartar os versos que fazem referência aberta à ilha... em cuja possível independência, por volta de 1832, já deixara de confiar.

Esses quase dois anos que Heredia viveu em Cuba são também os do amadurecimento de sua poesia amorosa, que atinge seus mais altos níveis em poemas como o dirigido a sua nova amada, intitulado "A Lola, en sus días", e nele recorre a elementos próprios da natureza e da paisagem cubanas para criar seus símiles e metáforas dedicadas às amantes reais ou sonhadas de então; ou num texto de pura inspiração romântica, como "En mi cumpleaños", cheio de

---

* "*Vivo en el porvenir: como un espectro,/ Del sepulcro en el borde suspendido,/ Dirijo al Cielo mis postreros votos/ Por la alma Libertad: miro a mi patria,/ A la risueña Cuba, que la frente/ Eleva al mar de palmas coronada/ Por los mares de América tendiendo/ Su gloria y su poder: miro a la Grecia/ Lanzar a sus tiranos indignada,/ Y a la alma Libertad servir de templo,/ Y al Orbe escucho que gozoso aplaude/ Victoria tal y tan glorioso ejemplo.*" (N. E.)

lamentações, entre as quais se esgueiram algumas menções explícitas à pátria – ele inclusive a compara ao México –, com cuja natureza, interiorizada, assumida como própria, definitivamente poetizada, o bardo estabelece diálogo espiritual inédito na lírica cubana:

> O sol terrível de minha ardente pátria
> Derramou em minha alma tempestuosa
> Seu fogo abrasador; assim me agito
> Em inquietude amarga e dolorosa.*

Também são esses os anos de sua iniciação como excepcional poeta descritivo, que atinge um de seus apogeus no poema "En una tempestad", iniciado com o famoso verso: "Furacão, furacão, te sinto vir"**, e que, no dizer de Cintio Vitier, representa "a primeira vez que nossa poesia enfrenta o ciclone cara a cara, ao estilo romântico; mas, longe de ser um poema *de época*, em suas estrofes encontramos a sugestão dionisíaca, e essencial para entender o cubano, de um veemente prazer diante da impalpável força arrasadora, de um telurismo aéreo, que normalmente é edênica, brisa, suave rumor, e que de repente [aqui] se desencadeia"[11]. Mas o furacão de Heredia não é apenas o poderoso fenômeno meteorológico ligado à imaginação dos habitantes da ilha desde suas próprias origens – entre os indígenas antilhanos, era um deus demoníaco; no poema, ele é invocado como uma força superior, necessária, capaz de mudar a ordem das coisas com sua passagem devastadora.

Justamente esses meses em que vive, escreve, padece amores impossíveis e conspira pela liberdade de Cuba são o momento em que seus versos, publicados em diversas revistas, vão lhe rendendo fama crescente, e é então que Domingo del Monte, num anúncio anônimo e apócrifo da publicação de um volume de suas poesias, já o mostra como o mais notável, moderno e importante dos versificadores nascidos na ilha – e essa é uma distinção carregada de sentido –, ao qualificá-lo como "o primeiro que, dedicando-se desde idade precoce ao estudo dos clássicos, fez ressoar *a lira cubana* com tons delicados e nobres"[12].

---

* "*El sol terrible de mi ardiente patria/ ha derramado en mi alma borrascosa/ su fuego abrasador; así me agito/ en inquietud amarga y dolorosa.*" (N. E.)
** "*Huracán, huracán, venir te siento.*" (N. E.)
[11] Cintio Vitier, *Lo cubano en la poesía* (Havana, Instituto Cubano del Libro, 1970), p. 79.
[12] Citado por Urbano Martínez Carmenate, *Domingo del Monte y su tiempo*, cit., p. 76. O grifo é de Leonardo Padura.

A intensidade com que o jovem Heredia vive esses meses começa a ser ainda mais avassaladora quando, em agosto de 1853, é descoberta a Conspiração dos Sóis e Raios de Bolívar, e sua lenda e vida de poeta romântico, mas também de cubano, são seladas com a nova aventura que deve empreender: o exílio.

Primeiro nos Estados Unidos e depois no México, o poeta atravessará a partir de então um longo desterro, que levará os últimos dezesseis anos de sua curta vida, com exceção dos três meses que consegue passar em sua pátria, entre 1836 e 1837, graças a uma infame autorização especial expedida pelo sátrapa Miguel Tacón, então capitão-general da ilha. Os primeiros anos de sua peregrinação foram, entretanto, especialmente notáveis para sua produção poética, que depois, como sua própria vida, foi se apagando, até que, por volta de 1830, doente de nostalgia por Cuba, já estivesse morto como poeta, decepcionado como revolucionário, embora ainda aferrado a seus velhos ideais de justiça, liberdade e democracia. Contudo, a criação, nessa nova encruzilhada de sua vida, de poemas como "A Emilia", o famoso "Himno del desterrado", "Vuelta al sur" e sua reconhecidíssima ode ao "Niágara" eleva sua poesia filosófica, patriótica e descritiva aos mais altos níveis do romantismo da língua ao mesmo tempo que o transforma no primeiro cantor da pátria nova, recém-nascida, com que selou seu destino.

Flores do desterro

No dia 14 de novembro de 1823, inicia-se o desterro de José María Heredia, e a história da cultura cubana fica marcada, até hoje, com um de seus sinais mais característicos e dramáticos. Primeiro nos Estados Unidos, depois no México, Heredia amplia então a certeza de ter encontrado em Cuba uma pátria, pela qual padece nostalgia na lonjura e por cujo destino trocou sua própria sorte pessoal.

A partir dessa nova circunstância, sua poesia política, e mesmo a descritiva, abre-se, afinal, sem as prevenções de antes, para a temática patriótica cubana, e o assunto da pátria e sua independência aparece sempre naquelas que, por dois séculos e meio, foram suas mais célebres composições literárias, as que lhe dariam fama definitiva, glória, e o transformariam, por todo o século XIX, no modelo do poeta patriota que seria admirado pelos jovens independentistas e, depois, manifestamente sublimado por José Martí.

A pátria então cantada por Heredia é carregada de toda a conotação política que essa noção adquire no século XIX, auge dos nacionalismos, ao mesmo tempo que referenda algumas de suas tradicionais preocupações éticas e sociais: sua oposição a qualquer forma de tirania, seu repúdio à escravidão humana, sua vocação democrática, ao mesmo tempo que ele busca e estabelece argumentos para a definição humana, geográfica e social do território com que identificou sua filiação patriótica, resumidos talvez nos tão frequentemente citados versos finais de seu "Himno del desterrado":

> Cuba! Por fim te verás livre e pura
> Como o ar de luz que respiras,
> Qual as ondas ardentes que vês
> De tuas praias a areia beijar.
> Embora vis traidores lhe sirvam,
> Do tirano é inútil a sanha,
> *Que não em vão entre Cuba e Espanha*
> *Estende imenso suas ondas o mar.*[13]

Esse ciclo de poesias revolucionárias e patrióticas dedicadas a Cuba e seu destino político, que se concentra apenas nos dois anos que vão da escrita de "La estrella de Cuba" (outubro de 1823) à de "Himno del desterrado" (setembro de 1825), encerra um momento importante da evolução literária e ideológica do escritor, pois assim que chega ao México, pouco depois de escrever "Himno...", sua vida social e política, e também literária, desloca-se claramente para os conflitos e a realidade do novo universo em que deveria viver por tempo indefinido. Entretanto, em sua sempre abundante correspondência, o tema de Cuba, a nostalgia de Cuba, sua independência, a traição e a degradação em que vive *sua pátria* continuam sendo constantes obsessivas, inclusive para além do momento dramático em que, com seu poema "Desengaños" (1829), ele lança sua renúncia a qualquer ação para reverter o destino de Cuba:

> Contra inveja e calúnia mal seguro,
> Senti apagar de minha ambição a chama
> E, com profunda ira,
> Fechei meus livros e quebrei minha lira.

---

[13] "*Cuba! Al fin te verás libre y pura/ Como el aire de luz que respiras,/ Cual las ondas hirvientes que miras/ De tus playas la arena besar./ Aunque viles traidores le sirvan,/ Del tirano es inútil la saña,/ Que no en vano entre Cuba y España/ Tiende inmenso sus ondas el mar.*" O grifo é de Leonardo Padura.

[...]
Já para sempre abjuro
O ouropel dispendioso da glória,
E prefiro viver simples, esquecido,
De fama e crime e furor seguro.*

No entanto, sua marca antecipada já estava gravada na própria essência da *cubanía* que ele fundava para a literatura, estava também no eixo do drama que definiria o conflito maior do país ao longo de todo o século XIX: a independência ou o colonialismo. Por isso, não é estranho que um pesquisador como Marcelino Menéndez y Pelayo, ao apresentar sua *Antología de poetas hispanoamericanos* (1895, exatamente quando se reinicia em Cuba a guerra de independência), tenha incluído Heredia com o comentário de que "o nome de Heredia não é para os separatistas cubanos o nome de um poeta insigne [...], mas é um símbolo, uma bandeira revolucionária, a estrela solitária no céu tempestuoso, síntese e sigla de todos os rancores contra a Espanha"[14], opinião com a qual reduz sua grandeza poética ao mesmo tempo que expressa a importância que alcançara a obra do autor de "Himno del desterrado", o canto à pátria cujos versos finais – agora no dizer de Enrique Piñeyro –, "nos anos mais sangrentos e desesperados da luta pela independência, não se afastavam da memória dos cubanos, mantendo sempre viva sua esperança"[15].

Talvez a primeira evidência da importância que Heredia e sua obra alcançavam na definição de uma *cubanía* nascente e numa distinção nítida entre o cubano e o espanhol já possa ser observada com clareza em 1829, quando sua obra serve como plataforma para a ácida polêmica que se trava entre o peninsular Ramón de la Sagra e o crioulo José Antonio Saco, a partir da publicação em *El Mensajero Semanal* – que Saco e Varela editavam em Nova York – das opiniões laudatórias sobre a poesia de Heredia emitidas por Alberto Lista e pelos redatores da revista *Ocios de Españoles Emigrados*, publicada em Londres.

Ramón de la Sagra, espanhol radicado em Cuba desde o início da década de 1820 e então diretor do Jardim Botânico de Havana, homem ligado ao setor mais reacionário do poder colonial, responde em *Anales de Ciencia, Agricultura,*

---

* *"Contra envidia y calumnia mal seguro,/ Sentí apagar de mi ambición la llama,/ Y con profunda ira/ Cerré mis libros, y quebré mi lira./ [...] / Ya para siempre abjuro/ El oropel costoso de la gloria,/ Y prefiero vivir simple, olvidado,/ De fama e crimen y furor seguro."* (N. E.)

[14] Medardo Vitier, *Las ideas y la filosofía en Cuba*, cit., p. 92.
[15] Idem.

Comercio y Artes, do qual era diretor e único redator, aos elogios publicados em *El Mensajero* (que antes, inclusive, foram publicados em *El Correo Literario y Mercantil* de Madri) com opiniões irreverentes e devastadoras sobre a poesia de Heredia – e de passagem ataca Varela, a quem chama de homem "obscuro e desprezível" –, o que provoca o início de uma polêmica na qual Saco, em vários números de seu semanário, dedica-se a demolir a figura do suposto cientista espanhol[16], enquanto dentro de Cuba autores crioulos como Ignacio Valdés Machuca, Manuel González del Valle e Félix Tanco, em jornais como *El Diario de La Habana* e *La Aurora de Matanzas*, reagem raivosos contra o crítico peninsular.

Tem toda a razão Rafael Esténger ao afirmar que

> a polêmica tomou Heredia como pretexto e desviou as bases iniciais. No fundo palpitava uma inquietude política. Nossa sociedade dividir-se para sempre em espanhóis e cubanos. O bom nome de Heredia não importava como o de grande poeta, mas como o de grande poeta cubano, porque com ele defendiam-se os títulos da superação crioula diante do dominador pretensioso.[17]

Nesse sentido, é importante notar como a figura de Heredia serve a Saco para determinar um pertencimento nacional do poeta, do qual ele também participa, quando assume que La Sagra ofendeu "minha pátria" ao ofender Heredia. Essa distinção já é especialmente evidente no próprio início do debate, quando La Sagra se refere aos editores de *El Mensajero* como "jornalistas espanhóis e compatriotas e camaradas do poeta", ao passo que Saco fala de Cuba, com relação a La Sagra, como o "país em que habita", em oposição a "minha pátria" (a de Saco, Varela e Heredia), cuja defesa ele assume chamado pela "voz da pátria que clama altamente pelo desagravo de tantas injúrias lançadas sobre ela por um homem mal-agradecido"[18].

Por sua vez, Heredia – *fechados seus livros, quebrada sua lira* – continua vivendo como desterrado sua segunda e definitiva permanência na terra do Anáhuac, enquanto sua decepção política cresce e se faz irreversível, motivada pelos acontecimentos que se sucedem naquele país depois da independência:

---

[16] A longa "Polémica entre Don Ramón de la Sagra y Don José Antonio Saco" aparece em *Colección de papeles científicos, históricos, políticos y de otras ramas sobre la isla de Cuba* (Havana, Ministério de Educación, 1960), t. 1, p. 230-347.

[17] Rafael Esténger, *Heredia, la incomprensión de sí mismo* (Havana, Trópico, 1938), p. 96-7.

[18] *Colección de papeles científicos, históricos, políticos y de otras ramas sobre la isla de Cuba*, cit., p. 236-7.

é a época do caudilhismo, da xenofobia, da rapina, da reação clerical, da repressão e da censura – gráficas chegam a ser incendiadas, gráficos, a ser fuzilados –, do crime de Estado e da interminável guerra civil que assola a nova república na qual, em apenas dez anos, ocorrem treze transições presidenciais, cinco delas encabeçadas pelo nefasto general Santa Anna. No entanto, o profundo sentimento democrático e constitucionalista que caracteriza o pensamento de Heredia ao longo de toda a sua vida não lhe permite uma retirada definitiva, e nos diversos cargos que ocupou, fosse como magistrado, fosse como deputado da nação, fosse como simples jornalista, manteve sua luta por algo tão difícil de sustentar no México de então como foi a legalidade.

Assim, num país em que viveu por dezesseis anos, no qual foi considerado por muitos mexicano e onde tantas vezes agiu e se comportou como tal – sem renunciar a seu amor ardente por Cuba, a verdadeira pátria –, Heredia sofreu a vexação de se ver denunciado, processado e marginalizado por não ter nascido naquela terra, mas em outra: a ilha à qual não podia voltar. Entretanto, expondo-se até fisicamente, manteve suas posições, evidentes em discursos como o que pronunciou em 16 de setembro de 1828, em Cuernavaca, na celebração da data nacional mexicana, quando lembra:

> Jamais esqueçamos que a justiça é a base da liberdade; que sem justiça não pode haver paz, e sem paz não pode haver confiança, nem prosperidade nem ventura [...]. União moral e respeito religioso às leis, ou só terão perecido quinze mil vítimas para nos deixar um céu ameaçador, com as nuvens sangrentas da anarquia.[19]

Curiosamente, nesse mesmo dia, levanta-se em armas o general Santa Anna, que exige a anulação das últimas eleições, dando início a um longo período de guerra civil.

Dois meses depois, sua percepção da situação do México chega ao extremo de ele se sentir tão decepcionado com o que acontece ali que, pela primeira vez, manifesta o desejo de abandonar o país, conforme confessa a Tomás Gener:

> As coisas chegaram ao ponto de nos reduzir à triste alternativa do despotismo ou da anarquia. Os dois estados são incompatíveis com meu caráter e não

---

[19] José María Heredia y Heredia, *Antología herediana* (org. Emilio Valdés y de Latorre, Havana, Imprenta El Siglo XX, 1939).

é difícil que nos vejamos [em Nova York] em abril ou maio. Não sei que demônio inimigo está turvando a razão dos novos republicanos americanos.

Um texto que reflete claramente o estado das concepções políticas e ideológicas de Heredia no México de seu desterro é o artigo intitulado "Patriotismo", publicado nos números de 15 e 29 de junho e 13 de agosto de 1831 da revista *El Conservador*. Nessa fase, depois do golpe de Estado que leva Anastasio Bustamante ao poder, a estabilidade de que o poeta desfrutara no país viu-se perturbada, apesar de, por méritos e prestígio, ele conservar os cargos de ministro da *Audiencia** do Estado do México, com sede em Toluca, e de representante da Comissão de Códigos de Estado, além de ter função de jurado nos exames de advogados da cidade. Com respeito a Cuba, desapareceu qualquer possibilidade de regresso, pois, ao ser julgado como membro da conspiração El Águila Negra, é condenado à morte e ao confisco de todos os seus bens. Mesmo assim, com uma temeridade admirável para sua situação delicada, expõe em longo artigo uma análise da situação política do México, onde é frequente o emprego utilitarista dos recursos retóricos da democracia e do conceito de patriotismo.

> Esta virtude divina, criadora de tantos fatos ruidosos e ações prodigiosas, que honram a humanidade desde os mais remotos séculos, foi também o pretexto enganoso sob o qual se cometeram em todos os países múltiplos crimes e desacertos. Nenhum ambicioso deixa de invocá-la, não há facção que não faça ressoar seu nome na vanguarda de suas manobras e seus escritos, e até homens legitimados no conceito público acarretaram males de monta por não haverem tido o cuidado de distinguir, em momentos de calor, uma paixão qualquer, e talvez pueril, do verdadeiro patriotismo.[20]

Adiante, enquanto disseca os males que a nova república vive e as maneiras pelas quais os oportunistas se valem de seu sistema democrático, traindo-o, Heredia chega a se referir ao México como "nosso país" e dirige-se aos mexicanos chamando-os de "compatriotas".

Esse texto, que vem aprofundar e reavivar o já conhecido ideário constitucionalista e democrático de Heredia em pleno período de decepção política e

---

* Tribunal de Justiça. (N. T.)
[20] Jose Maria Heredia y Heredia, *Antología herediana*, cit., p. 147.

de renúncia a seus ideais independentistas[21], deve ser levado em conta como um serviço necessário ao país em que ele viveu seus últimos seis anos, integrado a sua dinâmica política e cultural, onde se casou e onde nasceram seus filhos, mas onde sabe que não é aceito como mexicano e, apesar de afirmações como a recém-citada, não consegue sentir-se e acreditar-se um verdadeiro mexicano. Porque sua maior obsessão então, como sempre, é poder voltar a Cuba, a pátria distante, que lhe é negada.

A escolha da pátria

Se, como vimos, na vida política e civil Heredia optou por um obstinado pertencimento ao ainda embrionário estágio sociocultural de "cubano" e em sua obra poética venceu os primeiros obstáculos à formação de um estado de consciência que anuncia a *cubanía*, é evidente que devem existir fatores muito mais profundos e definidores que uma participação política, certas aventuras literárias e amorosas, a militância num grupo de jovens escritores ou a qualidade de poeta romântico. Seria necessária a presença de fatores concretos ou espirituais que lhe permitissem elevar-se acima de sua época (e *a partir* de sua época) para ser o primeiro a definir, sentir e expressar, pela poesia, a existência de uma comunidade real e espiritual diferente e indispensável na formação e no surgimento de uma nação.

Os anos da vida de Heredia são os da gestação acelerada e da primeira cristalização de uma entidade independente que hoje podemos definir como cultura cubana. Entretanto, seu momento é muitíssimo anterior à existência de uma nação – mesmo sendo colonial –, pois ele deve optar por um país que ainda não existe nem pode existir como tal, uma vez que apenas começa a se forjar na mente de um grupo social minoritário e branco, com acesso à cultura, com vantagens econômicas e com aspirações políticas embrionárias (as quais, como foi dito, são sacrificadas pelo sistema econômico baseado na escravidão). Além do mais, o país "forjado" nos versos de Heredia apenas começa a impulsionar um nacionalismo que, de modo muito significativo, para a quase totalidade dos crioulos atuantes

---

[21] Heredia não é o único que se decepciona com a situação de Cuba. O padre Varela, nessa mesma época, reconhece: "É preciso não se equivocar. Na ilha de Cuba não há amor pela Espanha, nem pela Colômbia, nem pelo México nem por ninguém mais além dos caixotes de açúcar e das sacas de café. Os nativos e os europeus reduzem seu mundo a sua ilha, e os que só vão por algum tempo para buscar dinheiro não o querem perder".

e pensantes não inclui a independência como primeira condição, e muitos até se opõem a ela, como demonstrou o fiasco em que terminou a conspiração em que o próprio Heredia se envolveu ou a subsequente El Águila Negra (preparada no México), as quais não obtiveram o mínimo apoio das pessoas com condições econômicas e sociais para adotar a solução independentista, apesar de muitas delas já expressarem a existência de um sentimento nacionalista e, inclusive, terem alentado e financiado a prédica do padre Varela em seu jornal *El Habanero*, editado nos Estados Unidos.

Heredia, porém, ao lado de Félix Varela e, de certo modo, de José Antonio Saco e Domingo del Monte, compõe a primeira expressão de um espírito cubano, que no caso do padre se processa pelos caminhos da filosofia e da pedagogia em função da política, mas, no de Heredia, só tem a opção de se valer de um contexto físico e de um etéreo estado espiritual a partir dos quais consiga expressar com recursos poéticos uma sensibilidade diferente que já era essencialmente cubana – como o reconhecem Saco e Del Monte.

Se os romancistas das décadas de 1830 e 1840 – Villaverde, Avellaneda, Suárez y Romero, Tanco, Echeverría, Palma e também o ex-escravo Juan Francisco Manzano com suas memórias, primeira narração antiescravista cubana –, considerados literariamente "costumbristas" e socialmente "abolicionistas, têm a seu favor a passagem de quase duas décadas de vertiginosa evolução na vida cubana, de incontáveis mudanças na política espanhola – incluindo a instauração da primeira "ditadura" colonial, instrumentada pelo capitão-general Tacón – e o fato de trabalharem com o material da ficção narrativa, muito mais dúctil para a criação de universos e contextos, José María Heredia parte de um limbo cultural e político sobre o qual sua obra se ergue em aterradora solidão. Para os escritores imediatamente posteriores, a necessidade de forjar uma imagem nacional impõe--se como necessidade projetada, como verdadeiro

> processo criativo deliberado, através do qual esses autores, sensíveis ao potencial político do modelo nacionalista generalizado em sua época, o adotam, o processam, o moldam de acordo com necessidades locais, "inventando" uma nação cubana na medida de seus próprios projetos e interesses políticos.[22]

---

[22] José Luis Ferrer, *Nación y novela en Cuba*, tese para o Ph. D. no Department of Foreign Languages and Literature, University of Miami, Florida, 2001. Depois foi publicada uma versão revista e aumentada desse texto, com o título *La invención de Cuba. Novela y nación: 1837-1846* (Madri, Verbum, 2018).

Essa noção "inventada" já ia tendo, naqueles anos, uma história importante, em que fica como marca significativa o sedimento de obras como as publicações *El Habanero* e *El Mensajero Semanal*, mas, sobretudo, de uma plataforma – quase uma instituição – como a *Revista Bimestre Cubana*, que

> colocou em perspectiva e deu unidade e sentido aos balbuciantes discursos histórico, científico, artístico, cultural e literário cubanos, integrando-os num metadiscurso que já poderia ser qualificado como plenamente nacional, e dessa perspectiva nacionalista abordou os problemas fundamentais que afetavam a sociedade cubana de sua época.[23]

Paralelamente, na vida política da ilha produziram-se acontecimentos tão catalizadores como a disputa pela chamada Academia Cubana de Literatura, o debate já aberto sobre a necessidade de deter o tráfico de escravos e "branquear" o país, o sentimento "antiespanhol" acelerado pelo governo despótico de Tacón, a frustração de qualquer projeto reformista com a anulação da participação cubana nas cortes espanholas e o surgimento dos primeiros germes do anexionismo como opção para o futuro de Cuba...

Só o gênio premonitório de José María Heredia e suas condições pessoais e peculiares lhe permitiram, tão precocemente como em 1820 e depois de viver em Cuba apenas três anos, assumir e expressar a consciência de que pertencia a uma coletividade já diferenciável – que chegará a chamar de "povo" –, que se move por um espaço temporal compartilhado com outros indivíduos nos quais já palpitam preocupações similares, origens comuns – conforme também expressa Varela. Isso nos mostra que em Cuba, naqueles anos, apesar do rigor das forças dissociadoras a que no referíamos antes e contando com o fato de que toda reflexão sobre a nação ignorava a essência do problema do negro – pensava-se numa Cuba branca e europeia –, já deveriam existir, entretanto, condições reais e espirituais para que um poeta pudesse processar um sentimento nacional até então não conscientizado, menos ainda expressado coletivamente, e conseguisse

---

[23] Idem. Sobre a *Revista Bimestre Cubana* o estudioso acrescenta: "Em suas páginas, praticamente, inventou-se a crítica que orientou a criação literária na ilha e possibilitou seu desenvolvimento futuro; sobretudo, criou-se – ou pelo menos unificou-se e reconheceu cabalmente a si mesmo – um público nacional que pela primeira vez pôde se imaginar fazendo parte de uma entidade maior, integrada por gente como eles, com interesses, características e destino comuns, ainda que essa imagem fosse então insuficiente para integrar a enorme diversidade de interesses econômicos, sociopolíticos, étnicos, raciais etc., que compunham a variegada população do país".

sua transmigração poética. Sua grande proeza, é claro, foi dar forma estética a essa sensibilidade em ascensão e acelerar o processo de gestação do espírito cubano e a certeza de pertencer a uma pátria distinta e reconhecível, que, ainda em 1849, embora reconhecendo sua existência, um homem sagaz como José Antonio Saco não ousa definir:

> Se os anexionistas me dissessem que não lhes importa em nada perder sua nacionalidade com a anexação de Cuba aos Estados Unidos, então cerraria meus lábios, porque não tenho a pretensão de inspirar tão grato sentimento a quem dele carece ou tão pouco o estima. Mas negarem a nacionalidade cubana, ou darem a entender que ela não existe, e quererem sustentar que, mesmo que existisse, ela não se perderia com a anexação são erros que devo combater. [...] Confesso que não é fácil definir claramente essa palavra: porque, consistindo a nacionalidade num sentimento, os sentimentos se sentem, mas nunca se explicam bem. Assim, em vez de me valer de definições imperfeitas e obscuras, eu me servirei de exemplos e direi: que todo povo que habita um mesmo solo e tem uma mesma origem, uma mesma língua e os mesmos usos e costumes, tem uma *nacionalidade* [...]. Negar a nacionalidade cubana é negar a luz do sol dos trópicos ao meio-dia em ponto.[24]

Não se deve esquecer que, em sua antecipação, Heredia teve a seu favor a herança do iluminismo e a práxis revolucionária europeia e americana, assim como a própria filosofia e a estética do romantismo, tão ligadas aos processos nacionalistas em todo o mundo ocidental. Lembremos também, porém, que em seu contexto histórico específico o nacional conseguia manifestar-se apenas pela *diferença* e pela *oposição* – lembre-se o memorial de Varela para as cortes – mais que pela definição precisa de algo a que já Saco pode denominar *nacionalidade* e que é tratado como algo próprio desde a década de 1830. Desse modo, sua poesia se antecipa à fundação – decididamente consciente – do discurso nacional cubano que na quarta década do século os narradores do período começaram a forjar, com o apoio e graças à visão não menos premonitória de Domingo del Monte e a partir dos interesses, agora em risco, da classe dos fazendeiros[25].

---

[24] José Antonio Saco, "Réplica de Don José Antonio Saco a los anexionistas que han impugnado sus ideas sobre la incorporación de Cuba a los Estados Unidos", Imprenta de la Compañia de Impresores y Libreros del Reino, Colección Facticia, Vidal Moreno, Madri, t. 69, n. 2, 1950.

[25] José Luis Ferrer, *Nación y novela en Cuba*, cit.

Já nessa década de 1830, quando para os que assumem a consciência do país torna-se palpável que é imprescindível criar a certeza de uma nação para depois fundar essa nação, o discurso nacional é maquiavelicamente orientado – no melhor sentido de maquiavélico – a partir das tertúlias delmontinas em que se programam as necessidades de estabelecer uma tradição e uma singularidade em que sustentar um espírito nacional. Dessa maneira, o assunto do negro e do mulato como componentes inevitáveis do ser cubano é assumido e refletido em obras literárias, ponderando-se com extremo cuidado seu papel cultural e social, assim como é resgatado um diluído componente indígena da nação, o qual, ciclicamente, afloraria no debate cultural cubano por todo um século. Por sua vez, o camponês (*guajiro*) branco, com tradições e apego à terra, surge também como material literário diferenciador, enraizante, em meio a um árduo processo de criação ficcional de um espaço, uma origem e uma história, pois (compartilho a opinião de José Luis Ferrer)

> para cada nação em particular é necessário "inventar" uma origem e um espaço. Uma origem que é limite no tempo e ponto de partida de sua narrativa; e um espaço que determina suas fronteiras, suas constituintes, suas margens, ou seja, limita *o alcance* dessa própria narrativa. A partir desses dois elementos que a demarcam, a narrativa da nação se expande e começa a preencher seus vazios, a inventar sua história e a se projetar para o futuro; começa, sobretudo, a negociar seus significados.[26]

Considero, entretanto, que bem poucos acontecimentos culturais podem explicar melhor até que ponto o discurso nacional cubano foi uma criação programada como necessidade histórica que o tão maravilhoso achado de *Espejo de paciencia* [Espelho de paciência]. Embora hoje a discussão sobre a suposta autenticidade do poema épico do escrivão Silvestre de Balboa pareça concluída em favor de sua legitimidade, a aparição bastante oportuna do texto e suas próprias características de literatura fundadora, paramentada com os elementos precisos – poderíamos dizer que não falta nenhum – para a fundamentação de uma origem cultural diferente, não podem deixar de nos levar a inquietantes suspeitas sobre sua origem e seu conteúdo. O próprio fato de nunca se ter preservado um original do poema de Silvestre de Balboa, escrito no início do século XVII, mas uma cópia feita pelo bispo Morell de Santa Cruz, já em pleno século XVIII,

---

[26] Idem.

é por si só intrigante. Que tenha sido justamente José Antonio Echeverría, um dos mais próximos discípulos de Domingo del Monte, que encontrou já não o *Espejo...*, mas a história da visita eclesiástica de Morell de Santa Cruz – em que vinha incluído o poema épico –, um livro cujo original também não foi visto por ninguém a não ser os muito próximos do grupo de Del Monte, começa a ser mais preocupante. A evidente diversidade estilística entre várias oitavas do poema – tal como reconhece o especialista Enrique Saínz em sua fundamentação da autenticidade do texto[27] – constitui mais uma perigosa dissonância. No entanto, o que leva a inquietude na aparição casual e oportuna do poema já não são as circunstâncias tão especiais de sua descoberta nem os mistérios colaterais, mas o próprio conteúdo de seu argumento, suas passagens mitológicas, sua recriação do entorno físico, seu equilíbrio exagerado entre a origem e a cor de seus personagens – o providencial Salvador Golomón, o negro heroico – e a própria moral de sua fábula, que aponta de modo patente para a existência, na aurora do século XVI (!), de um povo cubano; enfim, é difícil encontrar algo mais bem ponderado e medido na busca de uma tradição fundadora que um poema como *Espejo de paciencia*, cujo surgimento, além do mais, coincide com o "extravio" – entre as próprias mãos de Domingo del Monte – da segunda parte da *Autobiografía* de Manzano, pelo visto uma denúncia mais crua da escravidão e, portanto, inconveniente naquele momento, além de dois relatos de Félix Tanco também referentes ao assunto candente da escravidão e, segundo cartas da época, até de um romance intitulado *Karakai*, "escrito por um jovem de Matanzas (provavelmente de sobrenome Estévez) que participara ele próprio do tráfico e que, ao que tudo indica, desenvolvia-se no mundo das feitorias escravistas da costa da África"[28]. Obviamente, sobram comentários, assim como suspeitas, a respeito da existência de um embuste...

Todo esse substrato cultural forjado na década de 1830 e no início dos anos 1840, sob a égide de Domingo del Monte e com o apoio financeiro do mais poderoso clã açucareiro da ilha, estabeleceria as bases definitivas de um processo sociocultural que levaria depois, junto com muitos outros fatores, ao nascimento incontestável da nação cubana, que em 1868 finalmente expressa sua decisão de obter independência política – já que, cultural e economicamente, o processo se antecipara.

A essa altura, o indubitável é que foi José María Heredia, a partir de sua solidão, de sua falta de tradição e de raízes, de sua surpreendente juventude e

---

[27] Enrique Saínz, *Silvestre de Balboa y la literatura cubana* (Havana, Letras Cubanas, 1982).
[28] José Luis Ferrer, *Nación y novela en Cuba*, cit.

sua obstinada necessidade de pertencimento, quem adiantou, com sua poesia e sua própria vida, a parcela mais importante dessa fundação. Seus versos, proibidos e censurados em Cuba – longa tradição nacional bem preservada –, foram, entretanto, aprendidos pelos jovens cubanos, recitados como chave de entendimento e logo simbolizaram um ideário que assumiria inclusive a estrela de Cuba para levá-la à bandeira e as palmeiras – ausentes no Niágara, senhoras do vale do Yumurí – para plasmá-las em seu escudo. Porque, mais que a escrever, Heredia de algum modo estava *inventando* a pátria a que necessitava pertencer e, ao inventá-la, dava-lhe o sopro divino da vida que se encerra nas palavras. Com o romance da sua vida, escrevia a gênese do romance da nossa vida.

Em seu agônico desterro, José María Heredia continuou nutrindo, mais com atitudes e ausências que com novos poemas, o imaginário de seu país. Tornando--se o primeiro dos muitos desterrados de sua geração – Del Monte, Saco, Tanco, Echeverría e Villaverde também morreriam longe de Cuba, assim como Gertrudis Gómez de Avellaneda –, fez da nostalgia seu emblema e do desenraizamento um componente da *cubanía* com o qual ainda lidamos. Enquanto isso, sua renúncia aos ideais independentistas que alentou na juventude, comovido pela anarquia fratricida que se revelou nas novas repúblicas hispano-americanas, nunca reduziu a essência de seu ideário democrático, antiescravista, constitucionalista, oposto a qualquer forma de tirania, que sustentava suas aspirações independentistas e sua ação na vida.

Entretanto, foi preciso quase um século para que Heredia fosse colocado no pedestal que lhe cabia, e não é estranho que tenha sido justamente José Martí o encarregado de realizar essa reparação do espírito e do legado do poeta triste e abatido que nadou na história e contra a história e, como em geral acontece, recebeu no pescoço o raio implacável dos punhais afiados e nas costas os ferimentos à traição e com perfídia de seus contemporâneos compatriotas. José María Heredia é, por isso, a mais reveladora síntese do que fomos e do que somos. Tudo indica, inclusive, síntese do que seremos, enquanto cubanos.

Mantilla, verão de 2001

Para que se escreve um romance?

A razão de ser do romance

O que é um romance...? Feita em pleno século XXI, quando o romance moderno está completando quatro séculos de existência e depois de alguns terem ousado anunciar e até comemorar sua morte como forma literária, essa poderia ser uma pergunta absurda, das que se chamam de óbvias. Porque todo mundo sabe o que é um romance[1]. Mais ainda, muitas pessoas no mundo certamente já leram algum, talvez assinado por Corín Tellado, por Marcial Lafuente Estefanía ou por J. K. Rowling, criadora de Harry Potter, que é romance, no fim das contas. E, se quiséssemos saber sem complicações demais, sempre poderíamos recorrer ao dicionário da Real Academia Española (RAE), que resolve nosso problema de maneira expedita afirmando que um romance é uma ficção ou uma mentira em qualquer matéria.

Para os escritores de ficção, para os especialistas e teóricos, para os leitores interessados, no entanto, a pergunta pode ter códigos muito mais intrincados. Porque poucas coisas são tão fáceis e ao mesmo tempo tão difíceis de definir no mundo e na história da arte quanto o romance. Nesse território, há uma definição primária que distingue quase todos (embora não todos) os romances como uma narração de fatos fictícios ou ficcionados, que transcorre ao longo e ao largo de

---

[1] Segundo o dicionário da Real Academia Española, disponível on-line: obra literária em prosa na qual se narra uma ação fictícia no todo ou em parte e cujo fim é causar prazer estético aos leitores com a descrição ou a pintura de acontecimentos ou lances interessantes, de caracteres, de paixões e de costumes. 2. Fatos interessantes da vida real que parecem ficção. 3. Ficção ou mentira em qualquer matéria.

determinado número de páginas (indefinido) nas quais, com alguns personagens e algumas situações, conta-se uma trama ou uma história.

Podemos, porém, perguntar-nos de imediato: quantos romances dos mais notáveis que foram escritos não superam ou contradizem essa simples afirmação? Não há romances em que a ficção quase não tem espaço diante do reinado dos fatos históricos e documentados ou extraídos da realidade? *Dom Quixote**, com suas oitocentas páginas, é tão romance quanto *O estrangeiro***, com suas apenas cem? É romance *Palmeiras selvagens****, de William Faulkner, em que, em vez de uma, contam-se duas histórias sem conexão, ou até *2666*****, a volumosa obra de Roberto Bolaño, em que se desenrolam cinco tramas com conexões raras ou inexistentes? O que têm em comum essas obras de Cervantes, Camus, Faulkner e Bolaño que nos permite qualificá-las como romances? A ilusão de realidade (a chamada verossimilhança) e o fato de serem escritas em prosa? E o que fazemos com Kafka e a verossimilhança? E com *El cumpleaños de Juan Ángel* [O aniversário de Juan Ángel], de Mario Benedetti, e sua escrita versificada? O romance é forma ou conteúdo? Existe *uma forma* identificável para o romance?

Uma definição mais complexa e menos quantitativa seria a de aceitar como romance todo aquele relato extenso que, narrando fatos fictícios ou inspirados na realidade, e até extraídos dela, seja capaz de criar um mundo ou a ilusão de um mundo, e, através dele e valendo-se dos seres que o habitam (personagens) e utilizando recursos estéticos, tentar entender ou explicar os comportamentos da condição humana, isto é, a realidade e a vida. Para cumprir esse propósito, o romancista escolhe, com relativa liberdade, uma forma que, em sua opinião, é a mais apropriada para expressar suas intenções e, dessa maneira, cria uma estrutura ou uma arquitetura que é comum a muitos romances (talvez o caso mais conhecido seja o do relato policial, para o qual se chegaram a escrever decálogos e normas), mas que pode ser e em geral é singular, irrepetível ou irrepetido em detalhes e soluções narrativas e dramáticas.

Todas essas indefinições, possibilidades, variantes e generalidades estão relacionadas com um elemento metafísico que também distingue o romance de outras

---

*   Miguel de Cervantes, *Dom Quixote* (trad. Almir de Andrade e Milton Amado, São Paulo, Nova Fronteira, 2016). (N. E.)
**   Albert Camus, *O estrangeiro* (trad. Valerie Rumjanek, Rio de Janeiro, Record, 1979). (N. E.)
*** William Faulkner, *Palmeiras selvagens* (trad. Newton Goldman e Rodrigo Lacerda, São Paulo, Cosac Naify, 2009). (N. E.)
**** Roberto Bolaño, *2666* (trad. Eduardo Brandão, São Paulo, Companhia das Letras, 2010). (N. E.)

manifestações literárias, como a poesia ou o teatro. E é a enorme liberdade de que desfruta o romance como forma e o romancista como criador. Enquanto na poesia muitas das maiores obras, inclusive as mais revolucionárias, foram escritas em formas e com concepções já empregadas e estabelecidas previamente (a forma soneto, por exemplo, ou a escrita por imagens metafóricas), no teatro a unidade de tempo (o tempo da representação) e a intensidade da ação (é uma arte para representar diante de um público e deve captar seu interesse ao longo desse tempo limitado de representação) são comuns a seus cultores, tanto que a única coisa que distingue Shakespeare de seus colegas contemporâneos Marlowe e Johnson não é a estrutura dramática utilizada nem sequer os assuntos escolhidos ou a dramaturgia de suas tragédias, apenas o gênio excepcional do primeiro no uso da linguagem, na perspectiva artística universalizadora do humano permanente e na criação de personagens que conseguiram transformar-se em protótipos (Lady Macbeth, Romeu, Julieta, Otelo, Hamlet...).

A "forma" romance, por sua vez, nunca foi fixada nem nunca poderá ser fixada, já que uma das condições de sua vitalidade é sua constante evolução formal, pois, quanto a seu conceito essencial (expressar as manifestações da condição humana, ou seja, o que Milan Kundera considerou *tentar compreender a vida*, que para ele é "a razão de ser da arte do romance"[2]), sempre aparece de um modo ou de outro nas peças dessa modalidade literária e, com maior profundidade, nas obras mais importantes do gênero (nas cem páginas de *O estrangeiro* e nas oitocentas de *Dom Quixote*, no mundo alterado de *O castelo**, de Kafka, e no olhar quase testemunhal e próximo no tempo dos acontecimentos narrados em *Por quem os sinos dobram***, de Hemingway), e com menor profundidade na grande quantidade de amostras ultrapassadas, embora não prescindíveis, criadas ao longo de sua história como manifestação artística peculiar.

O romance como exercício literário e procedimento de compreensão do ser humano habita (ou sempre deveria habitar), pois, no reino da absoluta liberdade de criação, uma liberdade por meio da qual o artista tentará, com maior ou menor felicidade, com maior ou menor talento, desvendar comportamentos e atitudes da alma humana, o que Flaubert, em sua defesa diante das críticas de

---

[2] Milan Kundera, *El telón. Ensayo en siete partes* (Barcelona, Tusquets, 2005), p. 21 [ed. bras: *A cortina*, trad. Teresa Bulhões Carvalho da Fonseca, São Paulo, Companhia das Letras, 2006].

* Franz Kafka, *O castelo* (trad. Modesto Carone, São Paulo, Companhia das Letras, 2000). (N. E.)

** Ernest Hemingway, *Por quem os sinos dobram* (trad. Luís Peazê, Rio de Janeiro, Bertrand Brasil, 2014). (N. E.)

seus contemporâneos, proclamou com elementar profundidade como sua mais ansiada intenção: "Sempre me esforcei para chegar à alma das coisas".

Quando Milan Kundera, em algumas de cujas opiniões já me apoiei, se lança em busca de uma definição possível do romance, ou da arte do romance, propõe-nos uma necessária distinção de sua singularidade estética, em seu revelador ensaio *A cortina*:

> ... nunca se deve esquecer: as artes são todas iguais; cada uma delas tem acesso ao mundo por uma porta diferente. Entre essas portas, uma delas está reservada exclusivamente ao romance.
> Eu disse exclusivamente, porque o romance não é para mim um "gênero literário", um galho entre outros galhos de uma única árvore. Nada se entenderia do romance caso se questionasse sua própria Musa, se não se visse nele uma arte *sui generis*, uma arte autônoma.
> Ele tem sua própria gênese (situada num momento que só pertence a ele); tem sua própria história, marcada por períodos que lhe são próprios (a passagem tão importante da poesia à prosa na evolução da literatura dramática não tem equivalente na evolução do romance; as histórias dessas duas artes não são sincrônicas); tem sua própria moral (disse-o Hermann Broch: a única moral do romance é o conhecimento; é imoral o romance que não descobre nenhuma parcela da existência até então desconhecida; assim, pois, "chegar à alma das coisas" e dar um bom exemplo são duas intenções distintas e inconciliáveis); tem sua relação específica com o "eu" do autor (para poder entender a voz secreta, quase inaudível, da "alma das coisas", o romancista, ao contrário do poeta e do músico, deve saber abafar os gritos de sua própria alma); tem seu próprio tempo de criação (a escrita de um romance ocupa toda uma época da vida do autor, que, ao terminar o trabalho, já não é o mesmo que era ao começá-lo); abre-se ao mundo para além de sua língua nacional...[3]

Então qual é o caminho para que essa arte singular e libérrima que é o romance chegue a cumprir seus fins?; que meio pode revelar melhor "a alma das coisas"?; ou, já no território mais específico dos estudos literários, qual é o recurso mais trabalhado para que, lançando mão de estruturas sempre em movimento, para que dentro de uma relação com o universo verossímil ou inverossímil, para que em qualquer língua conhecida ou desconhecida e em maior ou menor quantidade de páginas se pretenda e até se consiga realizar essa esquiva empreitada

---
[3] Ibidem, p. 79-80.

de tentar "compreender a vida" e se escreva um texto que possa ser considerado *um romance*? Esse recurso, é claro, somos nós: o sujeito e o objeto dos romances, as pessoas e suas paixões, com seus pensamentos e suas reflexões mais íntimos e variados, com seus comportamentos mais comuns ou extravagantes, entes como nós, transformados em personagens que acarretam dramas vitais e existenciais graças a um criador que, para conseguir aquilo a que se propõe, pode tomar todas as liberdades... e com uma estrutura, uma linguagem, uma perspectiva e uma relação com a realidade livremente escolhidas dê *forma de romance* ao desenvolvimento dessas paixões humanas.

De onde saem os romances?

No romance *O mapa e o território*[4], o escritor francês Michel Houellebecq revela, de seu ponto de vista, o grau de irracionalidade e mistério envolvido pelo ato criador que antecede e concretiza a escrita de um romance. O romancista faz dizer um personagem, que se chama justamente Michel Houellebecq, também romancista:

> ... para empreender a escrita de um romance, é preciso esperar até que tudo se torne compacto, irrefutável, é preciso esperar até que apareça um autêntico núcleo de necessidade. [...] Alguém nunca decide a escrita de um livro. Um livro, segundo ele, era como um bloco de concreto que decide endurecer, e as possibilidades do autor limitavam-se ao fato de estar ali e esperar, numa inação angustiante, que o processo se inicie por si só.[5]

Esse processo descrito por Houellebecq não é o único, mas é frequente, como bem sabem muitos escritores... Outras vezes, o que leva à elaboração de um romance é apenas a existência de uma ideia, alguns personagens, uma situação que atrai o escritor por alguma razão. Na maior parte das vezes, sua gênese vem de uma obsessão... Quando o autor, por um procedimento paradigmaticamente misterioso e muito variável, sente que qualquer um desses elementos é capaz de gerar uma narração, começa uma caminhada que muitas vezes é incerta e retifica-se a si mesma uma vez ou outra no processo da escrita, até encontrar seu tom próprio, a estrutura que mais lhe é adequada, o ritmo e o tempo narrativos

---

[4] Michel Houellebecq, *El mapa y el territorio* (Barcelona, Anagrama, 2011) [ed. bras.: *O mapa e o território*, trad. André Telles, Rio de Janeiro, Record, 2012].

[5] Idem.

pelos quais a história se desenvolve. De acordo com o assunto sobre o qual vai escrever, ele deve inclusive alimentar sua ideia, antes de começar a escrevê-la, com pesquisas mais ou menos exaustivas. Às vezes, até, já no processo de redação, acontece de os personagens criados começarem a gerar exigências que alteram as intenções ou os propósitos iniciais do autor. Mas, essencialmente, é uma luta entre o artista e as palavras com as quais ele pretende conseguir a expressão mais adequada de suas ideias. No fundo, só no fundo, há outras instâncias determinadoras, como o editor e o leitor. Por trás do escritor ou ao lado dele, é claro, estão a tradição, a cultura, o contexto em que ele escreve. Mas o ato de exercer uma liberdade criadora é mais frequente que o de responder a uma exigência pré-textual ou pós-textual externa, como ocorre com a relação do escritor com o mercado, terceiro agente externo com que o artista tem de lidar, inclusive o fim para o qual determinados autores escrevem.

Para exemplificar essa relação, não tenho à mão melhor modelo que o de minha própria experiência na escrita de um romance... nascido de uma de minhas obsessões.

Em 18 de novembro de 2009, apenas dois meses depois de meu romance *O homem que amava os cachorros** ter sido editado na Espanha, escrevi a primeira frase do que deveria ser meu próximo trabalho de ficção. Diferentemente de outros projetos em que me envolvi, desde antes de começar a dura e presumivelmente longa tarefa de tentar escrevê-lo, para esse novo trabalho, talvez por ter meus propósitos muito claros, já me acompanhava um título capaz de me orientar no mar de possibilidades que a intenção de lidar com uma ideia em vias de se transformar em romance em geral estende diante do escritor: o título seria *Hereges***, pois com ele eu pretendia expressar uma constatação dolorosa, a dose de heresia que, em diferentes sociedades, momentos históricos e vidas individuais, poderia estar implicada na pretensão de pôr em prática um livre exercício do arbítrio individual, ou seja, o desejo natural de exercer a liberdade que, por vontade divina ou consequência evolutiva, só nós, seres humanos, temos a possibilidade e a capacidade de buscar.

A ideia dos riscos e das consequências a que pode nos levar a pretensão de exercer nossa liberdade individual, na realidade era (é) uma obsessão que me perseguia havia vários anos – possivelmente muitos anos –, creio que tal como

---

* Leonardo Padura, *O homem que amava os cachorros* (2. ed., trad. Helena Pitta, São Paulo, Boitempo, 2015). (N. E.)

** Idem, *Hereges* (trad. Ari Roitman e Paulina Wacht, São Paulo, Boitempo, 2015). (N. E.)

a qualquer pessoa que tenha vivido a maior parte de sua existência num país de sistema socialista onde tanto se fala da "massa" ou do "povo" e tão pouco do indivíduo, onde se pondera a unanimidade de critérios, uma sociedade em que por felicidade ou por desgraça, fui uma dessas pessoas que, conforme adverte a sentença rabínica, teve a condenável pretensão de perguntar-se "o que há em cima?, o que há embaixo?, o que houve antes?, o que haverá depois?", ou seja, o simples sentido da vida, única e irrepetível (até agora), e sua relação com a história e com uma sociedade determinada ou mesmo indeterminada... Depois, com intenso ganho colateral, carregava os cinco anos em que, obrigado pela pesquisa e pela redação de *O homem que amava os cachorros*, estive submerso nas catacumbas (e algumas pocilgas fétidas) da história do século XIX. O fato de ver de frente e por dentro alguns dos episódios mais demolidores daquele tempo não fez mais que avivar aquela obsessão e me colocar diante da evidência de que, como romancista que sou, a única maneira de exorcizar aquela presença era, claro, escrevendo um romance dedicado às dramáticas consequências que teve, ao longo da história, a intenção humana de sentir a necessidade, o desejo, a compulsão ou o ímpeto de exercer nossa liberdade... e pretender fazê-lo.

No entanto, entre uma obsessão abstrata, quase filosófica (ou uma obsessão pessoal alimentada pela própria experiência de vida cumulada), e o complicado processo de escrever um romance, há um longo caminho, cheio de obstáculos e desafios. Porque não basta a reflexão documentada sobre as origens ou as consequências do problema que nos persegue e perturba. Num romance, ou pelo menos da maneiro como entendo e pratico sua escrita, a reflexão deve transformar-se em carne humana que, colocada na grelha de certos acontecimentos comprovados ou possíveis na história, exale fumaça, cheiro de queimado, transpire gordura e provoque comoções não só filosóficas, como, e sobretudo, dramáticas, definitivamente humanas, ou seja, que funcione como um *romance* e atinja "a alma das coisas". O pretexto deve transformar-se em texto.

Como pode um (uma) jovem cubano do século XXI, de hoje, lançar-se em Cuba, dentro de Cuba, num exercício de sua livre vontade? As respostas a essa pergunta podem ser dolorosas, mas, fatal ou necessariamente, também podem estar carregadas de caráter político (mais porque se trata de Cuba) e, portanto, circunstancial como todo o político. Se eu queria me erguer acima do conjuntural e contingente, do doméstico e singular, precisava levantar o olhar para um horizonte mais aberto que a encruzilhada cubana específica e dar a minha pretensão uma capacidade de funcionar no permanente e global. Foi ao adquirir essa convicção que a obsessão persecutória me complicou a vida da melhor maneira possível, pois obrigou-me à ambiciosa exigência de universalizar o conflito desse jovem cubano para torná-lo historicamente importante e tirá-lo de sua conjuntura específica, sem que nessa transferência ele perdesse seu caráter típico que tanto me interessava (o de um jovem cubano de hoje), embora ligando-o a um desejo (a liberdade) que há muito tempo acompanha o homem. E foi dessa certeza que saiu a ideia de que não bastava escrever sobre uma heresia local e próxima, de era necessário fazê-lo sobre várias heresias possíveis no tempo humano... O bloco de concreto de que falava Houellebecq começara a se formar.

Por que se escreve um romance?

Ao longo dos últimos anos, desde que a edição espanhola de *O homem que amava os cachorros* (2009) saiu da gráfica, talvez a pergunta que jornalistas e leitores me fizeram mais vezes foi sobre a questão complicada de *por que decidi escrever esse romance*, ou, numa versão até mais metafísica da indagação, quiseram saber *de onde me veio a ideia de escrever um romance* que, tomando como eixo dramático a preparação e a execução do assassinato de Liev Trótski pelas mãos do comunista espanhol Ramón Mercader, realizara o exame das causas e das consequências da perversão de uma utopia igualitária que marcou a história – e tantos sonhos e pesadelos – do século XX.

Conforme meu ânimo, e de acordo com os propósitos do entrevistador ou o caráter da plateia da qual parte a indagação, inclusive levando em conta o tempo ou o espaço de que disponho para a argumentação, costumo recorrer a um par de respostas possíveis a essas duas perguntas – ou, na realidade, a essa única pergunta. Uma confissão é rápida e precisa: pensei em escrever esse romance para superar minha ignorância (forçada) sobre o assunto de que trato no livro, pois, como cubano, quase toda a história que narro no romance e que, inclusive, faz parte de minha própria história por tê-la vivido como experiência pessoal era para mim uma mancha escura forjada pela impossibilidade de acesso à informação capaz de lhe dar cor. A segunda resposta, que pode ser muito extensa e agora sintetizo ao máximo, tem relação justamente com o acúmulo de experiências de vida, que vão desde a comoção que me provocou visitar pela primeira vez, no cada vez mais distante ano 1989, a casa em que Liev Davídovitch Trótski foi assassinado, em Coyoacán, no México; passam pela revelação de que, sob o pseudônimo de Ramón ou Jaime López e no maior anonimato, o assassino Mercader vivera em Havana os quatro anos finais de sua vida, de 1974 a 1978 (e portanto convivera comigo, em minha cidade, meu tempo histórico); e chegam ao sentimento de indignação crescente que me provocou a leitura de textos divulgados a partir da década de 1990, em boa medida graças à abertura dos arquivos de Moscou, documentos que me permitiram conhecer – a mim e a milhões de pessoas no mundo – os interstícios da história que, com tanto rancor e êxito, os líderes soviéticos e a manipulação sistêmica da informação conseguiram ocultar ao longo de sete décadas[6].

Como é fácil perceber, todas as razões que me levaram a escrever *O homem que amava os cachorros* têm relação com a realidade, a história, os fatos, as experiências pessoais vividas ou bebidas, mais que com a imaginação. Na conjunção dessas razões está a outra grande razão: a razão *por que* decidi escrever esse romance.

Essa relação turbulenta do imaginado com o factual que se estabelece entre a causa (decidir escrever um romance) e o efeito (o fato de tê-lo escrito) foi uma constante em minha literatura. Porque, fosse necessário ou possível me definir, cairia no que se costuma (ou se costumava, já não sei) considerar um *escritor realista*, na medida em que o alimento proteico de todos os meus romances provém da realidade: a vivida, a conhecida, a estudada...

Já se sabe que a essência do romance é a ficção. E a essência da ficção romanesca baseia-se na potencialidade de fabulação do escritor. Para fabular, o artista precisa ter alta capacidade de imaginação. O que faz um escritor – e esse é meu caso – que não é especialmente dotado de uma imaginação fabuladora? O método que precisei adotar para escrever romances é tão simples quanto devastador: abordar uma realidade já existente, presente ou passada, próxima ou distante, e conhecê-la a ponto de me sentir em condições de escrevê-la e imaginar, a partir do conhecimento íntimo de uma época, um personagem, uma situação histórica, um episódio ou uma série deles, de tal maneira que, se o que é narrado não aconteceu exatamente como o escrevo, poderia ter acontecido como o escrevi, de acordo com o que aprendi há muitos anos com a leitura de *Raízes**, a maravilhosa

---

[6] "À medida que se distancia a época staliniana-brejnieviana, nossos conhecimentos sobre aquele sistema e aquele país aumentam em progressão geométrica. Agora novos materiais e informações chegam não só a cada ano e cada mês, mas a cada semana e cada dia! Quem só hoje começa a se interessar pelo comunismo, visto como ideologia, e pelo império [a União Soviética], visto como a encarnação prática da mesma sob a forma daquela superpotência, pode não se dar conta de que 90%, se não mais, dos materiais de que dispõe agora há apenas poucos anos não conhecia a luz do dia." Ryszard Kapuściński, *El imperio* (Barcelona, Anagrama, 2007), p. 91 [ed. port.: *O império*, Lisboa, Bertrand, 2005].

* Alex Haley, *Negras raízes: a saga de uma família* (trad. A. B. Pinheiro de Lemos, Rio de Janeiro, Record, 1976). (N. E.)

história de sua família escrita por Alex Haley, desde seu ancestral africano trazido para a América até o nascimento do próprio autor, dois séculos depois.

É óbvio que esse exercício de conhecimento de uma realidade específica é mais simples quando se trata de um momento próximo no tempo, até melhor se foi possível conhecê-lo graças a minha experiência pessoal, como acontece em quase todos os argumentos de meus romances quase policiais da série do investigador Mario Conde. Contudo, quando me movo pelo história ou por territórios geográficos e culturais alheios, a pesquisa livresca e o conhecimento próximo de certos lugares com grande peso específico no argumento concebido são o apoio necessário para suprir essa falta de imaginação inata que me acompanha e para sustentar a pretensão de não trair as essências históricas reais de acontecimentos, cenários e personagens que definem minha intenção *realista*. Por isso, para escrever um romance como *O homem que amava os cachorros*, dediquei dois anos de meu tempo só à pesquisa histórica que me prepararia para começar a escrever o livro. Nos três anos que levou a redação do texto, não deixei de pesquisar, comprovar, completar o conhecimento dos contextos a que me referia. Viajei para lugares remotos e desconhecidos – Moscou, Barbizon ou a Barcelona de 1930 dentro da Barcelona de 2007 – buscando atmosferas e referências pontuais ou contextuais...

Além disso, para enfrentar a escrita de *Hereges* tive de fazer um exercício parecido, embora na realidade mais complicado: além de me envolver com o conhecimento da história e dos lugares da trama que eu ia narrando, tive de estudar a técnica artística e a personalidade complexa de Rembrandt e, o mais complicado, tentar penetrar na história, no pensamento, na personalidade de um judeu – ou de dois judeus: o sefardita que, sentindo-se um homem livre para tomar decisões, serviria de modelo para Rembrandt pintar "retratos de um jovem judeu" ou "cabeças de Cristo"; e o asquenaze que, pouco antes do início da Segunda Guerra Mundial, quando ainda criança, chega a Cuba e encontra na ilha do Caribe, para ele remota, o mundo de liberdade que nenhum judeu europeu da época imaginaria existir na face da Terra...

No entanto, se jornalistas e leitores, conforme eu já disse, costumam perguntar *por que escrevi* determinado romance, para mim a pergunta mais importante, a que me faço antes, durante e até depois da escrita, é *para que decidi escrever* um romance – qualquer um de meus romances.

Para que se escreve um romance?

No já citado ensaio *A cortina*, Milan Kundera reflete:

> Pelas ruas [de Praga] deambulavam os soldados russos, e eu estava aterrado pela ideia de que uma força esmagadora fosse nos impedir [os tchecos] de ser o que éramos e, ao mesmo tempo, comprovava, atônito, que não sabia como nem por que tínhamos nos transformado no que éramos; nem sequer tinha certeza de que, um século antes, teríamos escolhido ser tchecos.
> E não era conhecimento sobre os acontecimentos históricos que me faltava. Precisava de outro tipo de conhecimento, um conhecimento que, como teria dito Flaubert, chega "à alma" de sua situação histórica e capta seu conteúdo humano. Talvez um romance, um grande romance, me tivesse feito compreender como os tchecos tinham, então, vivido sua decisão [de ser tchecos, não alemães]. Mas ninguém escreveu semelhante romance. Há casos em que a ausência de um grande romance é irremediável.[7]

Essa revelação dolorosa, que assaltou Milan Kundera num momento crítico da vida e da história de seu país, numa encruzilhada-chave de sua própria existência individual e nacional, permite-nos começar a entender algo muito preciso sobre o futuro e o destino de uma pequena nação ("eu estava aterrado pela ideia de que uma força esmagadora fosse nos impedir [os tchecos] de ser o que éramos e, ao mesmo tempo, comprovava, atônito, que não sabia como nem por que tínhamos nos transformado no que éramos") e sobre a possível função cognitiva da literatura, diferente daquela dos textos históricos ("talvez um romance, um grande romance, me tivesse feito compreender como os tchecos tinham, então, vivido sua decisão [de ser tchecos, não alemães]"). O conhecimento do processo não é atribuído por Kundera à capacidade de entendimento de uma realidade que possa ter uma abordagem ou outra, mas reportado aos mecanismos por meio dos quais se realizam essas abordagens, com resultados tão diferentes: num caso, a análise científica, documental, factual; no outro, a abordagem dramática, essencial, humana, definitivamente subjetiva por se realizar a partir da perspectiva de personagens que, como vimos, apenas são um reflexo possível de uma realidade que é vista e deformada pela perspectiva e pelas intenções de uma testemunha ou um intérprete muito mais livre e dominante, que é o escritor de romances...

---

[7] Milan Kundera, *El telón*, cit., p. 188.

Seria pertinente, então, a pergunta: pode-se escrever um romance para narrar peripécias singulares e até instrutivas, para tirar dúvidas ou certezas que atuam sobre determinado argumento, sobre personagens específicos, mas, ao mesmo tempo, para avançar mais na compreensão e no reflexo de um mundo, até chegar a essências da história, da sociedade e da existência humana, até mesmo algo tão complexo como a existência de uma nação, de um ser nacional único e específico?

A tais questões, Kundera responde mais uma vez que "as célebres perguntas metafísicas 'de onde viemos e para onde vamos?' têm na arte um sentido concreto e claro e não carecem de resposta"[8], porque, "do ponto de vista sociológico, a história da arte não tem sentido em si mesma, faz parte da história de uma sociedade, do mesmo modo como os trajes, os ritos funerários e nupciais, os esportes ou as festas"[9]: a arte constitui, pois, uma emanação da sociedade e a ela se deve. Pelo menos quando é arte verdadeira.

Posso confessar que, quando li essas considerações do romancista tcheco, assaltou-me uma revelação inquietante: para que eu escrevera – mais de dez anos antes de ler o ensaio de Kundera – *O romance da minha vida**, de 2001, obra em que tento encontrar resposta para a decisão do poeta José María Heredia de ser cubano e não espanhol, nem sequer espanhol de ultramar, conforme lhe cabia, ou mexicano, quando viveu no México a maioria dos anos de sua curta vida? Perguntei-me até se o escrevera para dizer que muitas vezes a história nos define, mas que em certas ocasiões nós definimos momentos precisos da história e que Heredia, com sua decisão de pertencimento, fundara e expressara, pela primeira vez, um sentimento de *cubanía* que perseguiria tantos compatriotas meus, que perseguiria um século e meio depois da morte de Heredia seu estudioso Fernando Terry, meu contemporâneo, também vítima do exílio, ou que persegue a mim, vítima de meu senso obsessivo de pertencimento. Será que o escrevera para entender por que nós, cubanos, decidimos ser cubanos e depois nos comportar como cubanos, apesar de todos os pesares, entre eles os anseios devoradores do maternal império colonial espanhol e depois dos envolventes impérios estadunidense e soviético (parafraseio Kundera: uma força esmagadora que sempre tentava nos impedir de ser o que já éramos ou pelo menos começávamos a ser), esses poderes em cujas órbitas vivemos por vários séculos, dois deles já com consciência de ser cubanos?...

---

[8] Ibidem, p. 14.
[9] Ibidem, p. 15.
* Leonardo Padura, *O romance da minha vida* (trad. Monica Stahel, São Paulo, Boitempo, 2019). (N. E.)

A arte – e nos concentraremos na arte do romance – e a sociedade mantiveram uma convivência complexa e, às vezes, dolorosa. A sociedade nem sempre está preparada para as respostas artísticas e, curiosamente, a Academia Cubana sentiu-se incomodada com a imagem de José María Heredia que esbocei no romance da sua vida. Depois, em meu romance *Hereges*, deixo claro qual foi a resposta que sua sociedade deu ao que hoje é considerado um dos maiores artistas da história, o pintor Rembrandt van Rijn, morto na miséria e no esquecimento. Ou ouso lembrar, num espectro mais amplo e alheio a minha experiência, o julgamento que Joyce recebeu depois da publicação de seu romance *Ulysses**, por ser considerado um texto "imoral". Exemplar, também, é o modo pelo qual foi acolhido, em sua época, *Madame Bovary***, de Flaubert, uma controvérsia que motivou as reflexões de Kundera sobre o tema e que, por sua atualidade (por *minha* atualidade de escritor cubano), vale a pena voltar a citar.

Sainte-Beuve, provavelmente o crítico mais influente e sagaz de seu tempo, escreveu em seu comentário a *Madame Bovary*: "O que reprovo nesse livro é que o bem está demasiado ausente". E Saint-Beuve pergunta-se por que não há nesse romance "nem um personagem cuja natureza possa *consolar, tranquilizar* o leitor mediante *um bom espetáculo*". Depois, informa-nos Kundera, o reconhecido crítico mostra ao jovem autor o bom caminho a seguir:

> Conheço, na província da França central, uma mulher ainda jovem, de inteligência superior, de *coração ardente*, que se aborrece: casada sem ser mãe, não tendo filhos para educar, para amar, o que fez ela para ocupar o espaço excedente de seu espírito e de sua alma? [...] Empenhou-se em ser uma *benfeitora ativa* [...]. Ensinava a ler e inculcava a *cultura moral* nas crianças aldeãs, muitas vezes dispersas em grandes distâncias [...]. Há almas como essas na vida da província e do campo: por que não o mostrar também? Isso *enaltece*, isso *consola*, e a visão da humanidade torna-se mais completa.[10]

Os grifos nas palavras-chave do texto de Saint-Beuve são de Kundera, que em seguida comenta:

---

* James Joyce, *Ulysses* (trad. Caetano Galindo, São Paulo, Companhia das Letras, 2012). (N. E.)
** Gustave Flaubert, *Madame Bovary* (trad. Mário Laranjeira, São Paulo, Companhia das Letras, 2011). (N. E.)
[10] Milan Kundera, *El telón*, cit., p. 77.

Sinto-me tentado a brincar com essa lição de moral que me lembra inevitavelmente das exortações educadoras do "realismo socialista" de antigamente [não de tão antigamente em alguns casos]. Mas, deixando de lado as lembranças, afinal de contas estaria de fato defasado o crítico francês mais prestigioso de sua época ao exortar um jovem autor a "enaltecer" e "consolar" por meio de um "bom espetáculo" seus leitores, que merecem, como todos nós, alguma simpatia e estímulo?

E Kundera acrescenta:

George Sand, por sua vez, quase vinte anos depois diz numa carta a Flaubert mais ou menos o mesmo: por que ele ocultava o "sentimento" que tem por seus personagens? Por que não mostra em seu romance "sua doutrina pessoal"? Por que oferece aos leitores "desolação", ao passo que ela, George Sand, prefere "consolá-los"?

E o repreende amistosamente: "A arte não é só crítica e sátira". Para Kundera, formado como escritor na Tchecoslováquia socialista, esse tipo de comentários sobre o pertencimento social ou político de certo tipo de romance ou de arte não era uma experiência alheia. E também não o é para mim, escritor cubano[11]. Por isso, o romancista tcheco sente-se motivado e comenta:

Flaubert responde que jamais quis fazer crítica nem sátira. Não escreve seus romances para manifestar suas opiniões aos leitores. Algo muito diferente o alenta: "Sempre me esforcei para chegar à alma das coisas...". Sua resposta mostra-o com clareza: o verdadeiro tema desse mal-entendido não é o caráter de Flaubert (seria bom ou mau, frio ou compassivo?), mas a pergunta sobre o que é o romance. [Ou, digo eu, a questão de *para que* se escreve um romance])...
Durante séculos, a pintura e a música estiveram a serviço da Igreja, o que absolutamente não as privou de beleza [continua Kundera]. Mas seria impossível

---

[11] Numa crítica a meu romance *Hereges*, um professor inglês, considerando-o crítico demais, sentencia: "Até o momento, Padura tem sido um mestre na arte do artifício literário, apresentando suas críticas de modo indireto, por meio da analogia e da metáfora, mas abordando de frente o problema da intolerância. Talvez seja exatamente isso que se tornou um problema. Para mim, que o tenho seguido fielmente como estudioso de sua obra e como amigo, Padura está começando a perder sutileza e corre o risco de se tornar repetitivo demais". Stephen Wilkinson, "Mario Conde, el camino más largo a ninguna parte", *Catalejo. Blog de Temas*, 10 fev. 2015.

para um verdadeiro romancista colocar um romance a serviço de uma autoridade, por mais nobre que fosse. Seria um absurdo querer glorificar um Estado, até mesmo um exército, por meio de um romance! [...] Posso imaginar um quadro de Frans Hals mostrando uma camponesa "benfeitora ativa", mas só um romancista muito ridículo poderia transformar essa boa senhora em uma heroína com o fim de "enaltecer", com seu exemplo, o espírito dos leitores.[12]

Por sua vez, Manuel Vázquez Montalbán, autor lúcido, sagaz e heterodoxo, com o qual sinto que tenho tanta ligação quanto com Kundera, fez uma reflexão capaz de complementar a do romancista tcheco e na qual faz alusão diretamente a uma função possível da literatura numa sociedade.

A alguns incomoda que a literatura seja veículo de ideias que possam influir nas pessoas ou na sociedade [começa o romancista espanhol]. No entanto, essa é uma linha literária tão legítima quanto qualquer outra e inspirou obras extraordinárias. Se você descarta essa *intenção*, por exemplo, no romance francês, está descartando o melhor romance do século XX. Está negando que Camus seja romancista, que Sartre ou Bernanos sejam romancistas, porque *seus romances têm uma finalidade ou uma estratégia filosófica ou ideológica. Creio firmemente na intencionalidade. Alguns escritores começam a trabalhar em suas obras sem um propósito concreto, claro; eu quase sempre tenho um propósito, pode ser que não muito explícito no princípio e muitas vezes confuso e nebuloso, mas sei que vou em determinada direção.* [E continuo com MVM.] Talvez por isso até a série de Carvalho, que tanto surpreendeu em seu início, também possa ser lida como um romance "de tese". Por quê? Ora, "*porque há uma intenção*: a de apresentar, de certa distância, uma visão melancólica da história, da conduta humana e da relação do homem com a sociedade, compondo o que chamei no início de uma crônica da transição democrática.[13]

Não era justamente algo assim, essa visão melancólica da história, da conduta humana na história, e da relação do homem com a sociedade que Kundera reclamava para ter melhor entendimento do espírito singular da nação tcheca?... E que tentei ao romancear a vida de José María Heredia e seu tempo histórico de nascimento

---

[12] Milan Kundera, *El telón*, cit., p. 78.
[13] Georges Tyras, *Geometrías de la memoria. Conversaciones con Manuel Vázquez Montalbá* (Granada, Zoela, 2003), p. 112.

do nacional? E não se pode ler como uma crônica da vida cubana dos últimos trinta anos a série de romances em que utilizo o personagem de Mario Conde?

> Depois [continua MVM], quando vi que os romances de Carvalho eram tão bem recebidos em muitos outros países, pensei que eles refletem não só a transição espanhola, mas também um conceito geral de transição. Parece-me que com Carvalho entendeu-se bem por que reflete a grande desilusão pós--1968, que está presente em tudo o que escrevo[14]. E não o reflete pela referência concreta àquele mês de maio, mas pelo fato de um intelectual italiano, por exemplo, mais ou menos de minha idade, experimentar uma melancolia cúmplice, uma frustração histórica semelhante à que Carvalho pode viver. É isso que torna esses romances não só romances da transição espanhola, mas romances também de outra transição muito mais ampla, a transição de certa esperança progressista, já nem comunista nem socialista, progressista.[15]

Vázquez Montalbán leva-nos diretamente à problemática da tão debatida questão da finalidade ou da intencionalidade no exercício literário (um *para quê*), às vezes confundida com o chamado "compromisso", embora não sejam a mesma coisa, na medida em que o compromisso remete quase diretamente a uma participação política ou a uma comunhão ideológica que pode fazer parte da intencionalidade, mas que não a esgota, pois a intencionalidade é mais generosa e diversa. E o romancista espanhol argumenta que se escreve, ou se pode escrever (e em sua opinião é legítimo fazê-lo), para expressar algo que tem relação com a compreensão e o reflexo do mundo. Ou seja, em sua literatura e em muita da literatura que se escreveu no século XX, não se trabalhou a partir da inocência, a partir da descoberta de uma trama atraente, mas a partir da finalidade mais abrangente e ao mesmo tempo precisa, perseguida por intenções ideológicas mais complexas, relacionadas com a atitude artística e com o perfil civil do escritor. E para compartilhar sua visão desse propósito socioestético, explicando para que escreve seus romances, o espanhol retoma:

> Com base nisso [o esgotamento de um tipo de literatura que ele qualificava de "ensimesmada"], senti a necessidade de recuperar a proteção da convenção,

---

[14] Em meu ciclo de romances de Mario Conde, talvez fosse possível encontrar um "desencanto" pós-1989 que meus personagens cubanos podem compartilhar com pessoas de outras latitudes, e daí a existência de edições e traduções tão diversas dessa série de romances.
[15] Georges Tyras, *Geometrías de la memoria*, cit., p. 54.

de resgatar certa convenção literária de tipo narrativo, através de uma abordagem tradicional mas distanciada pela ironia... O que tento fazer, de todo modo, é um tipo de romance por meio do qual eu possa refletir, sancionar, dar minha opinião sobre o que acontece por meio de Carvalho, que é como meu médium.[16]

Ao lado da intenção explicitamente registrada, o escritor explica algumas das estratégias de que se valeu para atingir seus objetivos, ou seja, ousa revelar-nos não só para que se escreve um romance, mas como escreveu alguns deles com o propósito de chegar aos fins estéticos e extraestéticos gerados por sua intenção.

Qual é, então, a pertinência essencial e reveladora da pergunta "para que se escreve um romance?"? É de fato importante saber *para que* se escreve um romance? Pelo visto, conforme ratificam as opiniões anteriormente registradas, para alguns escritores constitui necessidade essencial saber para que se escreve um romance. Pode até mesmo ser tão importante quanto saber o modo ou os modos como se vai escrever um romance. Mas e para o leitor? É importante para o leitor? Ou quem lê um livro pode limitar-se à satisfação estética, cognitiva ou lúdica que ele provoca? É verdade que o receptor de uma obra de arte, ao julgá-la, não tem de levar em conta as condições em que a tal obra foi realizada nem as conjunturas específicas que lhe deram origem, mas a obra em si e suas qualidades estéticas... Entretanto, suspeito que, para o leitor que não é um simples consumidor de letra impressa, esse conhecimento também seja crucial, pois nos romances que nascem com uma finalidade, com uma intenção que vai além das peripécias de uma trama, conhecer ou entender as intenções mais profundas que explicam para que foi escrito abre as portas para uma compreensão mais completa do fato artístico, que incide no conhecimento de mecanismos sociais, políticos, existenciais (lembrem sempre que Flaubert escrevia para chegar à alma das coisas) próprios de uma sociedade e, inclusive, da sociedade em seu conjunto e da condição humana em seu espectro abrangente de manifestações e comportamentos. Por último, é importante para a cultura que o romance fixe seu interesse em determinado conflito social ou histórico e o revele a partir de sua perspectiva interior, na escala humana que é própria do gênero?... Pois foi justamente um romance capaz de alcançar esse propósito que Milan Kundera reclamou para esclarecer algo tão essencial como a existência da idiossincrasia tcheca ou o que Vázquez Montalbán se propôs ao escrever sua crônica sentimental da transição espanhola e o que nos faz suspeitar

---

[16] Ibidem, p. 71.

que não só é importante, como às vezes é imprescindível para muitos autores e, claro, para os leitores, pois o romance chega a recantos vedados a outros tipos de conhecimento: pode chegar, digamos novamente com ajuda de Flaubert, à alma das coisas através da alma das pessoas.

E os romances que conseguem esse propósito estético e extraestético geralmente são obras que eu ousaria qualificar como viscerais, na medida em que expressam e resumem uma experiência pessoal e coletiva e se propõem a registrá-la e transmiti-la empregando recursos literários diversos. São obras que, por seus argumentos e propósitos, em geral afetam o leitor pelo que refletem da vida do autor e de quem teve experiências similares.

> Presa de angústia, imagino o dia em que a arte deixará de buscar o nunca dito e voltará, docilmente, a colocar-se a serviço da vida coletiva, que exigirá dela que embeleze a repetição e ajude o indivíduo a confundir-se, alegre e em paz, com a uniformidade do ser.[17]

Essa confissão de Milan Kundera, quase no fim de seu ensaio sobre a arte do romance, mais que uma angústia, na realidade expressa a intenção de uma rebelião contra todos os dogmas que, em acúmulo galopante, foram cercando a arte do romance. Revela, além disso, a expressão de sua estética, da estética de muitos outros romancistas: o romance como indagação, como busca da "alma das coisas", como território artístico que aceite a beleza em todas as suas dimensões, até mesmo as mais prosaicas, o romance como produto estético capaz de expressar com a maior profundidade a uniformidade, mas ao mesmo tempo a diversidade do ser: a condição humana e sua manifestação pela individualidade... E, a partir dessa capacidade privilegiada, conseguir o resto de seus propósitos cognitivos, sociais, inclusive políticos.

> Dom Quixote explica a Sancho que Homero e Virgílio não descreviam os personagens como eles eram, mas como teriam de ser para que servissem de exemplo, aos homens vindouros, de suas virtudes. [Kundera dissera no início de seu ensaio, para entrar em sua principal matéria.] Pois bem, o próprio dom Quixote é tudo menos um exemplo a seguir. Os personagens romanescos não pedem que sejam admirados por suas virtudes. Pedem que sejam compreendidos, o que é totalmente diferente. Os heróis de epopeias

---

[17] Milan Kundera, *El telón*, cit., p. 202.

vencem ou, se são vencidos, mantêm sua grandeza até o último suspiro. Dom Quixote foi vencido. E sem grandeza nenhuma. Porque, de repente, tudo fica claro: *a vida humana como tal é uma derrota. A única coisa que nos resta diante dessa irremediável derrota a que chamamos vida é tentar compreendê-la. Essa é a razão de ser da arte do romance.*[18]

Compreender a vida, nem mais nem menos que a vida, com todas as implicações. Mas é evidente que, antes de chegar a essa conclusão de *por que* existe o romance ou, mais ainda, de por que se escrevem romances, e no extremo da intenção de tentar desvendar *para que se escreve um romance*, Kundera teve necessidade de indagar em outras compreensões do ser e estar dessa forma literária. Nessa busca, precisou retroceder até a afirmação de um fundador dessa arte, Henry Fielding, para quem (e nos remetemos agora à primeira metade do século XVIII britânico) "o alimento que propomos aqui [...] a nosso leitor [...] [e se refere a *Tom Jones*] não é outro que não *a natureza humana*", frase que Kundera sublinha, pois leva-o a concluir que

> a trivialidade dessa afirmação é apenas aparente [...]; ninguém lhe teria concedido [ao romance] um objetivo tão geral, portanto tão exigente, tão sério, como o exame da "natureza humana"; ninguém teria elevado o romance à categoria de uma reflexão sobre o homem como tal.

Pois, acrescenta adiante, "uma invenção romanesca é um ato de conhecimento que Fielding define como '*penetrar rápida e obliquamente na verdadeira essência de tudo o que é objeto de nossa contemplação*'" (e o grifo agora é meu)...

Podemos confirmar, então, mais uma vez, a importância de que o romance também tenha um *para quê*: e é a de que se escreve (ou se pode escrever) um romance para revelar um conhecimento da "natureza humana", para testemunhar algo tão importante como essa derrota que é a vida e que muitas vezes se esquiva aos tratados filosóficos e aos discursos políticos. Ou para questões mais específicas de caráter muito diverso, como tentar saber por que os tchecos são tchecos e nós, os cubanos, somos cubanos, e por que os espanhóis e italianos pós-1968 são uns desencantados.

O exercício de ler um romance a partir da perspectiva de tentar descobrir "para que" foi escrito pode, então, nos revelar móveis e motivações que, ligados

---

[18] Ibidem, p. 21.

à função narrativa do texto e ao prazer da leitura, em geral não observamos ou, pelo menos, não do modo a que nos obriga a busca de uma razão profunda que se encontra no cerne do próprio exercício literário, pois revela a essência da relação do artista com seu contexto sócio-histórico específico e com sua necessidade essencial de expressão, como criador e como cidadão. Então, os recursos empregados para a construção da obra – e isso é essencialmente possível no romance, por suas peculiaridades artísticas e históricas que fomos registrando – adquirem outras dimensões, mais alinhadas com um fim não apenas estético, mas ideoestético, pois o conceito e a vontade do artista como ser social, como ente civil com preocupações e responsabilidades, sobem a um nível de importância capaz de elucidar as mais diversas funções do exercício literário realizado.

No caso dos romances de autores como Milan Kundera e Manuel Vázquez Montalbán, que por afinidades evidentes convoquei neste exercício de busca de razões e intenções, trata-se de obras que até leio com apreensão, constantemente tocado pelo que contam, pelo que dizem e não dizem, pelo que sugerem e expressam, pelo modo como chegam à alma das coisas e por sua capacidade de *tentar compreender a vida*, que é, como dizíamos antes, "a razão de ser da arte do romance".

Desde há vários anos, sempre que estou lendo um romance – e sempre estou lendo algum, mesmo nos períodos mais (in)tensos de trabalho –, em determinado momento me pergunto *para que* o autor o escreveu, pois essa revelação de um conhecimento da "natureza humana" nem sempre é o único objetivo que o criador persegue. Entretanto, desde que assumi a reflexão de Kundera, penso, com ele, que continua sendo o mais importante, sem dúvida porque eu mesmo, como escritor, sempre parto de um *para que*, mais que daquele *por que* tão atraente para os leitores e os jornalistas.

Há momentos em que a resposta a essa pergunta obsessiva é para mim mais ou menos elementar, sobretudo quando descubro que os romances lidos foram escritos *para* ganhar dinheiro. Fora esse exemplo, por ora dispensável, entre os casos mais notáveis de romances que sabemos *para que* foram escritos (ou pelo menos foi isso que nos deixaram ver ou até mesmo que seus autores nos disseram), talvez, entre muitos outros, estejam *Dom Quixote*, concebido por Cervantes para desmontar a tradição medieval dos romances de cavalaria num país já sem cavaleiros, que continuava sendo quase medieval na altura do século XVII; ou *Conversa no Catedral**, o grande romance que Mario Vargas Llosa escreveu para

---

* Mario Vargas Llosa, *Conversa no Catedral* (trad. Paulina Wacht e Ari Roitman, Rio de Janeiro, Alfaguara, 2013). (N. E.)

tentar encontrar a conjuntura e o momento exato em que o Peru se destroçou; ou *O estrangeiro*, ressumado por Albert Camus para evidenciar, a partir de um romance, a falta de sentido da vida transformada em objeto filosófico do existencialismo; ou *O século das luzes*, de Alejo Carpentier, escrito para ver os efeitos das revoluções na vida privada das pessoas. Esses quatro romances (poderia ter citado outros), apesar de todas as distâncias que os marcam, curiosamente poderiam ser qualificados como contestatários, obras que a partir de suas posições atacaram algumas ou muitas das essências dos sistemas sociais e também econômicos que refletiam e as criaram. Romances heréticos, pode-se dizer.

Há outros, em contrapartida, para os quais me é mais difícil, ou completamente impossível, encontrar razão intra ou extraliterária precisa que possa ter movido sua escrita, além da intenção de expressar uma abordagem particular da "natureza humana". Para que García Márquez escreveu *Cem anos de solidão**? Para nos dizer que há estirpes malditas ou – como o escritor disse certa vez – simplesmente para que seus amigos gostassem mais dele? A que se propunha Scott Fitzgerald ao escrever *O grande Gatsby***? Contar outra (mais uma) história de amor? E Fernando del Paso com *Palinuro de México*? Para brincar com as estruturas e as palavras, os dois componentes a partir dos quais se conseguem os outros propósitos da arte do romance (inclusive sua pretensão de conhecer a natureza humana)?

É evidente que tanto há bons romances escritos para eliminar razões concretas (políticas, filosóficas, até literárias) que estão além da essência cognitiva proposta por Fielding e ratificada por Kundera como há uma infinidade de romances já imprescindíveis na história do gênero que foram escritos só para satisfazer à necessidade de contar um episódio, dar vida a personagens, recriar uma época ou revelar uma história e, por meio disso, conseguir um olhar para essa natureza humana da qual estamos falando. Mas tanto uns como outros, afinal, devem compartilhar a necessidade e a intenção de "compreender a vida", pois todos se alimentam da natureza humana. Mais ainda, muitas vezes vivem do pior dessa condição: o ódio, a loucura, o rancor, a exclusão do outro, a violência, os fundamentalismos políticos, religiosos ou filosóficos e, é claro, o prazer de provocar medo e o horror de padecê-lo.

---

* Gabriel García Márquez, *Cem anos de solidão* (trad. Eric Nepomuceno, Rio de Janeiro, Record, 1977). (N. E.)
** Scott Fitzgerald, *O grande Gatsby* (trad. Vanessa Barbara, São Paulo, Companhia das Letras, 2011). (N. E.)

Ao longo dos últimos séculos, em que o romance atingiu tal apoteose que se chegou a predizer seu esgotamento e até sua morte, são inúmeras as obras que foram escritas, além do mais, com a intenção manifesta de revelar as barbáries a que a "natureza humana" se viu submetida e as que essa própria natureza inextricável pode gerar em situações mais ou menos críticas ou, pelo menos, propícias. A literatura latino-americana, criada num continente em que a convivência com a barbárie foi intensa e cotidiana (mesmo quando essa barbárie se transfigurou de todas as formas possíveis, inclusive a luta pela civilização, pela democracia ou pelo futuro através de projetos messiânicos), reuniu um romanceiro pródigo em textos capazes de expressar os mais sórdidos antros da natureza humana e de sua maior criação, a sociedade. Nenhuma outra literatura, por exemplo, dedicou mais páginas à figura do ditador – quase sempre manifestado como necessidade histórica –, pois em nenhum outro espaço geográfico e cultural do Ocidente civilizado viveu-se com tal intensidade e variedade a presença dessa figura, sempre disposta a ressurgir.

Também a literatura na América ibérica teve de expressar, com a frequência exigida pela realidade, as manifestações de violência que percorreram e percorrem nossas sociedades desde sua fundação até o presente. Num mundo nascido de um violento confronto cultural e histórico, onde desde sempre conviveram as formas mais elevadas da riqueza com as formas mais agudas da miséria (inclusive a miséria humana da escravidão), a violência encarnou-se na realidade histórica e cotidiana e foi, portanto, a manifestação de uma forma de vida que penetrou até a "natureza humana". A violência introduzida pela conquista e pela colonização espanholas, a evangelização dos indígenas, o tráfico negreiro e a escravidão, o terror que se espalhou nas lutas pelo poder e nas guerras civis e fratricidas de ontem e de hoje, até chegar às violências políticas de tantas ditaduras militares, as da pobreza ou as mais atuais, as do narcotráfico, incidiram tanto sobre o comportamento humano e suas manifestações que a barbárie se transformou em alimento literário, e a violência, em expressão dramática de suas explosões.

No entanto, conforme previsível, cada literatura teve de lidar com as misérias próprias das sociedades e das épocas que as criaram, dando expressão e rosto a suas barbáries particulares, integradas a suas culturas. A recorrência, digamos, do romance estadunidense em fenômenos como a repressão e a marginalização do diferente (ou da autorrepressão do indivíduo, tão explosiva), a violência profunda do sul profundo com sua pobreza secular (hoje mais psicológica que econômica, embora não deixe de ser econômica), a recorrência de fenômenos como os assassinatos seriais e outras formas de paranoia criminosa tão desenvolvidas naquele país conformam, sem dúvida, a secreção de uma natureza humana distorcida e degradada pelas emanações das próprias fontes do que conhecemos como civilização: a busca da riqueza – que lá teve, inclusive, sustentáculo religioso. Só assim se explica o fato de que o *para que* de muitos dos mais importantes romances estadunidenses nos remetem a revelações da psique do indivíduo e a tentativas de compreensões da sociedade em que essa psicologia se manifesta. Para comprová-lo, aí estão Faulkner, Capote, Updike...

No contexto da literatura europeia, a busca desse conhecimento da natureza humana por meio das mais diversas situações que podem ser "objeto da nossa contemplação" que Fielding propunha teve um cultivo sistemático no romance russo, inclusive em algumas obras da era soviética. A simples menção dos nomes de Dostoiévski, Tchékhov, Tolstói remete-nos a essas indagações, logo continuadas por autores como Bábel e Bulgákov. No entanto, creio que poucos romances foram capazes de penetrar com maior morbidez e furor que *Vida e destino**, de Vassili Grossman (escrito em 1961 e publicado fora de seu país quinze anos depois, quando o autor já havia morrido), na conjuntura mais dolorosa do século passado: a barbárie inigualável dos totalitarismos fascista e stalinista. É inquietante que essas duas expressões messiânicas do poder absoluto e repressivo, responsáveis pela morte de já nem se sabe quantos milhões de seres humanos (e não só na Europa da guerra, pois não devemos esquecer os ecos na China, em Kampuchea, na Guerra do Vietnã, nas ditaduras militares latino-americanas de espírito fascista), repito, que essas duas formas de totalitarismo tenham se apresentado como salvações nacionais e universais: o fascismo nos livraria da conspiração judaico-comunista que acabaria com a civilização ocidental, sua religião e seus valores (o messianismo estadunidense, é claro, deixou a facção judaica, mas não seu desprezo pelo judeu); o stalinismo e suas derivações ofereceram-se a nós como a vontade da humanidade e da história de avançar rumo a um futuro melhor, à civilização sonhada e possível da igualdade, em que não haveria opressores nem oprimidos.

Para que Vassili Grossman escreveu *Vida e destino*...? Apesar de ser um romance tão intenso e poderoso, permite-nos pensar que foi escrito simples, pura e plenamente para nos dizer que todos os totalitarismos, até mesmo os que se negam e se combatem uns aos outros, acabam sendo iguais. Esse é um propósito mais que suficiente para escrever um romance. Ou não?

---

* Vassili Grossman, *Vida e destino* (trad. Irineu Franco Perpetuo, Rio de Janeiro, Alfaguara, 2011). (N. E.)

A existência de um *para que* relacionado ao conhecimento da natureza humana anima quantidade demasiada de grandes obras para que não seja levada em conta essa pergunta obsessiva. A razão para a qual se escreve leva-nos a vasculhar o mistério de que, embora a vida seja uma derrota e não nos reste alternativa senão tentar compreendê-la, também é essencial saber que na compreensão pela literatura existe uma projeção social, para fora do escritor, que é uma forma não só de testemunhar, como também de se rebelar contra a perversão, a barbárie, a dor, e de compartilhar esse testemunho e essa rebelião com seres incrivelmente próximos que são os leitores. Afinal, não só por mim, mas também por eles, os supostos leitores, sempre me pergunto *para que* vou escrever um livro. E, se essa pergunta faltar a um romancista (mesmo que seja no fundo de sua consciência), sua literatura sofrerá as consequências.

2018

Terceira parte
Vocação e possibilidade

Ser cubano. Ser um escritor cubano. Ser um escritor cubano que vive em Cuba. Creio que a esta altura é evidente que essa é a divina trindade entre cujas condicionantes se moveu e se move toda a minha vida e em torno das quais, de um modo ou de outro, giram todos os textos que reuni neste livro, escritos num período de quase quinze anos e selecionados entre muitos outros de caráter jornalístico ou ensaístico, redigidos no período que vai desde o instante em que comecei a escrever *O romance da minha vida**, por volta do ano 2000, até o dia em que Lucía e eu fechamos o cadeado desta coletânea, em 2018.

Talvez para um escritor de outras latitudes essas condicionantes, adequadas a seus contextos pessoais e nacionais, tenham relativa pertinência, mas dificilmente carregam o peso específico que implica para nós, criadores que compartilhamos essas qualidades cubanas relacionadas ao pertencimento, ao ofício e à escolha pessoal. Embora muitos desses colegas dispersos pelo mundo "extenso e alheio" possam fazer-se perguntas como "por que escrevo um romance?" ou "para que estou escrevendo este romance?", indagações às quais sempre preciso dar respostas, e embora certamente todos eles também questionem "como vou escrever este romance?", se esses colegas atingiram certo nível de reconhecimento não me parece, porém, que se perguntem: "E será que vão publicar este romance?"... Nem que a pergunta não tenha a ver com a qualidade literária do texto, mas com o contexto.

Sempre que termino um de meus romances, penso que possivelmente *esse* eu não veja impresso em Cuba. E até agora meu temor foi infundado: todos os

---

* Leonardo Padura, *O romance da minha vida* (trad. Monica Stahel, São Paulo, Boitempo, 2019). (N. E.)

meus romances, livros de relatos e ensaios tiveram edições cubanas, muitos deles, também, prêmios cubanos, como o Prêmio da Crítica, que obtive em oito oportunidades (creio, creio, que o autor que vem depois de mim na fila obteve três). Entretanto, se a quantidade de exemplares não foi suficiente para a demanda, esse é outro assunto: em Cuba quase nenhuma oferta cumpre as expectativas da demanda. Se algumas obras minhas não foram reeditadas, também é possível atribuir a outra conjuntura, pois a reedição de um autor implica, por razões de caráter material (papel, capacidade poligráfica etc.), a posposição de outro autor. Se houve a decisão de não reeditar alguma obra, ou se já reeditada ela não circulou, também se deve a outra circunstância não mais de caráter material. Nesses casos, a situação está ligada à última e mais cubana de minhas perguntas (será que vão publicar este...?) e a uma resposta que pode ser muito complicada. Um romance meu foi publicado, depois reeditado e então novamente reeditado, mas essa segunda reimpressão não circulou porque Alguém achou (e acha) que não deveria haver mais reedições de um ou vários livros meus, ao passo que outros continuam sendo publicados. Quem o decidiu? Por quê? Ninguém levanta a mão.

Assim, ao mesmo tempo que alguns de meus livros podem estar em livrarias de meio mundo, tanto no idioma original como em traduções, o fato de ser cubano, escritor cubano que vive e escreve em Cuba, determina minha relação com os leitores cubanos que vivem e leem em Cuba. E também, é claro, influi de diversas maneiras em minha criação, em minha vida, em minha ligação com meu lugar de nascimento e residência na Terra e com a forma pela qual me relaciono e me responsabilizo com essas circunstâncias. Influi e determina, inclusive, o modo pelo qual leio a literatura de meus compatriotas e a literatura universal, o que essas obras me dizem, o que essas obras me ensinam, o que essas obras pesaram e pesam no escritor cubano que escreve e vive em Cuba, que sou e pretendo continuar sendo.

Cuba e a literatura: vocação e possibilidade

Em 15 de junho de 1824, sentado à beira da imponente catarata estadunidense, o poeta, independentista e desterrado cubano José María Heredia escreveu sua prodigiosa ode ao "Niágara". Heredia tinha, então, apenas dezenove anos e já havia vivido tanto e escrito poemas tão impressionantes de temática filosófica, amorosa, civil e patriótica que o reflexo daquele homem arrastado pelos furacões de seu tempo ainda hoje se projeta do Niágara para a imortalidade e tende a nos parecer, mais que o de um jovem de apenas dezenove anos, o de um ser que exauriu todos os caminhos da vida. O espetáculo que o comove e inspira é retumbante, de escala cósmica. Os versos que escreve naquela mesma tarde empenham-se em reproduzir a relação entre o vigor da natureza americana e o destino mínimo de um homem só, marginalizado, perseguido, obcecado por um ideal político. O resultado daquele instante mágico foi a entrada grandiosa da poesia cubana na torrente da literatura universal.

Aquele poema genésico, de ressonâncias telúricas e projeções magníficas, escrito fora de Cuba quase um século antes de a ilha deixar de ser uma colônia espanhola para se tornar uma república que nasceria traumatizada e sob intervenção militar, encerrava em si um dos sinais indeléveis que viriam a definir o caráter da literatura cubana: seu descomedimento, seu gigantismo, suas pretensões universalistas. Ou o que é a mesma coisa: a tentativa de projetar-se acima da insularidade que Virgilio Peña chamou "a maldita circunstância da água por todos os lados", para participar do concerto literário universal.

No próprio século XIX, Cuba já deu à lírica da língua outros dois poetas capazes de fundar uma nova estética que influiria e transformaria inclusive a poesia da metrópole espanhola. José Martí e Julián del Casal, gestores do modernismo poético ao lado de Rubén Darío, contribuíram para cimentar esse descomedimento cultural e a presença incontornável das letras cubanas dentro e além das fronteiras do idioma.

Ao longo da primeira metade do século XX, vários autores cubanos estabeleceriam definitivamente essa vocação e essa possibilidade de gigantismo. Um romancista como Alejo Carpentier, um dramaturgo como Virgilio Piñera e poetas como Nicolás Guillén, José Lezama Lima e Eliseo Diego, entre outros, bastariam para fundamentar uma projeção cultural que, há poucos anos, o crítico estadunidense Harold Bloom, em seu mais celebrado e discutido *O cânone ocidental**, ratificará ao incluir cinco autores cubanos entre os trinta escritores hispânicos que ele considera canônicos do século XX.

De modo que em 1959, ao se produzir a vitória militar do Exército rebelde comandado por Fidel Castro e se estabelecer a possibilidade de uma revolução política, social, econômica e cultural na ilha do Caribe, a literatura e, em geral, a arte cubanas (música, balé, artes plásticas) gozavam de projeção, importância e prestígio internacionais capazes de situá-las, por direito próprio, no panorama da cultura universal de seu tempo.

Muito se escreveu desde então sobre os efeitos (benéficos para uns, castradores para outros) que a mudança revolucionária iniciada em 1959 teria sobre essa cultura. Incontestável é que, ao lado de medidas de caráter político, social e econômico, o novo governo criou, desde seus primeiros dias, a base sobre a qual deveriam fomentar-se as grandes mudanças culturais em Cuba, graças à criação do suporte institucional, industrial e educacional que a projeção e o consumo da arte na ilha multiplicariam. A conturbada e romântica década de 1960 viu nascer e crescer um sistema de produção cultural (gráficas e editoras, institutos de cinema e de promoção, companhias de balé e de dança, gravadoras) que, ao lado de importantes projetos educacionais (desde a campanha de alfabetização até a criação de escolas de arte), gerou um ambiente cultural denso e potente pelo país.

Paralelamente, as mudanças políticas (que encerravam lógicas mudanças na percepção política da criação artística) potencializaram, então, outro fenômeno presente na literatura e na cultura cubanas desde a época de Heredia e de Martí: o exílio. Uma notável onda de escritores e artistas, alheios por razões políticas ou econômicas ao novo projeto social, abandonaram o país em um novo tipo de

---

* Harold Bloom, *O cânone ocidental* (trad. Marcos Santarrita, São Paulo, Objetiva, 1995). (N. E.)

diáspora que nascia marcada por um signo terrível: a impossibilidade do regresso e o pretendido (e aplicado) desterro da memória nacional.

A polarização econômica e social cubana definitiva assumiria caráter de política de Estado em abril de 1961, quando, já em dias de franco antagonismo com o governo dos Estados Unidos, Fidel Castro anuncia o caráter socialista de sua revolução. A história cubana dava, então, uma virada previsível, mas total, que arrastaria em seu turbilhão cada uma das atividades materiais e espirituais do país, inclusive, é claro, sua literatura.

Apenas alguns meses depois do nascimento do Estado socialista, o presidente Fidel Castro marcaria aqueles que foram, a partir de então, os polêmicos limites estéticos e ideológicos da relação entre o Estado marxista e a produção artística na ilha, quando, numa série de reuniões com intelectuais cubanos realizadas na Biblioteca Nacional, ele pronunciou suas programáticas "Palavras aos intelectuais", nas quais ficavam estabelecidas as novas regras do jogo: "Dentro da revolução, tudo; contra a revolução, nada". A vigência dessa relação, de tão difícil definição num terreno como a arte, seria ratificada ao longo de todos aqueles anos com frequentes evocações e reimpressões do discurso, como as de 2001, a propósito dos quarenta anos de seu pronunciamento.

Embora a experiência da criação artística nos países socialistas europeus, em especial na União Soviética de Stálin, não fosse exatamente alentadora (muito pelo contrário), o ambiente em que se cria a literatura na Cuba socialista ao longo da década de 1960 é, em linhas gerais, harmônico e ascendente. Por um lado, a permissividade oficial com respeito aos mais diversos experimentos estéticos e formais, a proximidade com algumas figuras da esquerda heterodoxa (Sartre à frente), o espírito latino-americanista reforçado pelas instituições e a promoção de obras empenhadas em refletir os novos conflitos na nova sociedade vieram harmonizar-se com o entusiasmo majoritário de escritores que abraçavam o projeto social em que, pela primeira vez, viam-se reconhecidos como tais num país em que mal tinham sido retribuídos por sua grandeza – e nem sequer por seu trabalho.

Uma espécie de casamento feliz (com previsíveis divórcios: Guillermo Cabrera Infante e outros menos notáveis) foi, então, vivido entre o governo cubano e a intelectualidade literária, numa época, ao mesmo tempo tensa e dramática, de isolamento e proximidade, de mais rupturas e nascimentos que de continuidade.

No fim daquela revolucionária década de 1960, produz-se, no entanto, o primeiro cisma entre escritores e revolução quando se ventila o ainda famoso "caso Padilla", com sua lamentável confissão de culpas e erros, carregada de ressonâncias moscovitas. Muito pouco tempo depois, seria realizado o Congreso de Educación y Cultura de 1971, evento que marcaria uma virada drástica e o início de um longo período de instrumentalização de uma política cultural férrea, ortodoxa e em boa medida repressiva contra tudo o que, segundo a burocracia cultural da época, caísse "fora da Revolução", um "fora" que parecia ser um terreno muito mais amplo que o que se imaginara até então, talvez porque o "dentro" tivesse reduzido seus limites a uma fidelidade ortodoxa sem espaço para qualquer discrepância. Contudo, se nos anos 1960 os inconformados tinham optado pelo exílio, a mentalidade da década de 1970 tomou partido pelo silêncio forçado e pela permanência, quando várias dezenas de escritores considerados "não confiáveis" (pelas mais diversas razões, inclusive sexuais e religiosas) começaram a sofrer uma marginalização de drásticas proporções espirituais e de dimensões temporais imprevisíveis, sem que nenhum deles pretendesse escapar – por qualquer meio – do castigo e da castração.

O tristemente memorável Conselho Nacional de Cultura foi o encarregado de colocar em prática e fiscalizar o cumprimento da nova política cultural que parecia ser exigência dos tempos de uma institucionalização socialista (não só na cultura) de indubitável sabor soviético. As teses e as resoluções do congresso de 1971 avisavam de maneira clara e ameaçadora sobre o estreitamento dos espaços de permissividade não só artística, como também moral e religiosa, para escritores e artistas (e para todos os cidadãos do país). Entre os resultados mais dramáticos, no plano humano, esteve a marginalização (vital e editorial) de numerosos escritores, com os já então imprescindíveis José Lezama Lima e Virgilio Piñera à frente.

No nível literário, ao mesmo tempo que se restringiam os espaços de reflexão a partir da literatura, mantidos ao longo da década de 1960, incentivava-se a partir de posições oficiais uma nova criação reafirmativa, desconflitizada, ideologicamente corretíssima, que teve entre suas manifestações grupais o nascimento de um chamado romance policial revolucionário (no qual em geral faltava o *romance* e superabundava o *revolucionário*), uma literatura simplista e didatista para crianças e jovens, e um incentivo, não muito divulgado, mas perceptível, de certo realismo socialista à cubana que teve inúmeros cultores, a maioria esquecida havia tempos, e angariou entre suas vítimas mais lamentáveis os últimos romances de Alejo Carpentier, especialmente *A sagração da primavera**, fracassada

---

*   Alejo Carpentier, *A sagração da primavera* (trad. Mustafa Yazbek, São Paulo, Brasiliense, 1987). (N. E.)

e explícita tentativa de fornecer o "romance da revolução" definitivo, concebido como um canto épico e flagrante ao processo sócio-histórico cubano.

Aquele período, que foi qualificado como "quinquênio cinza" da literatura cubana, teve entre seus estranhos efeitos a redução da presença e da projeção internacional que, até então, acompanhara a literatura da ilha. É verdade que nessa época Alejo Carpentier recebe os mais importantes reconhecimentos internacionais por sua carreira artística, que *Paradiso**, de Lezama Lima, torna-se um livro cultuado por certos setores da crítica, que José Soler Puig publica seu melhor romance, *El pan dormido*, e que fora da ilha Guillermo Cabrera Infante continua desfrutando de prestígio cada vez maior como escritor, enquanto Severo Sarduy liga-se às maneiras próprias do chamado pós-*boom*. No entanto, é inegável que, enquanto muitos autores nem sequer eram publicados (Piñera, o próprio Lezama, Antón Arrufat, Heberto Padilla, Reinaldo Arenas), outros o eram com obras sem calor nem intensidade, nas quais evitavam qualquer conflito espinhoso da realidade. Quase qualquer conflito.

Embora no fim dos anos 1970, depois de criado o Ministério da Cultura (1976), comece a se desenvolver, de modo lento e de início quase invisível, uma política cultural mais permissiva, é só na década de 1980 que, sobretudo por parte de uma geração de escritores emergentes, percebe-se um sinal de mudança na criação literária cubana. Talvez o sinal mais visível em alguns romances e muitos relatos surgidos naqueles anos de recuperação seja a colocação dos conflitos humanos em tempos de revolução na perspectiva ética dos indivíduos e acima dos conteúdos políticos até pouco antes dominantes. Por certo esse processo de distanciamento do evidente político não foi exclusivo da criação literária e, inclusive, foi precedido por buscas similares nas artes plásticas, que, talvez pela possibilidade de oferecer resposta mais rápida a exigências criativas e culturais e por ser menos dependente da indústria cultural, concretizou a mudança estilística e conceitual alguns anos antes.

A existência de uma estreita relação de continuidade entre o trabalho do escritor e a indústria editorial cubana, propriedade do Estado, talvez tenha prolongado um processo de recuperação desse olhar crítico e indagador com respeito à realidade que se manifestaria, quase de maneira maciça, nos problemáticos e difíceis anos 1990. Os autores cubanos, no entanto, gozaram na década de 1980 de possibilidades editoriais quantitativamente superiores, embora suas pretensões

---

* José Lezama Lima, *Paradiso* (trad. Josely Vianna Baptista, São Paulo, Estação Liberdade, 2014). (N. E.)

estivessem centradas no universo editorial da ilha (no máximo, aspiravam à publicação em outros países socialistas, quase sempre por meio de programas oficiais de intercâmbio) como meio e fim. Enquanto isso, como reparação silenciosa de uma injustiça poética, os autores marginalizados nos anos do quinquênio cinza voltavam a ser publicados (hoje vários deles foram reconhecidos com o Prêmio Nacional de Literatura), e Lezama e Piñera começavam sua nova ascensão ao altar da devoção, onde se instalaram com mais força que nunca.

A desintegração do bloco socialista europeu e a consequente crise econômica em que a ilha se viu lançada fizeram da década de 1990 um período de intensas carências materiais e de patente desencanto político, propiciando na literatura cubana várias reações imediatas: a diáspora de um número significativo de autores de todas as gerações atuantes; a busca, também (e penso que *sobretudo*), pelos que permaneciam na ilha, de uma literatura sobre os conflitos da realidade, vistos de maneira essencialmente crítica; e a paralisação da indústria cultural, inclusive da editorial, é claro, entre outras. Entretanto, a mais importante transformação gerada no calor da crise econômica foi a ruptura da relação de dependência entre o criador e a desarvorada indústria cultural do país, pelo fato de que então se impôs à literatura cubana a urgência de buscar um mercado além das fronteiras da ilha e, felizmente, de encontrá-lo, em muitos casos.

Se o teto baixíssimo, quase asfixiante, de permissividade da política cultural da década de 1970 foi pressionado na de 1980, o mais importante foi que já na década de 1990 produziu-se um rompimento ou um transbordamento significativo que foi assimilado de maneira inteligente – embora nem sempre consequente – pelas instâncias políticas e culturais do país. A partir da literatura, pela primeira vez, produzem-se reflexões postergadas, abordam-se realidades pungentes e angustiantes de uma sociedade (também de seu passado imediato), enquanto afloram personagens, assuntos, temas e conflitos da realidade levados à literatura, os quais por muitos anos haviam sido considerados tabu. Como qualquer reação, essa correu o risco do excesso, e a narrativa cubana, antes repleta de lutadores, milicianos, operários abnegados e camponeses felizes, superpovoou-se de prostitutas (*jineteras*), emigrantes (*balseros*), corruptos, drogados, homossexuais, marginais de toda espécie e desencantados das mais diversas categoria.

Os autores que viviam fora da ilha (pelo menos parte importante deles) pretenderam transformar esses personagens em bandeiras políticas talvez explícitas demais (como se fez com outros personagens nos anos 1970, claro, com o sinal político invertido), ao passo que os que permaneciam no país, pondo à prova os limites da permissividade oficial, pressionando-os muitas vezes, valiam-se dos recursos da literatura (metáforas e hipérboles dos calibres mais diversos e imagináveis) para lançar seu olhar para o social a partir dos conflitos refletidos.

As mudanças geradas dentro da criação artística que incidiram na política cultural da década de 1990 (mudanças apoiadas por instâncias como o Ministério da Cultura e, desde antes, pela Unión de Escritores y Artistas) não significaram, é claro, que tivessem desaparecido do âmbito cultural cubano as pesadas presenças da censura e, sobretudo, da autocensura. Entretanto, empenhados em expandir os níveis de tolerância, em expressar suas preocupações vitais e convencidos de que a literatura devia cumprir seu compromisso primordial com a própria literatura, muitos escritores continuaram – e continuam – um trabalho de buscas estéticas e sociais e, em muitos casos, conseguiram resgatar a vitalidade de uma criação literária que voltava a criar uma ponte com a projeção e a pretensão universal que a acompanhara desde seu nascimento. A partir do próprio início dos anos 1990, uma quantidade importante de escritores cubanos começou a ganhar prêmios internacionais de poesia, narrativa e teatro, e, já no fim da década, um grupo notável deles, sobretudo romancistas, conseguiu inserir suas obras nos circuitos de edição e promoção internacionais, alcançando, inclusive, sucessos de venda e crítica no competitivo e complexo mercado do livro (a ponto de se falar de um *boom* do romance cubano).

Talvez o empenho mais significativo dentro de um processo de mudança na criação literária e (como é habitual num Estado socialista) em sua relação com a política cultural do país tenha sido o de refletir, por toda uma promoção de autores, os conflitos de seu tempo e conseguir, ao mesmo tempo, um espaço de difusão dentro da ilha, às vezes minguado (a censura sempre vigilante), mas ao menos existente. Embora seja verdade que a quase totalidade dos criadores radicados no exílio não voltaram a ser publicados em Cuba (Jesús Díaz, Luis Manuel García, Daína Chaviano e um longo *et cetera*), que alguns dos assentados na ilha não puderam imprimir seus livros aqui ou o fizeram tardiamente (Pedro Juan Gutiérrez e sua *Trilogia suja de Havana**, muito difundida, constitui um caso sintomático), também é justo reconhecer que quem permaneceu no país, apesar de não terem ocorrido mudanças políticas essenciais, gozou de uma possibilidade de expressão e análise difícil de imaginar se estivéssemos nos obscuros anos 1970 e até nos pujantes anos 1980.

A relação "dentro da revolução tudo, contra a revolução nada", estabelecida há quase meio século, continua vigente demais como essência da política

---

* Pedro Juan Gutiérrez, *Trilogia suja de Havana* (trad. Paulina Wacht e Ari Roitman, São Paulo, Alfaguara, 2017). (N. E.)

cultural socialista cubana. O que mudou, então? Penso que a interpretação oficial de *dentro* e *contra* e, até certo ponto, a mentalidade de muitos dos intérpretes desses limites, às vezes tão imprecisos e que se fizeram tão férreos trinta anos atrás. Mas, sobretudo e antes de tudo, mudaram a realidade, o pensamento de muitos autores sociais e, por conseguinte, a necessidade de expressão dos escritores, seu senso de responsabilidade civil e, também, sua relação com a realidade que os cerca. Suas intenções estéticas tornaram-se necessariamente pungentes num país onde se instalou uma longa crise econômica e, sobretudo, onde se perderam ou se transformaram muitos valores políticos e éticos; onde, como porta-vozes do *establishment*, os meios de comunicação (salvo algumas revistas especializadas) cumprem uma função mais de propaganda que de reflexão. A literatura, então, encarregou-se de suprir um vazio que, caso contrário, poderia ser catastrófico para a (des)memória da nação e, na velocidade dessa transição, deixou para trás o ritmo de possível evolução das instituições, burocratizadas e marcadas por velhas ortodoxias.

Nessa relação, os limites, tão difíceis de definir (e, além do mais, quase sempre subjetivos em se tratando de obras artísticas), entre o *dentro* e o *contra* marcaram, pois, uma maneira de assimilar o que se considera permissível pelas esferas de decisão política e cultural. Os escritores e os demais criadores, por sua vez, precisaram olhar à volta tentando imaginar onde começa cada espaço, quais são as linhas de cal que limitam a área de jogo e como fazer para burlá-las ou jogar no limite do *offside*. Desse modo, a censura e a autocensura, a política cultural e a responsabilidade literária, as necessidades de expressão e o panorama político em mudança estabeleceram uma dialética de pares às vezes angustiante para o escritor, embora também desafiadora para sua inteligência. Entretanto, a meu ver, a literatura cubana atual, desfalcada pelos exílios (como nos tempos de Heredia e sua ode genésica), mas ao mesmo tempo enriquecida pelos que decidiram fazer sua vida e sua obra na ilha, vai deixando, com persistência, ainda que não sem tropeços, uma amostra de sua possibilidade de grandeza e de sua vocação de participação, com obras que são expressão de angústias existenciais tanto quanto de conflitos sociais e, em todo caso, fruto de um tempo complexo e desafiador, no qual a literatura, felizmente para ele, ainda parece cumprir uma função social ativa. Pelo menos é no que eu e muitos outros criadores cubanos acreditamos.

2006

Revolução, utopia e liberdade em *O século das luzes*

Naquela noite vi levantar-se a Máquina [...] como uma porta aberta sobre o vasto céu que já nos trazia cheiros de terra [...] estava erguida sobre a proa, reduzida ao dintel e às jambas, com aquele corta-mão, aquele meio frontão invertido, aquele triângulo negro, com bisel acerado e frio, pendendo de seus montantes. *Ali estava a armação, nua e despojada, novamente plantada sobre o sono dos homens, como uma presença – uma advertência – que concernia a todos nós igualmente...* Já não a acompanhavam pendões, tambores nem turbas; não conhecia a emoção, nem a cólera, nem o pranto, nem a embriaguez daqueles que, ali, a cercavam de um coro de tragédia antiga...[1]

A imagem, a informação anedótica, porém muito mais a fatal revelação histórica com a qual Alejo Carpentier abre seu romance *O século das luzes*, provocou as mais diversas, fundamentadas e desencontradas leituras ao longo dos anos que se seguiram à publicação do livro, primeiro em francês e depois em espanhol, na segunda metade de 1962. O fato de o escritor ter extraído de seu contexto dramático e de sua localização cronológica dentro do romance o momento em que "sobre o sonho dos homens" a guilhotina se levantou no navio que leva para a América Esteban, Víctor Hugues (então comissário da Convenção) e, de fato, a prática e as ideias da Revolução Francesa, implica uma intencionalidade que nunca passou despercebida, embora tenha sido interpretada de maneiras diversas.

---

[1] Alejo Carpentier, *El siglo de las luces* (Havana, Arte y Literatura, 1974), p. 10. O grifo é de Leonardo Padura. Doravante, as citações do romance, extraídas desta edição, trarão no fim a indicação da página [ed. bras.: *O século das luzes*, trad. Sérgio Molina, São Paulo, Companhia das Letras, 2004].

Por que extrair de seu momento dramático essa paisagem cheia de ressonâncias macabras e advertências reveladoras? Por que um escritor tão preocupado com as estruturas, capaz de construir romances e relatos com meticulosa precisão, se vale de uma ruptura da linearidade que percorre o resto da obra e antecipa, justamente, o instante em que a guilhotina revolucionária, com toda a sua potência simbólica e alegórica, como a qualificara Noël Salomon[2], se aproxima das Antilhas no mesmo barco em que – saberemos quando for a hora – viaja também o importante decreto que abolia a escravidão nas colônias francesas de ultramar?

É evidente que esse tipo de prólogo, no qual o escritor adianta e estabelece qual será a essência conceitual e ideológica de sua obra, não foi levado ao início do romance por uma necessidade de equilíbrio estrutural, pois a ruptura cronológica não se justifica como exigência formal num texto que, a partir desse momento, respeita a linearidade. Também não parece admissível, em se tratando de um escritor como Carpentier, que a antecipação, enigmática em seu momento, pretendesse criar uma expectativa argumental no leitor. A razão mais viável, acho, estaria relacionada com a intenção de reforçar o peso conceitual da mensagem que o escritor deseja transmitir, uma conclusão penosa, alcançada por meio de uma imagem dramaticamente simbólica, com respeito à essência de uma revolução. Mas voltamos às perguntas: a essência ideológica e temática do romance está reportada a esse prólogo ou, na realidade, para sua revelação devemos esperar até o epílogo épico, muito contrastante, no qual, depois de outro salto temporal, dessa vez para adiante, encerra a obra num cenário novo para seu já vasto percurso francês e caribenho: Madri da invasão napoleônica e o levante popular de 2 de maio de 1808? Para que Carpentier escreveu esse romance?

Creio que todas as leituras de *O século das luzes* concordam em atribuir ao texto uma intenção de significado precisa: trata-se de um romance sobre a deturpação da utopia social igualitária e a perversão de uma prática revolucionária que conduziria à liberdade social e individual, dois processos simultâneos, interligados, vistos na ocasião através do caso histórico e concreto da mais dramática, importante e paradigmática das revoluções burguesas, a que ocorreu na França a partir de 1789. Nesse acordo, o hasteamento da guilhotina com o qual se abre o romance adquire seu melhor sentido filosófico, ao passo que o epílogo se propõe a equilibrar, num plano de referências históricas diferente, a invencível vontade humana de lutar pela liberdade, de se lançar a fazer "algo" quando é necessário.

---

[2] Noël Salomon, "*El siglo de las luces*: historia e imaginación", em *Recopilación de textos sobre Alejo Carpentier* (Havana, Casa de las Américas, 1977).

Antes da escrita e da publicação de *O século das luzes* – e faço distinção entre esses dois momentos, pois, segundo Carpentier, foram assepticamente separados por um intervalo considerável de quatro anos, entre 1958 e 1962 –, o escritor cubano abordara com insistência o tema das revoluções e suas consequências em diversos momentos históricos da América Latina. Seu primeiro grande romance, *O reino deste mundo** (1949), desenvolvera seu argumento entre as rebeliões de escravos que antecederam a revolução independentista haitiana e a perversão do processo com o reinado de Henri Christophe, o líder negro que, traindo o propósito da revolução, proclama-se imperador e restitui o trabalho forçado para seus compatriotas no primeiro país independente da América Latina. Seu romance anterior a *O século das luzes*, *O cerco*** (1956), registrava, por sua vez, as peripécias da fuga e da morte de um delator, antigo revolucionário, uma das mais lamentáveis emanações da também frustrada revolução antimachadista vivida em Cuba durante a década de 1930, processo que deu ensejo a uma profunda degradação moral da nação. Se em *O reino deste mundo* o personagem Ti Noel, possível encarnação supratemporal do povo haitiano, acaba compreendendo que, apesar das derrotas, havia para ele uma missão inalienável e fundamental no "reino deste mundo", em *O cerco* só resta o sabor da frustração dos ideais e o desencanto político que levou alguns críticos – entre eles, Juan Marinello – a apontar o pessimismo histórico que emanava da narração carpentieriana e também a qualificar a obra como historicamente inoportuna, com um julgamento de caráter político e conjuntural que ignorava as necessidades particulares e características próprias da criação artística.

Ao revisitar esse tema em *O século das luzes*, Carpentier decide chegar ao fundo da questão e dedica seu romance, mais precisamente, ao conflito da frustração dos ideais revolucionários de um processo que proclamou como sua aspiração máxima o estabelecimento de uma sociedade melhor, em que se materializariam os mais elevados anseios utópicos do homem, pois imperariam, com peso de lei, a liberdade, a igualdade e a fraternidade entre os indivíduos, como cidadãos, independentemente de sua classe e cor.

No primeiro capítulo do romance, que se desenrola em Cuba, fundamentalmente em Havana e em especial dentro da casa burguesa de Carlos, Sofía e Esteban, como anúncio dos interesses do escritor já começa a se manifestar entre

---

* Alejo Carpentier, *O reino deste mundo* (trad. Marcelo Tápia, São Paulo, Martins Fontes, 2009). (N. E.)
** Idem, *O cerco* (trad. Eliane Zagury, São Paulo, Global, 1988). (N. E.)

os três jovens um inconformismo social muito elementar e sem fundamentos teóricos, mas que serve para marcar a relação dos personagens com um dos conceitos a que o romancista dedicará maior interesse: o da busca da liberdade individual.

Assim que se abre o livro, ao ser apresentado o personagem Carlos, o tema salta para o primeiro plano das preocupações do jovem, amante de música, quando ele sente como a responsabilidade que deve assumir diante do negócio herdado (e diante da própria vida), somada ao significativo contexto geográfico a que pertence, revelam-se uma perda de suas liberdades de decisão, ação e movimento, quando inclusive sente-se prisioneiro na cidade e no país cuja insularidade sempre é difícil de vencer[3].

Sua irmã Sofía, por sua vez, aproveita a circunstância para obter justo o que Carlos pensa ter perdido, pois, com sua decisão de não voltar ao convento onde fora internada, tem "uma quase deleitosa sensação de liberdade"[4], da qual começa a desfrutar com o inusitado estilo de vida ao qual os jovens se entregam e que transforma o *inxílio* voluntário e alienante a que se submetem, movidos por seu inconformismo e sua rebeldia, numa opção de liberdade individual, a tal ponto que, transcorrido o ano de luto,

> continuavam [os jovens] no âmbito próprio, esquecidos da cidade, desatentos do mundo, inteirando-se casualmente do que acontecia na época por algum jornal estrangeiro que lhes chegava com meses de atraso [...], à margem de qualquer compromisso ou obrigação, ignorantes de uma sociedade que, por seus discursos provincianos, pretendia submeter as existências a normas comuns.[5]

No caso do primo Esteban, entretanto, o processo tem outras características: sua prisão é a doença sofrida desde a infância, e seu vislumbre de uma liberdade de ação só chega com a cura ou o alívio do padecimento que lhe são proporcionados pelas técnicas esotéricas e concretas do doutor Ogé, irmão filantrópico de Víctor Hugues. A partir desse momento, o personagem que será o mais intelectual e reflexivo do elenco toma consciência da possibilidade de desfrutar sua liberdade por meio da descoberta de suas capacidades e necessidades físicas, às quais se entrega com libertina desenvoltura, e sempre "à margem de qualquer compromisso ou obrigação", é claro que social ou político.

---

[3] Alejo Carpentier, *El siglo de las luces*, cit., p. 16-7.
[4] Ibidem, p. 18.
[5] Ibidem, p. 32.

No entanto, como tantas vezes se disse, a chegada e a presença de Víctor Hugues são os acontecimentos que alteram definitivamente a vida dos jovens e seus conceitos, tanto que logo determinarão os destinos de pelo menos dois deles (Esteban e Sofía) e marcarão a existência do outro (Carlos), quando primeiro as ideias e depois a proximidade da política entrarem na vida deles e lhes conferirem novos sentidos.

Para os outros personagens, Víctor Hugues funciona como agente da mudança. Depois de sua chegada, até mesmo antes da revelação de suas ideias políticas e seus propósitos ocultos, o personagem provoca alterações: "De repente funcionaram os aparelhos do laboratório de física; os móveis saíram das caixas; os doentes se curaram e os inertes caminharam"[6], diz Carpentier, que confere atributos messiânicos ao homem que começa a provocar uma revolução dentro da casa havanesa. Mas, ao inconformismo descentrado dos jovens burgueses, Víctor Hugues logo oferecerá outra dimensão da luta pela liberdade e da necessidade da revolução – a verdadeira –, ambas marcadas por forte cunho utópico, muito próprio de seu contexto histórico e intelectual.

O Víctor Hugues que chega a Havana, comerciante, membro e ativista da franco-maçonaria, é um homem carregado dos mais prototípicos ideais utópicos, conforme se encarregará de evidenciar em seus diálogos com os jovens: "Todos os homens nasceram iguais", repete Víctor Hugues, que, além do mais, é defensor de medidas sociais tão radicais quanto "a distribuição de terras e pertences, a entrega dos filhos ao Estado, a abolição das fortunas e a cunhagem de uma moeda de ferro que, como a espartana, não pudesse ser entesourada"[7], e de soluções econômicas como a do livre comércio, que "é uma maneira de lutar contra as tiranias dos monopólios. [Porque] a tirania deve ser combatida sob todas as suas formas"[8].

Depois de recebidas as primeiras notícias da revolução que começou na França, graças a Víctor Hugues e a seu colega, o doutor Ogé,

> as expressões *liberdade, felicidade, igualdade, dignidade humana* [sublinhadas por Carpentier], voltavam continuamente àquela exposição atropelada [da qual os jovens eram beneficiários], justificando a iminência de um Grande Incêndio que Esteban aceitava como uma purificação necessária, como um

---

[6] Ibidem, p. 80.
[7] Ibidem, p. 57.
[8] Ibidem, p. 76.

244

apocalipse que estava ansioso por presenciar quanto antes, para iniciar sua vida de homem em um mundo novo.[9]

Antes que qualquer um dos personagens se transforme em ator ou testemunha do processo revolucionário real, fica estabelecida e frisada a partir desse momento do romance (subcapítulo IX dos quarenta e oito que o compõem) uma identificação de marcado caráter romântico e iluminista entre a utopia social e revolucionária e o desfrute de uma liberdade que seria obtida graças à mudança radical que propiciará o que Ogé, com palavras de muita ressonância ideológica intertextual e antecipatória, chama de "o fantasma que percorre a Europa"[10].
Motivados pelas notícias chegadas da França,

> passaram dois dias a falar de revoluções, Sofía assombrada com quanto era apaixonante o novo tema de conversa. Falar de revoluções, *imaginar revoluções* [...] é tornar-se um pouco dono do mundo. Os que falam de uma revolução veem-se levados a fazê-la. É tão evidente que este ou aquele privilégio deve ser abolido, que se trata de aboli-lo. [...] E, uma vez o terreno saneado, passa-se a edificar a Cidade do Futuro.[11]

Carpentier diz isso e coloca no território dos sonhos, da imaginação, do desejo, enfim, da mais pura utopia, a prática revolucionária à qual os protagonistas sonham em se integrar e que começou sua caminhada depois da tomada da Bastilha.
A saída de Cuba de alguns dos personagens (Víctor, Esteban, Ogé) marca o salto do verbal para o factual, da revolução imaginada ou lida para a constatação da revolução vivida. Em Santiago de Cuba já há notícias de que "eclodira uma revolução de negros na região norte [do Haiti]"[12], cujos efeitos serão decisivos para o destinos daqueles três homens: Ogé perde o irmão, assassinado pela repressão dos colonos brancos; Víctor Hugues perde seu negócio, devastado pelos rebeldes negros; Esteban, a possibilidade do regresso. Num instante a revolução deixou de ser o tema de discussões em círculos de interessados para se transformar numa conjuntura capaz de alterar as condições das sociedades e das existências individuais. Em meio a suas perdas, porém, graças à "revolução de negros", Esteban e Víctor ganham naquele momento uma importante e inesperada cota de

---

[9] Ibidem, p. 77.
[10] Ibidem, p. 78.
[11] Ibidem, p. 78-9. O grifo é de Leonardo Padura.
[12] Ibidem, p. 90.

liberdade: quebradas certas amarras econômicas ou políticas, seu único caminho leva ao lugar da revolução, a cuja prática ambos se entregarão na medida de suas capacidades e suas possibilidades.

O processo que começa a partir de então, e que conduzirá ao momento em que Esteban é testemunha da instalação da guilhotina na proa do barco em que viaja para a América, serve a Carpentier para realizar o primeiro contraste entre todo o acervo utópico com que lidam os personagens e a realidade da prática revolucionária no mesmo berço da revolução em que "se assistia [...] ao nascimento de uma nova humanidade"[13]. Atrás ficam Carlos, amarrado aos compromissos que restringem sua liberdade, e Sofía, condenada por sua condição de mulher ao cotidiano e à monotonia.

A partir desse ponto de virada histórica e dramática, a percepção do processo transformador, e também seu julgamento, fica nas mãos de Esteban, que, ao chegar a Paris, recebe orgulhoso o título de "estrangeiro amigo da liberdade" e, para selar sua militância filantrópica, inicia-se na Loja dos Estrangeiros Reunidos. Seu primeiro olhar sobre o ambiente transmite-lhe um panorama de festa que, para ele, é magnético. "A revolução infundira uma nova vida na rua [...]. 'Alegria e explosão de um povo livre', pensava o rapaz, ouvindo e olhando"[14]. Desde o início, Esteban, com seu espírito romântico exaltado, entrega-se à revolução, "mais francês que ninguém, mais revolucionário que os que atuavam na revolução, clamando sempre por medidas inapeláveis, castigos draconianos, punições exemplares"[15], porque, para a realização cabal de seus esquemas utópicos, sente que "mais que numa revolução parecia que estava numa gigantesca alegoria da revolução; numa metáfora da revolução"[16], e Paris transforma-se para ele na "Cidade Futura que, por vez, não se situara na América, como a de Tomás Morus ou de Campanella, mas no próprio berço da filosofia"[17]. A combinação perfeita entre os ideais utópicos que Carpentier faz Esteban percorrer e a realidade que o jovem consegue ver permite ao personagem encontrar-se naquele momento, ou pelo menos é assim que ele sente, com uma maravilhosa conjunção de Utopia, Revolução e Liberdade.

No entanto, bem cedo a realidade revolucionária começa a se manifestar de forma contraditória para um personagem armado apenas com alguns paradigmas

---

[13] Ibidem, p. 99.
[14] Ibidem, p. 104.
[15] Ibidem, p. 106.
[16] Idem.
[17] Ibidem, p. 109.

utópicos dos quais, por seu senso de justiça, nunca poderá se desprender. Quando Víctor Hugues, que na proximidade com os jacobinos de Robespierre teve uma rápida ascensão política, convoca Esteban para trabalhar para a revolução, recomenda ao jovem que esqueça sua militância maçônica. "Se quer estar conosco, não volte a pôr os pés numa loja [...]. A maçonaria é contrarrevolucionária. É questão que não se discute. Não há outra moral que não a moral jacobina"[18], afirma o ex-agente da franco-maçonaria. Nesse momento, ainda sem que Esteban possa formulá-lo, o jovem está assistindo ao início da intransigência revolucionária (o período do reinado do terror), desencadeada como parte da vertigem e da própria e inevitável dinâmica de radicalização de um processo de luta de classes e que já se manifesta na guerra não só contra os inimigos tradicionais, como também contra os antigos aliados. Em nome da revolução, pela defesa de sua sobrevivência e de seus interesses supremos, começa a ser restringida a liberdade que, conforme imaginado, ela própria deveria propiciar. Mas, como bem diz Víctor Hugues em algum momento: "Uma revolução não se argumenta: se faz"[19], e quem a vive deve ater-se aos embates dessa construção social e política no plano da realidade, não no dos discursos utópicos.

Durante sua permanência em Bayonne, aonde Esteban foi enviado para trabalhar na exportação do exemplo e dos ideais da revolução, realizam-se seus aprendizados iniciais da verdadeira trama do processo. O primeiro talvez seja o da exigência de pospor a vontade individual em favor das necessidades coletivas, que se torna evidente para ele quando, ao se sentir deslocado do epicentro revolucionário, Víctor o adverte de que "cada um deve ir para onde é mandado"[20]. O segundo aprendizado está ligado à aplicação peremptória da violência como mecanismo de consolidação política do ideário antes utópico: Esteban fica sabendo, então, que "foi necessário fuzilar uma jovem que fora comungar na Villa de Vera"[21]; assiste à chegada da guilhotina a Saint-Jean-de-Luz, acompanhada por novas medidas e contramedidas que pretendem mudar tudo (desde os títulos das obras musicais até os costumes dos bascos); ou se inteira de que Víctor, nomeado promotor público diante do Tribunal Revolucionário de Rochefort, "chegara a pedir – o que o jovem aprovava – que a guilhotina fosse instalada na própria sala dos tribunais, para que não se perdesse tempo

---

[18] Ibidem, p. 111.
[19] Ibidem, p. 161.
[20] Ibidem, p. 113.
[21] Ibidem, p. 118.

entre a sentença e a execução"[22]. Assiste-se à eclosão da violência revolucionária, entendida pelos líderes da causa como urgência inadiável.

O drama real do processo logo se aproximará do próprio Esteban, quando começar o expurgo dos estrangeiros. "Depois de desacreditar os maçons, estão se indispondo com os melhores amigos da revolução [...]. De uns meses para cá, ser estrangeiro, na França, é um delito"[23], segundo afirma Martínez de Ballesteros, que, além disso, acha que "tudo aqui está se tornando um contrassenso" e lança também as mais duras críticas, as quais Esteban ainda nem sequer aflora: "Tomaram a Bastilha para libertar quatro falsários, dois loucos e um *maricón* [diz em espanhol], mas criaram o presídio de Caiena, que é muito pior que qualquer Bastilha"[24].

Então chega para Esteban a possibilidade de realizar o terceiro aprendizado da realidade da prática revolucionária: a aquisição do medo. A revolução avança e "um Grande Medo começava a perturbar as noites daquelas paragens. Muitos olhos observavam as ruas pelos postigos semicerrados de suas casas às escuras"[25], diz Esteban, que já vive "com medo de ser convocado ao Castelo Velho de Bayonne, transformado em quartel e delegacia, para responder por algum misterioso 'assunto que lhe dizia respeito'"[26], conforme diz Carpentier, com palavras e sentidos históricos que novamente estabelecem relações de ressonâncias supratemporais.

A partir de então, o jovem adquire o estigma do medo, uma companhia que o seguirá até o momento de regressar a Cuba, vários anos depois. Na construção dessa atmosfera, Carpentier revela os passos da evolução de entronização do medo, que são os de sempre: do fervor pela pureza dos ideais se passa à suspeita; da suspeita generalizada, ao medo orientado; do medo tangível ou intangível, ao terror como modo de vida dos cidadãos enquanto forma de exercer o governo e estabelecer o poder. O desfecho dessa espiral também é o previsível: a liberdade é cada vez mais restrita, embora sempre em nome da necessidade social e do bem comum.

O quarto aprendizado funciona de maneira mais elementar e previsível: a constatação da corrupção do poder, que no romance chegará aos extremos da

---

[22] Ibidem, p. 121.
[23] Ibidem, p. 122.
[24] Ibidem, p. 122-3.
[25] Ibidem, p. 127.
[26] Idem.

tirania exercida supostamente (e quase sempre) pelas exigências do interesse coletivo, como defesa contra as agressões inimigas, e que começa a se tornar evidente para Esteban desde que compreende que Víctor "se impusera a primeira disciplina exigida pelo ofício de Condutor de Homens: a de não ter amigos"[27], a de ser impiedoso e inacessível.

O desmonte inicial da utopia revelada para Esteban por meio de seus aprendizados começou a se manifestar na realidade concreta com a problemática transferência das belas ideias para a complexa prática política, acrescido do trâmite de empoderamento e da consequente transformação de seus protagonistas, uma vez aferrados ao poder e levados a uma readequação de suas perspectivas anteriores. A revolução já não precisa apenas devorar seus oponentes, revela-nos o texto; ela também precisa deglutir muitos de seus filhos (mortos ou deportados) enquanto os outros ela perverte, fanatiza e transforma em ímpios intransigentes – é como se fosse uma sina fatal, inapelável, conforme Carpentier parece nos dizer pela boca de Esteban.

Não pode ser por acaso que o romancista ilustra a degradação incipiente, mas visível, do devir revolucionário fazendo Esteban comentar com Víctor Hugues histórias como as relacionadas com o mundo da inteligência, do qual se sente próximo: "Em mais de um comitê ouvira-se o grito bárbaro de 'desconfiem de quem escreveu um livro' [diz o jovem]. Todos os círculos literários de Nantes foram fechados [...]. E até o ignaro Henriot chegara a pedir que a Biblioteca Nacional fosse incendiada", ao que Víctor responde recorrendo a consabidas e conhecidas instruções:

> Estamos mudando a face do mundo [...]. Estamos transformando a vida do homem, mas lhes dói que algumas pessoas de letras não possam reunir-se para ler idílios e asneiras. [E os acusa.] Seriam capazes de poupar a vida de um traidor, de um *inimigo do povo*, contanto que tivesse escrito versos bonitos![28]

Carpentier, que parece ter ponderado cada uma das ideias e palavras expressas ou utilizadas no romance, empenha-se para que no parlamento do Condutor de Homens apareça o tom machista, fundamentalista e quarteleiro da intransigência do poder com os tipicamente qualificados como "inimigos do povo" e até mesmo com os que têm outras necessidades e preferências... Por isso, também não

---

[27] Ibidem, p. 128.
[28] Ibidem, p. 136.

pode ser por acaso que, justamente enquanto se desenrola essa conversa, nas vésperas da partida dos personagens para a América, seja feito o embarque das partes da guilhotina (que "também viaja conosco", diz Esteban). O trunfo de Víctor Hugues vem à tona: a bordo do navio com destino às Antilhas, viaja também o Decreto de 16 Pluvioso do Ano II, pelo qual é abolida a escravidão nas colônias. Com essa conquista de igualdade coletiva, com essa materialização de um sonho utópico, o francês vence o combate verbal de ideias, por meio da simples equação revolucionária de que as causas maiores devem sobrepor-se às circunstâncias humanas, individuais, para alcançar os grandes fins. A liberdade coletiva implica uma aspiração que suplanta o arbítrio pessoal, a preferência individual.

Àquela altura do processo evolutivo do turbilhão revolucionário e da incipiente crise ideológica de Esteban, o jovem finalmente adquire a consciência de seu caráter de intelectual na revolução, papel que o definirá como personagem:

> ... naqueles últimos anos, Esteban assistira ao desenvolvimento, em si mesmo, de uma propensão crítica – incômoda, às vezes, na medida em que lhe impedia o gozo de certos entusiasmos imediatos, compartilhados pelos outros –, que se negava a se deixar levar por um critério generalizado. Quando a revolução lhe era apresentada como um acontecimento sublime, sem taras nem falhas, a revolução fazia-se para ele vulnerável e distorcida.[29]

É fácil perceber que o conflito interior do personagem, criticamente delineado por Carpentier nesse aparte, tem ressonâncias universais, atemporais, embora ao mesmo tempo esteja fincado numa realidade histórica precisa e concreta. Esteban aproximou-se da revolução a partir de uma perspectiva humana e filosófica, buscando a revolução em si, a afagada utopia de uma sociedade melhor e diferente que por séculos o homem sonhou e verteu em livros, a mesma que os políticos do momento prometeram em discursos e proclamações. É preciso lembrar que, em seu caráter de personagem localizado num contexto de época muito definido, é difícil que a aspiração de Esteban pudesse manifestar-se de outro modo, pois a circunstância e a cultura às quais pertenceu até pouco antes de chegar à França (a Cuba do fim do século XVIII) e às quais pertence no fim do romance (a Cuba do início do século XIX) ainda não são um contexto com condições sociais e psicológicas capazes de engendrar uma necessidade e uma ação revolucionárias, que só começam a se fazer patentes por volta de 1810, com

---

[29] Ibidem, p. 140-1.

as primeiras lutas pela independência hispano-americana (embora em Cuba, como se sabe, tenha tido ecos muito atenuados devidos às condições sociais e econômicas peculiares da colônia).

Em 1963, pouco depois de publicado o romance, Carpentier definiria melhor a problemática de Esteban, qualificando-o como

> intelectual atraído pela política, embora incapaz de realmente atuar nela, pois se apega à revolução na medida em que a revolução se ajusta aos esquemas ideológicos estabelecidos por ele. A partir do momento em que a revolução, levada por seu próprio impulso, deixa de ser exatamente o que ele imaginou, começa a objetar e divergir.[30]

Carpentier, a partir dessa reflexão posterior, está exigindo do intelectual criado por ele fidelidade absoluta à revolução, independentemente dos rumos para os quais possa ser levada pelo que ele chama de "seu próprio impulso". É muito fácil perceber na fundamentação do autor uma crítica explícita por um matiz pejorativo mais acentuado na qualificação das atitudes de seu personagem, como as de "*objetar e divergir*", que parecem inapropriadas ao escritor que Alejo Carpentier é então, mergulhado num contexto cubano como o de 1963, muito diferente daquele de 1958 (quando escreveu o romance), um momento em que tanto se falava em Cuba do papel do intelectual na revolução a partir do interior de uma revolução com a qual Carpentier comunga. Entre a criação e a declaração, não só se passaram quatro anos, como ocorreu um processo em que se estabeleceu uma política cultural revolucionária que exigia o compromisso político do criador, do artista, do intelectual[31]. Talvez suas opiniões do momento tentassem, inclusive, exorcizar a possibilidade de críticas como a recebida com respeito ao pessimismo político de *O cerco*, alguns anos antes.

No entanto, desde que se produz a volta dos personagens à América, em sua evolução dramática e ideológica o espírito crítico de Esteban terá ainda motivos novos e mais trágicos de alteração que o farão "objetar e divergir" muitas vezes, enquanto a evolução dos acontecimentos provoca colisões repetidas e cada vez mais dilacerantes entre a revolução sonhada e a que o personagem vai vivendo.

---

[30] Lisandro Otero, "Un novelista pregunta", entrevista a Alejo Carpentier, *Rotograbado de Revolución,* Havana, 15 abr. 1963; em *Entrevistas* (org. Virgilio López Lemus, Havana, Arte y Literatura, 1985).

[31] Ver o discurso de Fidel Castro conhecido como "Palavras aos intelectuais", de 1961.

Por isso, na espiral de acontecimentos, decisões, ações em que Víctor Hugues se lança em terras americanas (de herói a vilão, de emancipador de escravos a restabelecedor da escravidão, de agente da convenção a agente do consulado, de líder revolucionário a tirano rematado), o processo de traição ou perversão dos princípios – teóricos, filosóficos – torna-se, para Esteban, representação da traição a todos os princípios e funciona para ele como motivo mais que justificado para suas atitudes críticas e para o profundo desencanto que o embarga: na América, é testemunha de uma revolução que acabou negando a si mesma e seus fundamentos (agora mais utópicos que nunca) e soube, inclusive, do atrofiamento da Revolução no Haiti. A experiência de Esteban (Carpentier a chamaria de práxis) não podia despertar esperanças nem maiores razões para o otimismo, e a evolução de seu pensamento é coerente com a evolução da realidade.

Com a reconquista francesa de Guadalupe, capitaneada por Víctor Hugues, "teve lugar o acontecimento que todos esperavam, fazia tempo, com angustiante curiosidade: a guilhotina começou a funcionar em público". Foi estreada com dois capelães monárquicos que escondiam armas, diz Carpentier, e

> a cidade inteira se despejou na ágora onde se erguia um grande tablado com escada lateral, ao estilo de Paris, montado sobre quatro forcões de cedro [...]. Os modos republicanos já se tinham insinuado na colônia [...]. Nunca foi possível ver uma multidão mais alegre e buliçosa.[32]

Esteban constata e informa: "Naquele dia se iniciou o Grande Terror na ilha. A Máquina já não parava de funcionar na Plaza de la Victoria"[33], para lembrar pouco adiante: "Logo Víctor Hugues decretou o trabalho obrigatório. Todo negro acusado de preguiçoso ou desobediente, contestador ou turbulento, era condenado à morte"[34]. O tempo das Árvores da Liberdade fora sucedido pelo Tempo dos Patíbulos"[35], sentenciará adiante, com doloroso apoio da evidência histórica.

Os temas da violência revolucionária e da situação dos escravos ocupam um espaço significativo nas preocupações filosóficas e na reflexão política de Carpentier no romance. A violência – e suas emanações: o medo, o terror – se oferece a ele como uma das mais difundidas e dramáticas perversões dos ideais

---

[32] Alejo Carpentier, *El siglo de las luces*, cit., p. 165.
[33] Idem.
[34] Ibidem, p. 168.
[35] Ibidem, p. 286.

de justiça, a que degrada os líderes de maneira mais atroz e mesquinha e afeta os demais indivíduos encerrados no furacão da mudança, transformados em supostos culpados, vítimas, delatores, cúmplices ou verdugos (papéis demasiado intercambiáveis). Por sua vez, a situação dos negros escravos, à qual se reporta em vários momentos do romance, quando insiste em comentar os decretos que aboliam ou restituíam a liberdade daqueles homens nas colônias francesas, responde à qualidade de que esse fato concreto e histórico encerra, de modo especialmente dramático, o simbolismo do conceito da liberdade e sua prática mais elementar. A esse respeito, para Carpentier parece estar claro que a revolução – e as ideias que a sustentam – só terá sentido se a transformação provocada resultar num salto nas conquistas das liberdades de pensamento, expressão, movimento, associação, da decisão pessoal ligada ao equilíbrio social. E a escravidão e o medo são as negações mais francas e trágicas da própria ideia de uma revolução social que prometeu liberdade e igualdade.

Antes de voltar a Cuba, Esteban ainda deve constatar novas traições aos ideais utópicos, novos sequestros da liberdade prometida que o levam a passar pelas últimas etapas no crescimento de seu desencanto com a revolução. Uma espécie de descida aos infernos onde arde a utopia e a fé de Esteban na possibilidade de sua materialização.

No subcapítulo XXVI, de maneira muito precisa e gráfica, o narrador retrata o destino da revolução trazida por Víctor Hugues ao Caribe: "Em poucos meses, o corso revolucionário foi se transformando em negócio fabulosamente próspero. Cada vez mais audaciosos em suas incursões, alentados por seus êxitos e benefícios [...] os capitães da Point-à-Pitre aventuravam-se mais longe"[36], e assim, no Caribe, com os ganhos do corso e dos negócios, "a revolução estava fazendo – e muito realmente – a felicidade de muitos"[37]. Àquela altura, a objeções e dissidências de Esteban, Víctor Hugues só pode responder com ações de impacto, instruções e fundamentalismos retóricos ameaçantes. Mas, quando fica sabendo do que acontecia na metrópole (a reação termidoriana) e pode fazer uma análise sincera de sua própria situação, é o próprio Víctor Hugues, que pouco antes ainda se considerava "o único continuador da revolução"[38], o personagem encarregado de ditar a sentença do estado do processo. Víctor, então, confessa a Esteban: "Há épocas, lembre-se disso, que não são para homens ternos.

---

[36] Ibidem, p. 209.
[37] Ibidem, p. 217.
[38] Ibidem, p. 210.

253

[...] A revolução está desmoronando. Já não tenho a que me agarrar. *Não acredito em nada*"[39]. Grifou a frase: constitui uma chave histórica e filosófica importante. Entretanto, como evidência representativa do desmoronamento, procede-se à desmontagem física da sempre simbólica guilhotina e "o instrumento, único a ter chegado à América, como braço secular da liberdade, mofaria, agora, entre os ferros imprestáveis de algum depósito"[40].

No plano pessoal, Esteban deve conhecer ainda outros rigores da revolução. Durante sua permanência em Caiena, o jovem, com uma reflexão dolorosamente contemporânea e ainda atuante, compreende (e permitam-me estender-me com esta citação, já anotada em outro texto, mas de menção necessária nesta análise) que

> continuava preso com toda uma cidade, com todo um país, em cárcere. [...] Só o mar era porta, e essa porta estava trancada para ele com enormes chaves de papel, que eram as piores. Assistia-se na época a uma multiplicação, a uma proliferação universal de documentos, cobertos de carimbos, selos, assinaturas e contra-assinaturas, cujos nomes esgotavam os sinônimos de "autorização", "salvo-conduto", "passaporte" e quantas fossem as palavras que pudessem significar uma autorização para deslocar-se de um país a outro, de uma comarca a outra – às vezes de uma cidade a outra. Almoxarifes, dizimeiros, portageiros, alcavaleiros e aduaneiros de outros tempos permaneciam apenas como pitoresco anúncio do bando policial e político que agora se dedicava, por toda parte – alguns por temor da revolução, outros por temor da contrarrevolução – a cercear a liberdade do homem no que se referia a sua possibilidade primordial, fecunda, criadora de se deslocar pela superfície do planeta que lhe coubesse por sorte habitar"...[41]

A revolução igualitária em sua dinâmica radical acabou se transformando, para Esteban e outros milhões de cidadãos, numa prisão gigantesca: a negação por antonomásia da liberdade.

Finalmente, depois de sua breve permanência em Paramaribo e antes de sair da colônia holandesa para Havana, Esteban fica sabendo das amputações a que eram submetidos os negros por fugir ou por agredir um branco. Nesse momento, contra o que havia pensado, em vez de lançar ao mar os decretos revolucionários

---
[39] Ibidem, p. 229.
[40] Ibidem, p. 230.
[41] Ibidem, p. 259.

franceses sobre a abolição da escravidão, entrega-os a alguns negros recomendando que os leiam: é seu último gesto para com a revolução e seus ideais[42]. Executa seu último ato de rebeldia, esgota sua última esperança de refundar a utopia (escrita em alguns papéis) na qual, apesar de tudo, Esteban não deixou de acreditar.

Apesar do desencanto histórico que o romancista arrasta ao longo de toda uma obra escrita, repito, entre 1956 e 1958, e que joga sobre os ombros do intelectual Esteban ("não há Terra Prometida além da que o homem pode encontrar em si mesmo"), Carpentier tem plena consciência histórica de que a revolução burguesa da França não foi uma revolução frustrada. Inclusive, apesar das restaurações posteriores, a sociedade francesa não voltou a ser a mesma: a virada histórica do país, da Europa, até mesmo da América, foi obra direta ou indireta da revolução. As mudanças sociais, econômicas e políticas promovidas por ela foram, em muitos casos, permanentes e fundamentais. Frustrado, nesse caso – e Carpentier mostra isso com esmero e insistência –, foi o sonho utópico da liberdade e da igualdade para todos os homens que não foram alcançadas, e, como consequência da revolução, deu lugar a novos grupos de poder, privilégio e governo.

Por isso, se voltarmos a colocar o escritor em sua perspectiva histórica, seria preciso admitir que Carpentier, homem culto e informado como poucos, não podia deixar de saber, no momento da redação de sua obra, que um processo bastante parecido com o da Revolução Francesa tinha sofrido e estava sofrendo no século XX a Revolução Russa, que mudou o *status* quase feudal do país e derrubou a dinastia dos tsares, mas com a perversão muito similar de tantos dos conceitos revolucionários e democráticos a partir dos anos posteriores ao triunfo. Essas certezas devem ter-se revelado ao cubano graças a uma literatura já então existente, às notícias sobre o terror stalinista e os rigores do *gulag* (novamente o medo e a escravidão), ao conhecimento dos acontecimentos de Praga, da Hungria ou às fugas quase maciças de alemães do leste para o oeste de Berlim e, como conclusão, por meio do pálido embora muito tétrico panorama oferecido pelo informe nada secreto de Khruschov no XX Congresso do PCUS de 1956..., perversões que – e isso Carpentier não saberia – levariam, anos mais tarde, à quase frustração da obra revolucionária com o desaparecimento do sistema e, inclusive, do país forjado pela revolução.

Com tais conclusões históricas no acervo do escritor, é mais que justificado que o personagem de Esteban, em seu regresso a Cuba, diga a seus primos Carlos

---

[42] Ibidem, p. 265.

e Sofía: "Desta vez a revolução fracassou. Acaso a próxima será a boa"[43]. "Não simplesmente *boa*, mas *A boa*", conforme acentua Alexis Márquez Rodríguez, que de imediato conclui, explica, dá apoio ao romancista: "Quer dizer, a autêntica, a definitiva. Nessa frase o artigo *a*, com sua forte carga semântica determinativa, não dá margem a dúvidas. O fato de Esteban não estar disposto a sair para fazê-la não nega sua confiança em que haverá de se produzir, mais cedo ou mais tarde"[44].

Na elucidação dessa conclusão de Esteban, tão importante em virtude dos conceitos utilizados no romance, parece-me pertinente analisar um elemento de extrema importância na obra: a dialética entre sua historicidade e sua atemporalidade. Em seu ensaio de 1972 "*El siglo de las luces*: historia y imaginación", Noël Salomon, entre outras comprovações, propõe-se a mostrar os mecanismos pelos quais Carpentier cria no romance um tempo "a-histórico" com o propósito de instalar o leitor no que ele chama de *ucronía* (sic), algo como um tempo desligado do tempo. Mais reveladora, porém, é sua conclusão de que, graças a essa supratemporalidade, os anseios dos personagens conseguem expressar uma "realidade antecipada", historicamente por vir (o que implicaria uma anacronia).

Aceitando essa hipótese, poderíamos, então, deduzir que, na lógica das cronologias históricas reais, quando Carpentier faz Esteban falar, *também* poderia estar se referindo, a partir do tempo histórico e romanesco do personagem, a outras revoluções, como as já mencionadas do Haiti, de 1933 em Cuba e, especialmente, a de outubro de 1917 na Rússia, a grande revolução triunfante no momento em que o romance foi escrito (1956-1958). Sendo assim, o sentido determinativo de *a*, sublinhado por Márquez Rodríguez, teria de lutar com o advérbio *acaso* (quiçá, talvez) que o segue e abre margem de dúvida com respeito às benesses da próxima revolução, benesses que deviam ser conhecidas por Carpentier, como dissemos antes.

A intenção alegórica e universalista de Carpentier ao refletir os avatares da Revolução Francesa pode ser reforçada com uma declaração do escritor, feita pouco depois da publicação do romance, quando afirmou:

> Nos últimos anos do século XVIII, falava-se das mesmas coisas de que falavam os homens jovens entre as duas guerras mundiais. Falavam da necessidade de uma revolução que renovasse totalmente e sociedade [...]. E em todas as

---

[43] Ibidem, p. 288.
[44] Alexis Márquez Rodríguez, *Ocho veces Alejo Carpentier* (Venezuela, Grijalbo, 1992), p. 178.

mentes havia a ideia de que o mundo tal como estava construído até então não podia continuar assim.[45]

Isso ratifica a ideia de que, ao escrever *O século das luzes*, Carpentier não se referia apenas à análise de uma revolução, mas *da* revolução.

No entanto, com a volta do decepcionado Esteban a Havana, não termina o percurso do romance nem seu reconto das mazelas da Revolução Francesa, sobretudo nas terras da América. A decisão de Sofía de exercer seu arbítrio e, apenas alguns dias depois de ter enviuvado, embarcar para Caiena em busca de Víctor Hugues constitui um ato de exercício de sua liberdade individual que começa a dar a verdadeira dimensão a esse personagem e serve para completar o círculo conceitual pretendido pelo autor e já marcado pelo romance.

Uma das primeiras notícias que a mulher tem do homem que a iniciou no gozo do sexo é que, ao ser nomeado agente do consulado em Caiena, "houve [na colônia] um pânico coletivo, semelhante ao que poderia suscitar a vinda de um anticristo. Foi necessário pregar cartazes para informar ao povo que os tempos haviam mudado"[46], ou seja, que a guilhotina já não estava viajando com ele. De imediato, Sofía – enquanto espera na Venezuela – sente um renascimento de suas esperanças, pois pudera confirmar

> ... o que tantas vezes Esteban lhe dissera: que Víctor, diante da reação termidoriana, estava penetrando, com suas Constituições traduzidas para o espanhol, com suas Carmanholas Americanas, aquela terra firme da América, levando a ela, como antes, as luzes que no Velho Mundo se apagavam.[47]

Para Sofía, participante em Cuba de complôs antiamericanos (é difícil chamá-los independentistas, ainda o século XVIII), "nascia uma épica que cumpriria naquelas terras o que na Europa caduca havia malogrado"[48].

No entanto, as notícias que vão surpreendendo a romântica e rebelde Sofía ao chegar a Caiena não são exatamente alentadoras. Com ela chegam à colônia os curas e as monjas estigmatizados pela revolução, pois se firmou um Concordato entre Paris e Roma, sobre o qual Sieger comenta: "E pensar que mais de um

---

[45] Lisandro Otero, "Un novelista pregunta", cit., p. 100.
[46] Ibidem, p. 304.
[47] Ibidem, p. 335.
[48] Idem.

milhão de homens morreram por destruir o que hoje nos é restituído!". Pouco depois, chega a vez da Lei do 30 Floreal do Ano X, que tornava sem efeito o Decreto de 16 Pluvioso do Ano II e restabelecia a escravidão nas colônias francesas da América... "Estamos nos afundando na merda", afirma Billaud-Varenne, presidente da Convenção Nacional.

No âmbito pessoal, a grande descoberta de Sofía chega quando ela compreende que seu idealizado Víctor Hugues cumpre então a função dos revolucionários transformados em políticos e fiéis ao "próprio impulso" do processo: ser executores da vontade do poder, das exigências do poder, ainda que essa vontade implique mudanças de atitudes, ideias, fidelidades. Por isso, embora Víctor tivesse sido encarregado de trazer o decreto de abolição da escravidão recém-assinado, também é capaz de ler e de aplicar, alguns anos depois, a lei que a restabelece. "Conforme se orientavam os tempos, podia tornar-se, de repente, a contrapartida de si mesmo"[49], pensa Sofía, descrevendo o caráter de um político pragmático, e lhe diz: "Mas parece que todos vocês renunciaram a prosseguir a revolução", a que Víctor responde com palavras de Napoleão: "Terminamos o romance da revolução; cabe-nos agora começar sua história e considerar tão só o que é real e possível na aplicação dos princípios". "Sou um político e, se restabelecer a escravidão é uma necessidade política, devo inclinar-me diante dessa necessidade"[50], remata sua alegação com uma razão indiscutível à qual Sofía, diferentemente de Esteban, só é capaz de opor lemas, sonhos e belas ideias do romantismo, mas nenhuma resposta convincente, nenhuma alternativa fundamentada. O ideário se chocou com a realidade.

O drama de Víctor Hugues é patente e patético. Sua responsabilidade no romance é descrever a transição entre a utopia filantrópica e draconianamente igualitária ("todos os homens nasceram iguais", ele repetia anos antes) e a defesa extremada da revolução (reclamando que "a guilhotina fosse instalada na própria sala dos tribunais"), para chegar, como político, a encarnar a perversão dos mais elevados ideais, restabelecendo o que essa própria revolução, à custa de sofrimentos, sacrifícios e repressão dos cidadãos, até mesmo de vidas, havia considerado necessário eliminar ou proibir com mão de ferro. No âmbito pessoal, o homem também adquire consciência de sua degradação:

> Em menos de dez anos, acreditando manobrar meu destino [diz], fui levado pelos outros, por *aqueles* que sempre nos fazem e desfazem. Vesti tantos trajes

---
[49] Ibidem, p. 355.
[50] Idem.

que já não sei qual me cabe [...]. Padeiro, negociante, maçom, antimaçom, jacobino, herói militar, rebelde, preso, absolvido pelos que mataram quem me fez, agente do diretório, agente do consulado.[51]

Em contrapartida, Sofía, ainda que perceba a sensação do retrocesso histórico, ao assumir a função que Carpentier lhe conferiu no romance, não pode pensar no retrocesso individual nem sequer no ideológico em que a experiência a lançou. Seu menor calado psicológico se percebe em suas reações, que são viscerais: por isso permanece ao lado de Víctor Hugues no momento em que este se contagia com a epidemia ("o flagelo de Jafa") e mesmo "sabendo que sua presença ali era inútil temeridade. Mas enfrentava o perigo para oferecer a si mesma o espetáculo de uma lealdade da qual já não estava convencida"[52].

Pouco depois, Sofía decide ir embora: "'Quer voltar para sua casa?', perguntou Víctor, atônito. 'Jamais voltarei a uma casa da qual tenha saído em busca de outra melhor'", diz, em tom de lema. "'Onde está a casa melhor que você busca agora?' 'Não sei. Onde os homens vivam de outra maneira. Aqui tudo cheira a cadáver. Quero voltar ao mundo dos vivos, dos que querem alguma coisa. Nada espero de quem nada espera'"[53], acrescenta, com uma declaração a partir da qual levanta as bandeiras sem cores de uma rebeldia extremada e sem perfis definidos que naquele instante ela só pode concretizar entregando seu corpo a outro amante e escapando da cidade, sem que se consiga deduzir para onde...

A essa altura do romance, iniciado seu desfecho, as funções definitivas dos personagens ficaram totalmente estabelecidas. Víctor Hugues, motor que orientou o movimento de inconformismo dos outros personagens e sustentou todo o ideário utópico da revolução como fonte de liberdades, transformou-se num homem do novo regime (de revolucionário em político), que inclusive escraviza seus semelhantes e aceita negociar com o Vaticano. Esteban, o intelectual sonhador e testemunha privilegiada da colisão entre a utopia filosófica e a prática revolucionária, é um homem tomado pelo pessimismo e pelo desencanto para com as causas coletivas, um homem que se realiza no desfrute de prazeres corporais.

Sofía, por sua vez, apesar de ser o personagem mais querido de Carpentier, segundo manifestou em várias ocasiões, é, desta perspectiva, o menos interessante e dramático do trio protagonista e simbólico: mais que como personagem, ela

---

[51] Ibidem, p. 367.
[52] Ibidem, p. 366.
[53] Ibidem, p. 368-9.

funciona como uma enteléquia inamovível, que pouco evolui, como os outros, ao longo do romance, pois no fim, passada a devastadora experiência de Caiena, ela segue encarnando a continuidade da utopia como razão da vida.

E Sofía, mais que uma devota sonhadora ou praticante ativa da revolução, encarna um espírito rebelde – daí a sensação de atemporalidade ou intemporalidade que o personagem também nos pode provocar, como faz Esteban, como consegue fazer Víctor Hugues, cumprindo cabalmente o propósito alegórico de Carpentier. O mal-estar social da mulher, sua rejeição ao estabelecido e ao injusto, funciona nela como uma rebelião de ofício, sem demasiadas elucubrações políticas, filosóficas ou teóricas: representa a negação humana em admitir o injusto, o vexatório, a discriminação, o degradante, e se expressa igualmente com atitudes e com atos, como o que a leva a abandonar Havana ou como o que a leva a sua imolação final, quando se lança nas ruas de Madri, sem ter um programa, sem preparações prévias, apenas porque sabe que é necessário "fazer algo", simplesmente "fazer algo".

O século das luzes, é quase ocioso dizer, é puramente um romance político, de teses políticas e digressões filosóficas com conotações sociais, uma obra em que toda a arquitetura romanesca e especialmente os personagens estão em função de apresentar, assumir, demonstrar teses políticas. A trama do argumento (sempre acontece algo porque aconteceu Algo, com maiúsculas carpentierianas), a estrutura, as relações entre os personagens e até suas paixões mais íntimas são trabalhadas para cumprir essa missão demonstrativa. A própria função singularizadora da história e a natureza americanas chegam a ser algo mais que ouropel linguístico, filigrana de retórica barroca, graças ao fato de ocuparem um lugar significativo do relato como elemento que se soma a uma tese essencial: o que malogrou na Europa "caduca" pode germinar na América potente e nova (tema que há muitos anos está presente no pensamento carpentieriano e que é recorrente em suas reportagens do fim de 1930, "El ocaso de Europa" e "La Habana vista por un turista cubano").

Na substanciosa relação que o romance estabelece entre a utopia, a liberdade e a revolução, sobre a qual poderíamos nos estender muito mais, fica por examinar um dos elementos que, na abordagem desses conceitos, mais intensamente intrigou os estudiosos da obra carpentieriana: o épico e esperançoso capítulo sete, e último, quando Carlos viaja a Madri e consegue reconstruir, em parte, o destino final de Esteban e Sofía.

O fato de o romance ter sido terminado em 1958 e só ter sido publicado em 1962 não teria despertado estranheza a propósito desse epílogo caso naqueles quatro anos não tivessem ocorrido episódios de importância radical para a história cubana e, assim, para a vida de Carpentier. Trata-se de um acréscimo posterior destinado a reduzir o tom pessimista que o romance carrega com respeito à revolução e à utopia igualitária, conceitos dos quais se falava cotidianamente em Cuba desde 1959?

Talvez todas as dúvidas a respeito pudessem ser esclarecidas pela existência de um testemunho de Roberto Fernández Retamar, que afirma ter lido o romance "completo" em 1959. Além disso, na entrevista concedida a Lisandro Otero e publicada em abril de 1963, Carpentier explica as causas do atraso na publicação do romance, "tanto no idioma original como em francês [...], por uma série de circunstâncias fortuitas". O escritor afirma que "na verdade foi terminado nos últimos dias de 1958" e enumera imediatamente as circunstâncias do atraso: "Nisso veio o triunfo da revolução cubana e tive vontade de voltar [...] o espetáculo de renovação integral da vida e da sociedade cubanas que se observava foi para mim apaixonante demais para que eu pudesse pensar em outra coisa". "No fim de 1959, voltei à tarefa [...], mas tudo se complicou"[54], pois houve, ele diz, problemas de comunicação com o tradutor francês e de organização da editora mexicana que retardaram a publicação do livro até 1962, primeiro em francês, depois em espanhol.

Mais romântica é a explicação colhida ou reelaborada por Ramón Chao em *Palabras en el tiempo de Alejo Carpentier*, em que ele apenas diz que, depois de terminar o romance, em 1958, "... precisava de alguns retoques", mas, "a realidade cubana me interessando mais que tudo, deixei de trabalhar em minha obra pessoal por algum tempo. Por isso não foi publicada até 1962"[55], o que significaria que ele não a revisou e o atraso deveu-se apenas a sua entrega à obra coletiva, revolucionária.

Qual das duas versões, de resultados e caminhos idênticos, mas de diversos obstáculos, podemos considerar a mais provável? São confiáveis as declarações públicas de Carpentier com respeito a esse e outros temas muitas vezes fundamentais? Ele não afirmou por vezes que era iminente a saída do romance sobre a revolução intitulado *El año 59*? São totalmente confiáveis as afirmações do próprio Carpentier, que alterou diversos momentos de sua biografia, inclusive a cidade e o país de nascimento?

O importante é que, apesar de todos os debates, o fato de o romance ter sido publicado em 1962 e de que talvez seu fim tenha sido acrescentado ou alterado (o que é mais que possível em *qualquer* revisão de *qualquer* obra

---

[54] Ibidem, p. 99.
[55] Ramón Chao, *Palabras en el tiempo de Alejo Carpentier* (Havana, Arte y Literatura, 1985), p. 77.

literária), nada afeta a essência do texto nem rouba um pingo de grandeza e de força de suas ideias. Não deixa de ser verdade que o ato final do livro, induzido pela rebeldia de Sofía e a que se soma o cético Esteban (por amor? Por convicções renascidas?), traz um sopro de esperanças históricas e concretas (o 2 de maio madrileno aconteceu *realmente*), muito atiladas para a melhor harmonia do romance com o contexto de uma revolução nascente que prometia todas as igualdades e punha em prática muitas delas. Porém o peso da análise do processo de degradação das utopias nas práticas revolucionárias já estava mais que assentado num romance dedicado à revolução burguesa da França, mas com toda intenção universalizada pelas estratégias literárias e pelos propósitos conceituais do escritor, pelo menos em 1958.

Se o prólogo do livro constitui uma tétrica advertência que concerne igualmente a todos nós, seu fim, induzido por Sofía, devolve a certeza de que a força do homem é capaz de se manifestar apesar dos medos e das pressões dos poderes. Se a revolução, nas mãos de seus líderes, traiu a si mesma, como mostra Carpentier, também, como mostra o escritor, a Utopia sempre é pertinente e o homem, como ser social, como cidadão, nunca perde completamente a possibilidade de "fazer algo" em nome da liberdade e da justiça. Melhor dizendo, a responsabilidade de "fazer algo" pela liberdade e pela justiça.

2012

Virgilio Piñera: história de uma salgação

Uma das características invioláveis da tragédia grega era que cada personagem, ao entrar numa obra, já tinha um destino marcado, inalterável e conhecido. Édipo, por mais boa pessoa que fosse e por mais distante que tentasse estar de sua "biografia inalterável", olimpicamente decretada, tinha que matar seu pai e se casar com sua mãe, para assim cumprir uma vontade trágica que o suplantava e na qual seus desejos de simples mortal não podiam influir. Assim o trágico impunha suas normas, para que o público se entretivesse vendo o sofrimento de pessoas – personagens – que talvez não o merecessem, como é o caso do pobre Édipo.

Desde então – há dois milênios e meio –, chamam-se de destino trágico as sinas adversas que muitas vezes não são merecidas e contra as quais nada se pode fazer, por mais que se tente revertê-las. Em cubano, chama-se isso de "*estar salao*" [estar salgado]* – eu não descartaria uma possível origem andaluza da frase –, e tenho certeza de que essa expressão agradaria muito mais a Virgilio Piñera, o escritor mais desgraçado da história literária desta ilha mágica e ensolarada do mar do Caribe.

Para dar uma ideia da "salgação" piñeriana, talvez eu deva começar fazendo uma afirmação decisiva: estou convencido de que uma das grandes injustiças do veleidoso mundo editorial nos países de fala espanhola é o desconhecimento de que, durante quarenta anos, foi vítima a obra do dramaturgo, narrador e poeta

---

* Corruptela do espanhol *salado* [salgado], de *salar* [salgar]. Em Cuba e outras regiões latino-americanas, *salar*, além de "pôr sal", tem o sentido de "desgraçar", "prejudicar". Em português, "salgar" pode ter o sentido de "lançar feitiço", "amaldiçoar" (espalhando sal num terreno profanado ou à porta de alguém), estendendo-se a seus derivados. Daí a tradução de *salao* por "salgado" e de *salación* por "salgação". (N. T.)

cubano Virgilio Piñera (1912-1979), autor com luz própria para brilhar no firmamento dos Borges, dos Cortázar, dos Lezama Lima – escritores com os quais tem mais que uma relação estética ou até antitética. Ao mesmo tempo, estou mais convencido ainda de que a literatura de Piñera, por uma via ou por outra, pouco a pouco conseguirá abrir para si o espaço que lhe pertence e conquistar o merecido reconhecimento... O trágico, é claro, não está na circunstância de uma revalorização tardia (algo bastante comum nas artes), mas no fato de que justamente esse tipo de reconhecimento caberia a Piñera desfrutar, ele que, como bom cubano, pedia para que a aceitação de sua literatura e tudo o mais lhe fosse dado em vida, pois desconfiava da "duvidosa reparação da posteridade"... Em vida, no entanto, o que mais recebeu foi rejeição, medo, pobreza e repressão, que chegaram ao desfecho dramático com a total proibição de publicar seus livros, montar suas peças e até de mencionar seu nome a que foi condenado pela burocracia cultural cubana durante os últimos dez anos de sua permanência no reino Deste Mundo. Para um escritor, é possível imaginar destino mais trágico?

Vida e obra de Piñera, o diferente

Não estou completamente convencido de que o destino de Virgilio Piñera não tenha sido criado por ele mesmo, empregando doses perigosas, mas precisas, de absurdo, crueldade, ironia, humor e o mais vulgar e ousado realismo – como costumava fazer em suas obras. Porque, desde sua juventude até sua morte, Virgilio viveu – e escreveu – entre a negação, a zombaria e a discordância, e já se sabe que tais atitudes geralmente pagam um preço em qualquer sociedade, tempo e lugar. O diferente sempre será esmagado.

A obra de Virgilio Piñera constitui, sem dúvida, o documento mais sólido para compreender essa atitude. Como poeta (entre outros, publicou *Las furias*, em 1941, seu primeiro livro; *La isla en peso*, em 1943, sua grande contribuição à lírica cubana; e *La vida entera*, sua *summa* poética de 1969, último livro seu que pôde publicar em vida), Virgilio nadou contra a corrente lezamiana e originista na qual surgiu como autor, propondo uma visão fatalista, diferente da messiânica de Lezama e de vários seguidores seus. Como narrador (notável em romances como *A carne de René**, de 1952, e *Pequeñas maniobras*, de 1963; e nos livros de contos *El conflicto*, de 1942, e *Contos frios***, de 1956, aos quais se somariam

---

* Virgilio Piñera, *A carne de René* (trad. Eric Nepomuceno, São Paulo, Arx, 2003). (N. E.)
** Idem, *Contos frios* (trad. Teresa Cristófani Barreto, São Paulo, Iluminuras, 1989). (N. E.)

postumamente *Un fogonazo* [Uma fagulha] e *Muecas para escribientes* [Caretas para escreventes], de 1987), impôs toda uma renovação da literatura cubana e até da hispano-americana, com suas histórias de pós-moderno antecipado, nas quais flutuou entre o grotesco, o absurdo e o irracionalismo, tratados a partir de uma aparente ótica realista e com uma linguagem desprovida de elegâncias e metáforas desnecessárias, pois seu objetivo último sempre foi revelar a chatura da vida. Como dramaturgo (deixou uma longa lista de obras, das quais só mencionarei as revolucionárias *Electra Garrigáo*, 1948; *Jesús*, 1956; *La boda* [O casamento], 1958; *Aire frío*, 1959; e *Dos viejos pánicos*, 1968), é sem dúvida um iniciador do teatro do absurdo, da crueldade e um cultor do existencialismo, em seus dramas nada complacentes para com as sociedades em que viveu e os valores estabelecidos por elas, mas de uma qualidade tal que o crítico Rine Leal, profundo conhecedor de seu teatro, disse sobre ele que

> hoje é lugar-comum admitir o que sabíamos há mais de trinta anos: Piñera não era apenas nosso melhor dramaturgo; sua obra era a fonte nutriz de uma sensibilidade que, por um lado, derivou para uma *cubanía* profunda e desmistificadora e, por outro, para uma experimentação e uma renovação do arsenal dramático.

Ainda a esta altura, quem não conhece a fundo a obra de Virgilio Piñera e os meandros dos processos culturais cubanos dos últimos sessenta anos poderia perguntar-se: foram tantos os seus pecados para ele ser condenado ao inferno?

No meio do caminho da vida

Nascido em 1912, numa cidade provinciana de uma província (que poderiam ser qualquer cidade e qualquer província), Virgilio Piñera soube muito cedo que chegara ao mundo com um destino trágico. Segundo conta em sua breve, mas ousada, biografia – *La vida tal cual* [A vida como ela é], publicada pela primeira vez só em 1990:

> Nem bem cheguei à idade exigida para que o pensamento se traduza em algo mais que babar e agitar os bracinhos, inteirei-me de três coisas bastante sujas para que nunca pudesse me lavar delas. Aprendi que era pobre, que era homossexual e que gostava de Arte. A primeira porque um belo dia nos disseram que "não se tinha conseguido nada para o almoço". A segunda

porque também um belo dia senti que uma onda de rubor me atravessava o rosto ao descobrir palpitando por baixo da calça o sexo volumoso de um dos meus muitos tios. A terceira, porque igualmente um belo dia ouvi uma prima muito gorda que, apertando convulsivamente uma taça na mão, cantava o brinde da *Traviata*...

Desde então e até sua morte, Virgilio Piñera seria pobre, homossexual e artista e sofreria todos os castigos que essas três "coisas sujas" parecem merecer.

Já na década de 1940, quando começa a publicar seus primeiros versos, relatos, e a montar suas primeiras peças de teatro memoráveis, o escritor passa a sofrer, por sua arte e sua homossexualidade, as reações de uma sociedade tão pacata quanto corrupta. É a época em que se torna efetiva sua aproximação de alguns membros do grupo formado em torno da revista *Orígenes* e especialmente de José Rodríguez Feo, o infalível Pepe, que seria amigo e mecenas não só de Lezama Lima, como também de Virgilio, a quem o uniu desde então uma profunda amizade, cujo momento culminante ocorreria depois do distanciamento entre Rodríguez Feo e Lezama, provocando a morte de *Orígenes* e o nascimento da iconoclasta revista *Ciclón*, fundada por Pepe e Virgilio, em 1955.

Desde aquele tempo, Virgilio Piñera, negando-se a acatar normas sociais, estéticas, morais e até políticas – mesmo nunca tendo sido homem político –, dedicou boa parte de seus esforços literários e jornalísticos a manifestar seus desacordos e sua divergência com um universo hostil, que o obrigou, inclusive, a um exílio pouco desejado de dez anos (em três etapas, entre 1946 e 1958) na Argentina, onde se vincularia aos escritores de vanguarda de Buenos Aires (Borges, Mallea, Bioy e o polonês Witold Gombrowicz, um de seus melhores amigos de então). Dessa atitude "negativa" de Virgilio Piñera, surgiu o que também Rine Leal chamou de estética da negação, da qual participam seus personagens de ficção e ele mesmo e

que o situava sempre – desde sua primeira polêmica em torno de *Electra Garrigó* – como um franco-atirador temido pela eficácia de seus disparos. Os anos mostrariam que essa negação, que na realidade ele nunca abandonou, era a maneira pela qual ele assumia uma "cultura de resistência" diante dos valores congelados, da retórica e da mentira estabelecidas, da acomodação e da superficialidade e da indiferença social diante da inteligência.

É claro que toda ação tem sua reação, e aquele "pássaro de talento amargo", como alguém o chamou, pagaria o preço de sua rebeldia: desde a ignorância sutil, mas tangível, de sua importância artística e de sua obra em seu próprio país – deve publicar em Buenos Aires *A carne de René* e seus *Contos frios*, dois de seus livros mais importantes – até castigos concretos, como a excomunhão de sua peça *Electra Garrigó* – uma das obras inaugurais da dramaturgia cubana – pela poderosa Asociación de Redactores Teatrales y Cinematográficos (Artyc), que impediu sua encenação posterior e até sua menção, razão pela qual Virgilio teve de esperar dez anos para vê-la em cena, ou a tentativa de boicote em torno da estreia de *La boda* (1958) pela associação de jovens católicos, que a catalogaram como imoral.

As ousadias e os desplantes de Virgilio, suas perenes negações e suas discordâncias talvez induzam a erro ao imaginar sua personalidade. Diferentemente de negadores famosos, como os surrealistas, sempre prontos a brigar, o escritor cubano, tão rebelde, sempre viveu submerso em medo e angústia, talvez os mais insistentes companheiros de sua vida. Sobrepujá-los foi, ao que parece, o principal empenho de um homem que chegou a confessar: "Escrever é a única coisa que me mantém vivo".

Triste, solitário e final

A volta definitiva de Virgilio Piñera de sua terceira temporada na Argentina – onde esteve, então, como correspondente da *Ciclón* – acontece em novembro de 1958: um mês depois triunfaria a revolução de Fidel Castro. A profunda mudança social que então se produz entusiasma o escritor, que logo se junta à equipe do notável semanário cultural *Lunes de Revolución*. Lá, ao lado de Guillermo Cabrera Infante, foi um dos responsáveis pela linha estética da revista: iconoclasta, combativa, ousada, artisticamente revolucionária.

Ao mesmo tempo, Piñera começa a receber o reconhecimento social que sua obra nunca obtivera até então: *Lunes de Revolución*, recém-nascido, publica em março e abril de 1959 os dois primeiros atos da peça mais notável de Virgilio, *Aire frío*, cuja estreia, em 1962, foi um acontecimento cultural de "teatro cheio e entusiasta". Uma das novas editoras então criadas – Ediciones R – publica seu *Teatro completo* (1960). Também aparece seu romance *Pequeñas maniobras*, depois ele ganha o prêmio Casa de las Américas de 1967 com *Dos viejos pánicos* e até edita um tomo de sua poesia reunida, com o título *La vida entera* (1969). Os jovens críticos e dramaturgos rendem homenagem ao escritor e, naqueles anos iniciais da década de 1960, de feliz casamento entre os intelectuais e o poder revolucionário, Virgilio Piñera atinge o auge de seu reconhecimento público...

Era como se tivesse podido reverter seu destino trágico, ou melhor, sua persistente "salgação".

Porque, de fato, Virgilio Piñera, embora entusiasmado com a mudança social da ilha, não renunciara a sua visão peculiar da vida e do mundo e muito menos a sua estética de universos fechados, agonizantes, fatalmente condenados, ótica nada próxima, decerto, do que alguns estimavam que devesse sustentar a nova arte da revolução proletária no poder. Além disso, seus juízos críticos continuavam destilando a acidez que o caracterizava: enfim, continuava sendo o intelectual incômodo, atravessado, irreverente e zombeteiro que sempre fora, inimigo da hipocrisia, da burocracia e dos falsos moralismos que se impõem como dogmas... E continuava sendo homossexual... Por isso, ao se alterarem as relações entre o poder e os artistas, cada uma dessas atitudes teria um peso na terrível pena que deveria sofrer: o silêncio, o anonimato, o enclausuramento, uma verdadeira "morte civil", como ele mesmo a qualificaria, mais difícil depois de ter conhecido, pela primeira vez, tempos de glória e aplausos.

A ruptura do casamento feliz da década de 1960 entre a intelectualidade e o poder teve seu ponto culminante no ainda lembrado "caso Padilla" e sua resposta contundente no inesquecível Congreso de Educación y Cultura de 1971, do qual surgem os chamados "processos de parametrização", segundo os quais os artistas – em especial artistas de teatro, bailarinos, atores – deveriam seguir determinados parâmetros ou abandonar o meio artístico. Um desses parâmetros era não ser homossexual, e Virgilio Piñera o era demais; outro parâmetro era criar uma arte "comprometida" e "revolucionária", e Virgilio nunca aprendeu a fazer outra coisa que não literatura... Sem julgamento nem audiências públicas, foi condenado da maneira mais terrível: não voltou a ser encenado nem publicado, tampouco mencionado em estudos e resenhas. A pena, iniciada em 1969 e confirmada em 1971, só terminou depois de sua morte, em 1979...

Num livro de Antón Arrufat, dedicado a sua lembrança pessoal de Virgilio, esse escritor – também estigmatizado e condenado nos anos 1970 – evoca assim a situação dos "excluídos":

> A burocracia da década nos havia configurado nessa "estranha latitude" do ser: a morte em vida. Ela nos impôs que morrêssemos como escritores e continuássemos vivendo como cidadãos disciplinados. [...] Nossos livros deixaram de ser publicados. Os já publicados foram recolhidos das livrarias e sub-repticiamente das estantes das bibliotecas públicas. Nossos nomes deixaram de ser pronunciados em conferências e cursos universitários, apagaram-se das antologias e

das histórias da literatura cubanas compostas naquela época funesta. Não só estávamos mortos em vida: parecíamos não ter nascido nem jamais ter escrito.

Naquele período cinzento, enquanto vários dos escritores proibidos e estigmatizados submergiam num silêncio dilacerante e castrador, outros optaram por mostrar, esteticamente, e de modo simples e patente, sua retificação e sua reeducação possíveis, com obras de claro compromisso social e francas posições realistas-socialistas; outros, ainda, precisaram buscar vida e espaço à sombra de personagens e instituições a cujo serviço puseram seu talento, seu esforço e às vezes até sua pena. Virgilio, em contrapartida, não optou por nenhum desses caminhos possíveis: retirou-se (na realidade, foi retirado), mas não deixou de escrever, do mesmo modo, no mesmo estilo, da única maneira que sabia escrever, e o resultado disso foi a volumosa papelada que deixou ao morrer e da qual, como de uma cartola mágica, por vários anos foram saindo obras e mais obras que permitiram completar a imagem de sua produção artística de quarenta anos: sete peças de teatro, dois livros de contos, um livro de poemas e vários projetos inconclusos.

Escrever foi, é claro, a única coisa que o manteve vivo. Escrever incansavelmente, num dramático duelo entre o escritor e seu destino (sua salgação). Segundo Abilio Estévez, um de seus melhores amigos, bom companheiro nos tempos de marginalização, foi nessa época que surgiu o Virgilio mais verdadeiro:

> Como tinha se transformado em sombra, em fantasma, como não era público e sobre ele estavam unicamente os olhares de alguns poucos fiéis, já não se propunha agradar ou desagradar, ser maravilhoso ou desagradável. Tratava-se de um solitário que lutava para dominar suas obsessões.

E esse combate só podia ocorrer no espaço dramático da página em branco e encontrar paliativo possível em leituras íntimas nas diversas tertúlias de amigos em que se refugiou.

Sua morte fecharia, então, o ciclo de um destino trágico cumprido cabalmente: escreveria, mas sem reconhecimentos; sofreria medo e marginalização, mas nunca abdicaria de sua rebeldia; negaria, mas seria negado. Depois de sua morte, entretanto, logo começaria a ser reivindicado, e suas obras seriam representadas, seus textos, publicados, e seriam feitos estudos sobre sua obra, até começar uma espécie de "moda Piñera" que ele não esteve presente para desfrutar... Tudo isso não terá sido, talvez, um excesso olímpico de "salgação" para uma só pessoa? Em se tratando de um personagem como Virgilio Piñera, possivelmente sim.

Coda possível: sempre a memória melhor que o esquecimento

Neste ano se festeja em Cuba, e em outros lugares do mundo, o centenário do nascimento de um dos escritores emblemáticos da cultura cubana. Virgilio Piñera, nascido a cem anos na cidade de Cárdenas, em Matanzas, constitui, graças a sua obra, um dos monumentos inalienáveis da espiritualidade nacional. Poeta, romancista, dramaturgo, foi sempre um inovador, um inconformado, um provocador com sua arte e com sua vida. Em mais de uma ocasião, inclusive em tempos bem diferentes, pagou uma cota – às vezes elevadíssima – de marginalização e desprezo por ter escrito como escrevia, por ter vivido como escolhera.

Como já ninguém pode deixar de saber, Virgilio Piñera viveu no ostracismo humano e intelectual os últimos dez anos de sua vida. Foi um período histórico lamentável o daqueles anos da década de 1970, ao longo dos quais o grande escritor não voltou a se ver editado ou encenado em seu país, quase não foi estudado pela academia nem mencionado na imprensa cubanas, como castigo brutal por suas atitudes. Foi, por dez anos, um morto civil.

Há cerca de duas décadas, quando a recuperação literária desse escritor começou a se produzir, também se começou a falar (e a publicar) sobre as condições e as características daquela terrível marginalização que Virgilio compartilhou com outros artistas cubanos, como seu cativante rival Lezama Lima, outro grande patrimônio da cultura nacional. Nos últimos meses, uma revista como a *Unión* dedicou um número monográfico inteiro a destacar seu trabalho e a lembrar novamente, em vários textos, o calvário de seus anos finais. Resgatar para a memória do país as dimensões dramáticas da pena nunca escrita à qual foi submetido o criador do teatro cubano moderno (entre outras contribuições) não é um simples ato de justiça. Constitui uma necessidade.

Ocasionalmente ouvi dizer que nós, cubanos, temos uma memória volátil. E quem o afirma tem razão, em parte: a necessidade de superar passados lamentáveis torna preferível a opção do esquecimento, ou pelo menos a da desmemória, como alternativa liberadora. Mas também já se disse que olhamos demais para o passado, a partir de interesses e perspectivas diferentes, que ajudam a validar projetos presentes ou até mesmo a criticá-los... Estou convencido, sim, de que nós cubanos temos vivido demasiados esquecimentos que, seja lá por que razão, são apoiados por diversos fatores sociais e políticos.

A polêmica desencadeada nos primeiros meses de 2007 em torno do que havia significado, para a cultura e para os artistas cubanos, a política cultural adotada no país na década de 1970 (da qual Virgilio foi vítima paradigmática) constitui exemplo de como certos esquecimentos são derrotados pela memória. Sobre os efeitos humanos e culturais daquela política se deixara cair um manto de silêncio oportuno, embora esburacado, com o evidente interesse de encobri-los de alguma maneira. A verdade é que as condições em que nós, criadores, vivíamos em 2007 eram muito diferentes das que se produziram em 1971, mas a superação dos erros não implica que estes não tenham existido e, menos ainda, que seja mais saudável esquecê-los que lembrá-los, para exorcizá-los com a evocação e evitar que ressuscitem.

Melhor, sempre melhor, é a memória que o esquecimento. Isso não quer dizer que os ódios se enquistem, que os perdões não existam, que a conciliação não seja o resultado mais necessário, que reconhecer culpas seja uma derrota ética ou política. E, se para Cuba é importante a memória, também o é a conciliação, que tampouco implica o esquecimento.

Muitos de nós, escritores e artistas cubanos que hoje passamos da provecta idade dos cinquenta anos, tivemos alguma experiência relacionada com as múltiplas intolerâncias culturais, sociais, morais que imperaram na década obscura de 1970 e que, com menos força, mas não menor frequência, sobreviveram ao longo do decênio seguinte. Castigos, limitações, repreensões podiam nos chegar pelas mais diversas causas: por sermos crentes, homossexuais, "problemáticos ideológicos", por "não sermos confiáveis"..., até por praticarmos uma tendência estética transformada numa terrível categoria que hoje talvez muitos tenham esquecido (vejam, sempre o esquecimento): ser "intimista".

Uma das consequências mais lamentáveis, dolorosas e creio que intencionais daquelas "chamadas à ordem" era o medo que provocavam em nós que algum dia as sofremos. E tratava-se de um medo inevitável (pelo menos o foi para mim). Num país em que todos os meios de comunicação, editoras e instituições culturais pertenciam ao Estado e eram dirigidos ou controlados por instâncias políticas partidárias, receber uma acusação daquelas poderia significar a frustração de uma carreira, a censura ou certas doses mais ou menos altas da mais cerrada marginalização que se possa sofrer.

Em minha própria experiência como jovem escritor e jornalista que tentava com toda a inocência e boa vontade expressar critérios próprios (certamente muito distantes de qualquer crítica política frontal), acumularam-se várias repreensões e castigos por parte de diferentes instâncias de direção cultural. O ponto culminante daqueles "corretivos" foi marcado por minha "transferência", no verão de 1983, da publicação cultural mensal *El Caimán Barbudo* para o vespertino *Juventud Rebelde*, onde se supunha que, com maior rigor administrativo e político, eu devesse ser como que reeducado. A causa da transferência (à qual também foi submetido outro redator de *El Caimán*, Ángel Tomás González) foi, essencialmente, que aquela geração então vinculada à revista pretendia colocar a crítica cultural num tom e em perspectivas que começaram a superar a ortodoxia rígida da obscura década de 1970. Devo reconhecer, é claro, que o castigo previsto transformou-se em prêmio e, por isso, posso evocar meus anos no *Juventud Rebelde* como um período de aprendizado humano, cultural e profissional essencial em meu desenvolvimento intelectual, graças, sobretudo, ao apoio, à confiança e à liberdade que sempre recebi da diretoria do jornal.

Sem que por um instante eu pretenda me comparar literariamente a Virgilio Piñera, nem possa comparar meus castigos aos dele, não posso esquecer – como espero que não o possam outros muitos colegas de minha geração – as constantes pressões que sentíamos ou recebíamos por parte de diversas frentes da direção da política cultural da época.

Mais de uma vez, conforme lembrei numa entrevista recente a um jovem jornalista que não viveu aqueles tempos, fui chamado ao gabinete que orientava a cultura no Comitê Central do Partido e lá fui advertido por minhas atitudes, digamos, "heterodoxas". Outras vezes a represensão se dava nos gabinetes do Departamento de Cultura da União de Jovens Comunistas... Não é de estranhar muito que algumas das pessoas então à frente dessas instâncias tenham esquecido aqueles episódios, que até aleguem que nunca ocorreram. Memória ruim? É possível. Mas, principalmente, penso eu, trata-se de uma relação de poder. Os poderosos da época viam pessoas como eu como se fôssemos simples formigas que passavam e eles podiam esmagar com seu poder. Mas para nós que tínhamos o papel de formigas é mais difícil esquecer o tamanho da bota que nos podia pulverizar. E muito mais difícil esquecer o medo a que éramos submetidos.

Por isso, não creio que algumas dessas pessoas estejam mentindo quando afirmam que nunca se dirigiram a nenhum de nós (a mim, no caso), jovens artistas ou jornalistas, instando-nos que superássemos nossos equívocos, devaneios juvenis. Éramos tão insignificantes que a eliminação de nosso rosto de suas lembranças pode ser um evento psíquico normal. Mas para os insignificantes atemorizados é mais difícil esquecer. Não, é impossível esquecer. Embora sejamos capazes de entender e até de perdoar.

2007

Havana nossa de cada dia

1

Dos terraços e atalaias da velha e pétrea fortaleza de Tres Reyes del Morro, na vertente norte da baía, a cidade de Havana é uma promessa tranquila que se estende, castigada pelo sol do trópico, a verdades invisíveis de longe e do alto. Algumas cúpulas luminosas, como a do Capitolio; torres e campanários de igrejas supostamente barrocas ou de um gótico escandalosamente apócrifo; a escultura da Giraldilla (filha da Giralda sevilhana), símbolo da cidade e de uma marca de rum, empoleirada sobre a cúspide do primeiro baluarte militar havanês; o morcego alcoólico do edifício Bacardí coroando uma cúpula *art déco*; o ecletismo arquitetônico consumado do Palácio Velasco-Sarrá, sede da embaixada da Espanha; os arranha-céus anões de El Vedado, quase tragados pela reverberação do sol; o Paseo del Prado e o muro do Malecón, última fronteira do mar mais que da cidade; todos poderiam ser o mais notável de um panorama que parece sólido, permanente, definitivo e no qual as pessoas, em escala reduzida – e com elas duas paixões, sua própria vida –, pouco animam a cenografia perfeita.

Não é nem um pouco por acaso que muitas das primeiras imagens existentes da cidade, gravadas entre os séculos XVI e XVIII, também a contemplaram da perspectiva do mar. Porque Havana não existiria se não fosse pelo mar, pela baía protetora que mal se abre entre as pedras e penetra na terra como uma mancha que se expande para os territórios em que foi fundada, lá por 1519, a antiga vila de San Cristóbal.

Essas gravuras "havanesas", de imenso valor histórico pela qualidade de testemunho mais que pela realização artística, trazem, junto com as primeiras imagens da cidade, uma valiosa pista para uma possível releitura do ambiente cultural cubano, especificamente havanês, durante os primeiros três séculos de história colonial. Em seu revelador estudo *Cuba/España, España/Cuba: historia común*, o historiador Manuel Moreno Fraginals entra no tema da cultura cubana anterior ao século XIX justamente por essa fresta reveladora:

> Quem vir as gravuras da época e ler com cuidado as descrições de Havana do século XVI ao XVIII observará que o personagem principal da cidade é o mar. Sempre se repete a imagem de um porto cheio de navios, defendido por fortalezas impressionantes. Inclusive o ponto de mira em que o artista se situa é, em muitos casos, o mar, não a terra: ou seja, a cidade é vista do mar. E, à medida que se aproxima o ano 1762 (tomada de Havana pelos ingleses), aparecem mais navios e castelos. Não se trata apenas de que com o passar dos anos tivesse aumentado a importância naval e militar da cidade, mas também de que o mar se integrava cada vez mais em sua cultura espiritual.[1]

Uma cultura e uma espiritualidade diferentes, não associadas a gêneros, realizações e movimentos tradicionalmente considerados *artísticos*, estavam se desenvolvendo então entre aquele mar, aqueles navios, as eternas fortalezas havanesas. Conhecer o mar, construir barcos e castelos requeria a existência de uma verdadeira cultura militar e marinheira, que foi – conforme mostrou o próprio Moreno Fraginals – a que floresceu na Havana daquele tempo, não só pelo desenvolvimento de inúmeros ofícios práticos – necessários nos estaleiros e nas edificações –, como também em artes aplicadas – pintura, fundição, cerâmica, decoração – e até em elucubrações científicas como o livro de Lázaro Flores Navarro, *Arte de navegar*,

> obra – lembra o historiador – que trata de regras e preceitos da "navegação especulativa e teórica", ou seja, a que se faz por altura e derrota. Conforme expressa seu título completo, o livro oferece novas tabelas de declínio do sol, calculadas pelo meridiano de Havana, tomando por base as de Felipe Lansbergio. As tabelas foram calculadas durante 1665. A dedicatória foi assinada em Havana, em 12 de junho de 1672.[2]

---

[1] Manuel Moreno Fraginals, *Cuba/España, España/Cuba: historia común* (Barcelona, Grijalbo Mondadori, Mitos de Bolsillo, 1998), p. 52 [ed. bras.: *Cuba Espanha Cuba, uma história comum*, trad. Ilka Stern Cohen, São Paulo, Edusc, 2005].

[2] Ibidem, p. 131.

Essa peculiaridade cultural deve-se ao fato de que a primeira função de Havana, para o contexto geral do império espanhol da América e para o da ilha da qual era capital e centro político e comercial, era a de ser um enclave geográfico privilegiado – graças a sua baía e sua localização, na corrente do golfo que marcava o caminho mais propício para uma volta à Europa –, que se devia conhecer e proteger de ataques inimigos e, portanto, fortificar-se convenientemente; a de oferecer os mais diversos serviços a milhares de burocratas, militares, navegadores e viajantes de passagem – desde água e comida até diversão e sexo; a de, primeiro, reabastecer e reparar os navios que empreenderiam a rota oceânica e, depois, a de fornecer, de estaleiros próprios, novos navios às frotas espanholas cada vez maiores. Não por acaso, então, as primeiras imagens da cidade são as dessas gravuras, nas quais pouco aparece a figura humana, pois nelas "o personagem principal da cidade é o mar", e o cenário, "um porto cheio de navios, defendido por fortalezas impressionantes". Essa imagem de Havana, militar e marítima, é a primeira legada por um ativo universo cultural que, baseado em seus interesses e suas perspectivas, deixa fora de seu olhar os assuntos sociais, políticos e étnicos, dos quais ainda não havia plena consciência e sobre os quais não havia necessidade de debater.

Entretanto, a historiografia cultural cubana teve a tendência, durante muitos anos, de passar por cima daquele ambiente espiritual associado às necessidades materiais e intelectuais que a ilha tinha então, e especialmente sua capital, que chegaria a se tornar a terceira cidade mais importante do imenso império espanhol de ultramar.

Com olhar centrado no "artístico", os historiadores consideraram aqueles três primeiros séculos da vida cubana um período de pobreza espiritual. Só duas obras puramente estéticas, de significado contundente, atenuavam o deserto criativo que parecia estender-se sobre aquela longa etapa de formação histórica do país. De um lado, situado na aurora do século XVII, estava um salvador e contundente poema épico, *Espejo de paciencia*, atribuído ao escritor das Canárias Silvestre de Balboa y Troya de Quesada, estabelecido na ilha de Porto Príncipe, hoje Camagüey, no início do século XVII. De outro, alçava-se a magnífica obra sinfônico-religiosa do maestro Esteban Salas, criada na segunda metade do século XVIII, quando ele assumiu a direção da capela de música da catedral de Santiago de Cuba.

É curioso que as duas obras artísticas mais relevantes da "pré-história" cubana não mantivessem relação nenhuma com a dinâmica capital da ilha e, além disso, durante muito tempo tivessem destino parecido. A obra de Salas, mencionada por alguns historiadores, permaneceu quase desconhecida durante quase dois séculos, até que, no início da década de 1940, Alejo Carpentier redescobriu dezenas de partituras nos arquivos da catedral de Santiago e, finalmente, teve-se uma dimensão exata da importância e do valor da criação musical daquele ser místico e solitário, tocado pelo gênio. Por sua vez, *Espejo de paciencia* também ficou perdido (e completamente desconhecido) desde sua criação, por volta de 1608, até sua "descoberta", que só ocorreu por volta de 1828, quando os escritores José Antonio Echeverría e Domingo del Monte o encontraram casualmente, fazendo parte do manuscrito (também extraviado por décadas) do livro *Historia de la isla y catedral de Cuba*, do bispo Morell de Santa Cruz, de onde, segundo os afortunados descobridores, "foi fielmente transcrito" para ser publicado na revista havanesa *El Plantel*.

Se o achado carpentieriano contribuiu para nos dar a real dimensão da obra de Salas, mediante partituras, o acidentado resgate de *Espejo de paciencia* semeou desde então algumas dúvidas a respeito de sua autenticidade ou, pelo menos, da autenticidade de toda a obra, pois o manuscrito encontrado por Echeverría e Del Monte nunca foi visto por mais ninguém (tinha o costume persistente de se perder sempre de novo) e existem demasiadas razões para pensar que a própria reaparição e o valor documental da obra, tão oportunos para os interesses políticos e culturais do pujante grupo social e econômico representado por aqueles intelectuais (a burguesia crioula ligada à indústria açucareira), podem ter sido resultado de um magistral embuste literário realizado por seus supostos "descobridores".

Independentemente da polêmica autenticidade total ou parcial de *Espejo de paciencia*, o fato é que até o fim do século XVIII, quando começam a ser publicadas obras de vários poetas nascidos ou estabelecidos na ilha, nas quais se falava de certos tópicos da natureza ou da sociedade cubana, a criação cultural do país parecia apoiar-se apenas nesses dois pilares – a música sacra de Salas e o poema épico *Espejo de paciencia*, ambos, repito, sem nenhuma relação com a cidade de Havana e desconhecidos por séculos – e nas gravuras, realizadas quase sempre por visitantes forâneos, que nos legavam as primeiras vistas de alguns lugares da ilha, com especial insistência na capital e em seu porto.

2

A fundação da nação cubana, processo que se cristaliza em meados do século XIX e que tem sua expressão definitiva com o início da guerra independentista de 1868, está intrinsecamente ligada à criação de um imaginário nacional por parte da literatura narrativa que, em torno das célebres tertúlias organizadas justamente pelo escritor e promotor Domingo del Monte, escreveu-se na ilha no fim da década de 1830.

Um elemento de suma importância na criação desse espaço imaginário, psicológico e cultural, prévio ao da criação do espaço nacional – de conotações mais políticas e econômicas –, foi a fixação narrativa da imagem da cidade, nesse caso Havana, centro nevrálgico do movimento de construção de uma nova identidade, já propriamente cubana.

Esse processo de evidente conotação cultural – mas que escondia essenciais urgências políticas e também econômicas – que começa a se produzir por essa época resume, talvez, um dos momentos mais intrincados, polissêmicos e contraditórios da história cubana e, curiosamente, um dos menos estudados em sua profunda complexidade[3]. O fato tão insólito quanto singular de que um grupo social – nem sequer uma classe em seu conjunto – tenha *programado* e, mais ainda, financiado um movimento cultural capaz de estabelecer as bases simbólicas de uma nova entidade nacional, diferente da metrópole espanhola que ditava as políticas gerais que ordenavam a vida na ilha, é um processo de conotações muito peculiares, mesmo dentro dos múltiplos movimentos de fundação nacional da época. Desse modo, o setor mais enriquecido e socialmente renovador da grande burguesia açucareira será encarregado de impulsionar a criação de uma identidade cubana por meio do estabelecimento da imagem de uma comunidade humana diferente. Para isso, valem-se das aspirações e das realizações de um grupo de escritores que, de maneiras diversas, são alentados e quase compelidos – pelos "programas" estabelecidos por Domingo del Monte, já então membro dessa alta burguesia – a elaborar uma literatura, sobretudo narrativa, na qual se estabelecerão as características do conglomerado humano insular, primeiro em seu âmbito mais romântico e permanente, ou seja, o espaço rural, e depois no mais dinâmico e mutável, o espaço humano, representado pela cidade de Havana.

Os primeiros a se propor, a partir dessa perspectiva interessada, consciente e, mais ainda, preconcebida, a criação de um espaço físico-espiritual da cidade, definidamente histórico, seriam os escritores, então muito jovens, José Antonio Echeverría (1815-1885), com seu relato histórico *Antonelli* (1838), e sobretudo Cirilo Villaverde (1812-1894), com o relato original *Cecilia Valdés o La Loma del Ángel* (1839) e, particularmente, com o romance *La joven de la flecha de oro* (1841).

---

[3] Ver José Luis Ferrer, "Novela y nación en Cuba: 1837-1846. University of Miami", DAI, 63, n. 06A, 2002.

Antes, é verdade, Havana aparecera como referência em numerosos documentos mais ou menos oficiais, em estudos científicos e históricos (como os de Alejandro de Humboldt ou Félix de Arrate, o primeiro historiador cubano) e em diários e cartas, nos quais tanto viajantes de fora como habitantes da cidade costumavam queixar-se de sua condição sanitária deplorável, de seus cheiros exultantes, de seus vícios e seus flagelos sociais, encabeçados pela propensão quase generalizada ao jogo e à prática da prostituição – ambas presentes na cidade desde o século XVI. Havana até fora cenário de alguns – poucos, na verdade – relatos entre os quais caberia citar *La cueva de Taganana* e *El ave muerta*, do próprio Villaverde, e *El cólera en La Habana*, de Ramón de Palma, publicados entre 1837 e 1838 e caracterizados pela intenção de recriar episódios mais ou menos reais relacionados à história da cidade. Entretanto, ao ler esses textos iniciais de Villaverde e De Palma à luz intensa dos que os sucederam nos três anos seguintes, fica evidente que em nenhum deles seus autores se propuseram a explorar a paisagem urbana como componente essencial do "espaço nacional" e suas características singularizadoras[4].

Enquanto *Antonelli* (relato que artisticamente faz água por todos os lados) remete a um período inaugural da cidade – fim do século XVI – e se refere, como era de esperar, a uma história ligada a assuntos militares e marítimos, Villaverde dedica-se a escrever de sua "atualidade" e, com uma história de amor, consegue armar o tecido social, arquitetônico, racial e psicológico da cidade em que vive, legando-nos a primeira imagem polivalente de Havana e seus habitantes, seus lugares e suas características, com um percurso narrativo que não só atravessa o espaço físico da urbe e de seus bairros mais populosos e mais importantes, como, ao mesmo tempo, reflete e plasma a escala social de todo o país, pois na narração confluem desde as mais altas autoridades coloniais até os negros escravos recém-chegados da África, grupos colocados nos extremos opostos de uma sociedade estratificada e diversa.

A partir da publicação de *Cecilia Valdés o La Loma del Ángel*, a cidade se transforma no cenário mais representativo da nação na literatura cubana, no espelho mais preciso de suas qualidades distintivas, e não é de modo nenhum por acaso que, desde o próprio título, o pequeno romance coloca num mesmo nível seu personagem principal – a mulata Cecilia Valdés, para muitos representação "do nacional", por seu caráter mestiço, bastardo, arrivista e trágico, além do mais fadada ao incesto – e a paisagem urbana em que se desenvolve a peripécia e,

---

[4] Sobre esse processo, ver idem.

especialmente, uma locação simbólica de suas contradições e suas confluências, a chamada Loma del Ángel (localizada na parte hoje conhecida como Habana Vieja), cenário de festas populares e coroada por uma igreja em cujas portas ocorre a tragédia final da ficção.

Em sua reveladora análise *Novela y nación en Cuba*, dedicada às origens peculiares da narrativa cubana no fim da década de 1830, o ensaísta José Luis Ferrer esclarece que, apesar do que Villaverdade conseguiu em sua versão original de *Cecilia Valdés*, essa

> ... integração dos diferentes espaços numa imagem inclusiva ou total da cidade ainda não se cristalizou aqui, nem no nível do espaço narrativo (os diferentes espaços coexistem, porém sem chegar a se integrar), nem sequer no nível da própria estrutura do relato, tratando-se, ainda, de uma soma de quadros e cenas individuais mais que de um "romance" propriamente dito. Se há algo que mostra essa relutância da imagem da cidade em se integrar num todo orgânico [...] são as dúvidas do escritor com respeito à capacidade dessa sociedade urbana estratificada para representar a nação; dúvidas que, quanto ao mais, evidenciam-se quando o narrador descreve ou expressa suas opiniões sobre o "povo" havanês.[5]

Na opinião do próprio Ferrer,

> a primeira e indiscutível imagem que a narrativa cubana conseguiu produzir da paisagem urbana como totalidade (observada da perspectiva de um ponto distante, em geral um lugar elevado, que tão produtiva seria como mirante para a visualização da nação como comunidade imaginária) apareceu em "La joven de la flecha de oro", publicado em *La Cartera Cubana* em 1840 e reeditado no ano seguinte em forma de livro.[6]

Sem entrarmos na análise das características específicas da obra, é possível afirmar, com Ferrer, que nesse romance Cirilo Villaverde finalmente concilia o social e o físico na conformação da imagem de uma cidade que, a partir de então, se fixa de maneira definitiva – narrada – no imaginário nacional como o âmbito urbano mais característico e abrangente. O propósito do escritor e, é claro, dos ideólogos desse singular processo de apropriação do espaço nacional é, antes de

---

[5] Idem.
[6] Idem.

tudo, aglutinador, integrador, unificador, pois está empenhado na criação de uma imagem totalizadora que, sem deixar de ser contraditória e múltipla (como toda imagem classista), tende à coerência possível de conseguir por um só olhar, como se a cidade fosse uma entidade definível pelo imbricamento de seus lugares, sua gente e sua história. O projeto de "ter" uma cidade literariamente descrita, espiritualmente coesa – "uma imagem totalizadora e inclusiva do espaço urbano", como a chama Ferrer –, afinal se concretizara e, por conseguinte, a literatura e o imaginário cubanos tiveram, a partir daquela data, com a Havana daquele romance, a representação de um espaço urbano próprio e singular.

Um passo já definitivo e irreversível nessa apropriação da complexa tipicidade havanesa, concebida como reflexo de espaço físico e social, ocorre graças ao próprio Villaverde quando ele publica em 1882 a versão definitiva, notavelmente ampliada, de *Cecilia Valdés o La Loma del Ángel* e consegue cristalizar muitos dos intentos e das proposições sobre a criação de um âmbito urbano já explorados em sua literatura anterior. Nessa trajetória, tem papel decisivo a evolução política e literária de um autor que, em quatro décadas, percorre o intervalo estético e conceitual que separa o jovem escritor romântico do narrador veterano já permeado pelo realismo costumbrista e, em seu ideário político, possuidor de um pensamento muito mais independente que tivera na década de 1830, quando circulara na órbita pragmática e facciosa de Domingo del Monte, ideólogo e porta-voz dos interesses do grupo econômico da burguesia açucareira e liberal. No entanto, talvez o fator decisivo desse aprofundamento deva-se ao fato de que, se em 1839 Cuba era um projeto de país, com uma nacionalidade em ascensão, em 1882 já era uma nação e, para completar sua existência, só precisava tornar-se Estado com a independência política pela qual se havia lutado nos campos de batalha durante dez anos.

Estudado de modo abundante a partir dos mais diversos ângulos, considerado com justiça o ápice do romance cubano do século XIX, é quase desnecessário deter-se nos valores e na importância desse romance de Villaverde, ainda que, para situá-lo na evolução do processo de criação e apropriação de um espaço urbano havanês, convenha lembrar que *Cecília Valdés*, em sua edição definitiva impressa em Nova York, é ainda hoje a obra literária que com maior minúcia e aplicação (em nada fortuitas) descreve os espaços físicos da cidade e os estratos sociais, culturais e étnicos que então a compunham, formando um quadro tão detalhado e abrangente que, ainda que pagando um tributo à leviandade do costumbrismo e às intenções nacionalistas do romantismo, jamais foi superado em complexidade por nenhuma obra localizada na capital da ilha.

3

A narrativa cubana, desde sua fundação – e devido a razões políticas e econômicas que então a impulsionaram –, acarretou uma consciência que poderíamos considerar contextual: contextos raciais, de ilustração, políticos e, é claro, arquitetônicos são com frequência descobertos numa narrativa urbana que se ocupou, preferencial e conscientemente – e apesar das limitações de muitos de seus cultores –, da construção de uma imagem coerente da cidade de Havana.

Do romantismo costumbrista de Cirilo Villaverde ao realismo tipicista e de fim de século de Ramón Meza – autor de um significativo romance, *Mi tío empleado* [Meu tio empregado], que se desenrola na capital da ilha –, a Havana do século XIX adquiriu uma notável corporeidade literária que depois, já no século XX, Miguel de Carrión e Carlos Loveira, principais autores afiliados à estética do naturalismo, se encarregariam de aprofundar. Utilizaram uma cidade já "feita", e em muitos sentidos explicada por seus antecessores, para nela localizar os dramas psicológicos e sociais de seus personagens havaneses.

Entretanto, a geração literária que sucede os naturalistas os critica pela escassa profundidade na hora de desvendar as essências da cidade, e, por isso, ainda na década de 1960, um autor-chave no processo de apropriação definitiva da cidade como espaço nacional queixa-se de que

> certas realidades americanas, por não terem sido exploradas literariamente, por não terem sido nomeadas, exigem um longo, vasto, paciente processo de observação. E talvez seja mais difícil lidar com nossas cidades, por ainda não terem entrado na literatura, que com as selvas e as montanhas [...]. Ao ver como são poucas as vezes em que os romancistas cubanos tocaram, até agora, na essência de Havana, convenço-me de que a grande tarefa do romancista americano hoje está em inscrever a fisionomia de suas cidades na literatura universal, esquecendo tipicismos e costumbrismos. Há que definir a fisionomia das cidades como Joyce definiu a de Dublin.[7]

No ensaio "Problemática do atual romance latino-americano" (1964), Alejo Carpentier considera, além disso, que

---

[7] Alejo Carpentier, "Problemática de la actual novela latinoamericana" (*Tientos y diferencias*), em *Ensayos* (Havana, Letras Cubanas, 1984), p. 11-2 [ed. port.: "Problemática do atual romance latino-americano", em *Literatura e consciência política na América Latina*, trad. M. J. Palmerim, Lisboa, Dom Quixote, 1971].

muito poucas cidades nossas foram reveladas até agora – a menos que se acredite que uma simples enumeração de exterioridades, de aparências, constitua *a revelação* de uma cidade. Difícil é *revelar* algo que não oferece informação livresca preliminar, um arquivo de sensações, de contatos, de admirações epistolares, de imagens e enfoques pessoais; difícil é ver, definir, sopesar algo como foi Havana, menosprezada durante séculos por seus próprios habitantes, objeto de declarações (Ramón Meza, Julián del Casal, Eça de Queiroz) que expressaram o tédio, o desejo de evasão, a incapacidade de entendimento.[8]

Ainda que Carpentier tenha razão ao advertir no mesmo texto que uma cidade como Havana é um processo em constante evolução e que literariamente foi definida mais por seus tipicismos exteriores que por suas essências ocultas e permanentes, sua leitura da narrativa urbana cubana parece por demais centrada no aspecto físico, urbanístico, arquitetônico, sem levar em conta a apropriação e a definição psicológica (tão grata ao realismo e ao naturalismo) já atingida por essa literatura muito antes dessas suas afirmações.

Talvez a culminância do processo de assimilação de um universo urbano concebido como espaço do nacional e de criação de uma imagem integrada e definida de Havana se produza com o momento de grande esplendor da narrativa cubana forjado em torno das décadas de 1940 e 1950, justamente pela geração literária a que Carpentier pertence. E, entre todas as muitas obras então publicadas que se desenrolam em Havana (entre as quais, caberia lembrar, por exemplo, o romance *La trampa* [A armadilha], de 1956; e vários relatos de Enrique Serpa, autor hoje quase esquecido), duas, em particular, conseguem a total apropriação harmoniosa de seu espaço em função do próprio argumento do relato: a primeira dessas obras é o conto, de Lino Novás Calvo, "La noche de Ramón Yendía" – talvez o mais impactante e perfeito dos contos escritos em Cuba, incluído no livro *La luna nona*, de 1942 – e a novela *O cerco** (1956), justamente de Alejo Carpentier.

Não deixa de ser significativo que duas das obras mais importantes e mais bem resolvidas da literatura cubana tenham o mesmo assunto central: uma perseguição em Havana. Mas, se no relato de Novás a cidade aparece como cenário inimigo, que repele o protagonista, fechando-lhe todas as portas, no romance de Carpentier é, antes, concebida como labirinto e dimensão envolvente, ao

---

[8] Ibidem, p. 14.
* Alejo Carpentier, *O cerco* (trad. Eliane Zagury, São Paulo, Global, 1988). (N. E.)

mesmo tempo protetora e desafiante, embora talvez o mais importante – com relação ao processo de assimilação do espaço urbano – nessas duas obras-primas seja que nelas seus respectivos autores não sentem a necessidade de "explicar" a cidade nem sequer de vê-la como um conjunto; eles simplesmente a assumem em sua caótica presença humana e física, arquitetônica e social.

Nessas obras, a cidade adquire um protagonismo que ela não tinha de maneira tão explícita desde os tempos de Cirilo Villaverde, embora as intenções estéticas e os recursos narrativos tenham variado muito, ao passo que o visível afã integrador de antes é eclipsado pela presença de algo que já *é*, que já tem corporeidade e alma próprias. A Havana que Novás e Carpentier refletem em suas obras é uma entidade previamente estabelecida, criada pela realidade e definida pela literatura e, também, pelas artes plásticas cubanas. Não por acaso essas duas obras-chave na concretização da imagem narrativa de Havana são concebidas quando esgotado o período de "renascimento" rural que se produziu ao longo das décadas de 1920 e 1930, com autores como Luis Felipe Rodríguez e até o próprio Carpentier – *¡Écue-Yamba-Ó!* – e uma parte considerável dos contos de Novás Calvo. Mas, uma vez esgotada a moda rural nacionalista, que se pôs em consonância com parte significativa do romance latino-americano – que então exibiu como seus grandes modelos (seus romances exemplares) obras que se desenvolvem em âmbitos rurais como *Don Segundo Sombra*, *La vorágine* [O turbilhão] e *Doña Bárbara*, cuja influência chegou aos dias de Rulfo, García Márquez e até parte da obra de Vargas Llosa –, inaugura-se na ilha um período possível de ser catalogado como vanguardista-existencialista e que, por essas características, só podia ter como cenário propício a cidade moderna – ou o anseio de escapar dela.

Um elemento revelador no momento de fazer suas representações urbanas é que tanto Novás como Carpentier recorrem em seus respectivos intentos a duas perspectivas singulares, que são as que eles dominam melhor: Novás, à de um taxista, ofício que exerceu na década de 1920; Carpentier, à de um estudante de arquitetura, curso que, como seu personagem, ele iniciou e não concluiu, também na década de 1920, mas área de que tem amplos conhecimentos.

A cidade de "taxista" oferecida por "La noche de Ramón Yendía" emerge como um dédalo de ruas, avenidas, pistas, como uma cidade aberta, em alguns momentos labiríntica, mas que não oferece refúgio. Além disso, é um mundo visto a partir da estatura de um homem, do volante de um automóvel, e essa perspectiva o aproxima definitivamente do pavimento escuro. Ramón Yendía, em sua pretensa ocultação de possíveis perseguidores e depois já na própria perseguição que lhe custará a vida, desloca-se o tempo todo pelas ruas da cidade –

sem se deter para nomeá-las, como teriam feito seus antecessores naturalistas –, pois as considera seu melhor refúgio e a única solução de saída para sua situação dramática. Foge entre as ruas, nelas busca se confundir e evaporar, se possível, e depois as vê como caminho para a salvação.

A cidade de "arquiteto" de *O cerco*, por sua vez, é um universo povoado de edifícios, casas, colunas, arcadas, monumentos, uma cidade *construída, planejada*, que tem um estilo – seja ele qual for, ou talvez só um amálgama de diversos estilos – que, em sua abundância de lugares fechados, pode oferecer a salvação ao acossado. Se as ruas são o refúgio de Ramón, são o inimigo do Acossado; se as edificações são a prisão e a morte para Ramón, são a proteção para o Acossado.

Essas duas noções opostas e complementares da cidade compõem, em seu paralelismo ou suas perpendicularidade (conforme se veja), um conjunto capaz de oferecer uma só imagem. Assim, enquanto Novás cria um mundo com as ruas de Havana, sem ao menos levantar os olhos para se distrair com suas edificações, o Acossado descreve constantemente os elementos arquitetônicos que lhe são significativos por seus valores ou pela falta deles, mas, sobretudo, por sua capacidade de singularização e identificação, tão importante na estética carpentieriana do real maravilhoso como âmbito próprio, caracterizado por diversos contextos – entre eles, é claro, o arquitetônico. Novás descreve curvas, esquinas, estreitezas; Carpentier narra construções. Novás move-se a velocidade vertiginosa; Carpentier, a um ritmo sossegado, necessário para a descrição dos lugares. Novás deixa seu personagem morrer em plena rua, muito perto de onde começou sua fuga, ao passo que Carpentier faz com que o seu seja executado no interior de um teatro, a poucos metros de onde esteve escondido, refugiado, até poucas horas antes.

Embora essas duas peças narrativas, por seu próprio argumento, talvez pudessem ter se desenrolado em qualquer cidade moderna, sobretudo latino-americana, a contextualização de elementos de ordem social, arquitetônica, física, política – ambas são episódios relacionados à frustrada Revolução de 1933 – torna-as definitivamente havanesas, pois o âmbito da cidade é o cenário único e irrepetível da tragédia. Também não é fortuito que os dois protagonistas, além de traidores e perseguidos políticos, sejam homens nascidos em cidades do interior, avaliem por um momento a possibilidade de buscar proteção em seus lugares de origem, mas imediatamente descartem a ideia: a cidade é o melhor refúgio, o único a ser considerado, pela possibilidade de lhes oferecer a dissolução e o anonimato. Havana, então, transforma-se não mais no cenário tipificado, minuciosamente nomeado, descrito em seus costumes e tipos propostos na narrativa anterior, precisando criar esse "espelho" da nação e dar-lhe não apenas um rosto, mas também nome, figura, cor, por meio de suas características mais visíveis: Havana já é uma cidade literária, e o importante, nessas obra, é sua assimilação como espaço urbano definitivamente próprio.

4

Poucos anos depois, outra obra revolucionária adiantaria e aprofundaria, em estilo diferente, as noções de Novás e Carpentier sobre Havana. Ao publicar *Três tristes tigres**, já na década de 1960, Guillermo Cabrera Infante rompe a estrutura circular e labiríntica de seus antecessores e a concebe como espaço aberto, em expansão, que oferece como único refúgio a noite – melhor se for a noite refrigerada e potencializada do *night club* ou do cabaré. De El Vedado aos bares da praia, dos espaços brilhantes e arejados do Malecón e de La Rampa aos poeirentos da Esquina de Tejas e certos bairros populares de uma periferia que se pretende remota, os personagens de Cabrera Infante criam um mapa de uma cidade que rompe suas próprias fronteiras e gera um espaço "transitável" em carros velozes, de bar em bar, de cabaré em cabaré, sempre, quase sempre, à noite. A luz de Havana se perde, ou melhor, se transforma, quando o neon substitui o sol e a escuridão não é protetora, mas estação perfeita para personagens leves e alienados.

Entretanto, o grande mérito de Cabrera Infante e sua "renovação" no processo de tipificação do espaço havanês não ocorre apenas na dimensão física, mas, sobretudo, na estética, ao criar, como expressão idônea para as múltiplas aventuras de personagens envolvidos numa história também múltipla e sem fronteiras, uma linguagem *havanesa* para expressar aquele mundo de ficção erigido em seu romance. Embora desde várias décadas atrás os autores cubanos estivessem à caça desse novo *idioma* – Novás Calvo foi justamente um de seus mais destacados fundadores –, é Cabrera Infante que o patenteia definitivamente e o entrega aos escritores que o sucedem – desde Jesús Díaz até Pedro Juan Gutiérrez, todos são filhos "idiomáticos" de Cabrera Infante – como algo já cristalizado, definidor, exatamente por meio do elemento literário por excelência: a palavra. Desse modo, a cidade de Cabrera Infante cria a sensação de ser como aquele fluxo de palavras que a conforma, inclusive com a mescla idiomática e tipográfica refletida pelo

---

* Guillermo Cabrera Infante, *Três tristes tigres* (trad. Luis Carlos Cabral, Rio de Janeiro, José Olympio, 2009). (N. E.)

apresentador de Tropicana "*Showtime!...* Tropicana, o cabaré MAIS fabuloso do mundo... '*Tropicana' the most fabulous night club in the WORLD...* apresenta... *presents...*", uma cidade deslumbrante, amável, orgulhosa demais e à beira de um cataclismo que se concretizará, anos mais tarde, na realidade e na literatura.

O romance seguinte de Guillermo Cabrera Infante, que inclusive põe a cidade em seu título – *Havana para um infante defunto** (1979) –, continuará o caminho aberto por seu antecessor quanto a achados de linguagem, mas, desta vez, a construção do romance se realiza a partir da recuperação da memória de um adolescente (é uma obra com intenso sabor autobiográfico), e o âmbito urbano volta a se ordenar, a se definir e a ganhar tal coerência que chega a se tornar uma das visões mais permanentes e reveladoras que a literatura cubana realizou sobre sua cidade dileta.

Outras duas obras excepcionais quanto a suas visões urbanas aparecem na própria década de 1960: em 1962, finalmente é editado *O século das luzes***, romance com que Alejo Carpentier adentra a mesma Havana de Cirilo Villaverde – início do século XIX –, mas com um olhar que busca a profundidade da vida havanesa de então por meio de uma perspectiva contextual que parte de uma consciência muito definida de seu autor quanto à necessidade de estabelecer o âmbito do real maravilhoso, ou seja, da singularidade americana, no caso havanesa; e *Paradiso**** (1966), a célebre obra do poeta José Lezama Lima, em que o autor apresenta a cidade com um exercício linguístico barroco, obscurecido, de caráter poético, que remete às mais diversas sensações, em sua intenção – também materializada por Carpentier – de estabelecer um diálogo com o universal e o permanente por meio do intrinsecamente cubano, do essencialmente havanês.

Todas essas *construções* da cidade, definições de sua imagem social, arquitetônica, idiomática, espiritual, com as quais se dá coerência e unidade ao espaço havanês na literatura cubana, são a base sobre a qual trabalham, por mais de duas décadas, narradores como Jesús Días, Lisandro Otero, Jaime Sarusky, Edmundo Desnoes e muitos outros, empenhados, além do mais, em oferecer a crônica de uma mudança social ocorrida em 1959 e que teria também a cidade de Havana

---

* Idem, *Havana para um infante defunto* (trad. João Silvério Trevisan, São Paulo, Companhia das Letras, 1987). (N. E.)

** Alejo Carpentier, *O século das luzes* (trad. Sérgio Molina, São Paulo, Companhia das Letras, 2004). (N. E.)

*** José Lezama Lima, *Paradiso* (trad. Josely Vianna Baptista, São Paulo, Estação Liberdade, 2014). (N. E.)

como espaço privilegiado. Mas toda esse afã de coerência, de unidade, de solidez – inclusive política – chegaria a um esgotamento por volta do fim da década de 1980, quando a própria cidade começaria a cantar seu cansaço físico e espiritual e exigiria, desesperadamente, uma mudança de sua percepção literária, impelida pelas transformações de seu espaço real e moral.

5

Dos cem romances de Balzac – escreveu Alejo Carpentier, numa de suas últimas conferências –, pelo menos setenta provêm da crônica, uma vez que seus personagens são todos marcados, apanhados, conduzidos, alçados ou esmagados pelos acontecimentos de sua época. As alusões à realidade política de sua época são constantes e reiteradas. Todo o mundo vive em função de algo que aconteceu: a revolução, a derrubada do império, a restauração da monarquia, as agitações revolucionárias[9].

Algo muito semelhante acontece com a narrativa cubana mais recente: carregada de atualidade, com francas intenções de crônica, quase sempre remete a uma realidade turbulenta, na qual em geral o fato político submerge, muitas vezes permanece inominado, intencionalmente suposto, e só aflora seu resultado em nível humano e social, por comportamentos e atitudes, evasões, frustrações e ações desesperadas: por meio das imagens de um mundo em crise.

Na década de 1990 é a narrativa da desconstrução, das ruínas, do apocalipse, da marginalidade – também qualificada, de um ponto de vista mais ideológico, como "narrativa do desencanto"[10] – que começa a se apropriar do reflexo narrativo do espaço havanês. Ainda nos anos 1980, os narradores cubanos tentaram dar uma imagem totalizadora e integradora da cidade, assumindo-a como conjunto de diversidades em harmonia, tal como se manifesta em alguns textos típicos da época, entre os quais vale destacar os romances *As iniciais da terra** (1987), de Jesús Díaz, e *De Peña Pobre* (1980), de Cintio Vitier, ou os livros de contos escritos por Luis Manuel García (um deles intitulado, nem mais nem menos,

---

[9] Alejo Carpentier, "La novela latinoamericana en vísperas de un nuevo siglo", *La novela latinoamericana en vísperas de un nuevo siglo y otros ensayos* (*Ensayos*) (Havana, Letras Cubanas, 1984), p. 160.
[10] Jorge Fornet, "La narrativa cubana entre la utopía y el desencanto", *La Gaceta de Cuba*, Unión de Escritores y Artistas de Cuba, set.-out. 2001, p. 38-45.
* Ed. port.: Jesús Díaz, *As iniciais da terra* (trad. Magda Bigotte Figueiredo, Porto, Âmbar, 2007). (N. E.)

Habanecer, publicado em 1992, mas terminado pelo menos três anos antes), e *Donjuanes*, de Reinaldo Montero (1986, segundo volume do chamado Septeto Habanero). Por volta dessa mesma época, já estavam sendo escritas e editadas narrações mais ou menos biográficas ou em boa parte fictícias como *Antes que anoiteça** e *El color del verano* [A cor do verão], de Reinaldo Arenas, nas quais se anuncia um processo de desintegração física e moral que eclodiria na realidade do país e se refletiria como assunto preferido na narrativa com a chegada da década de 1990 e toda a sua crise.

Se, em sua evolução, à construção espacial e humana do âmbito urbano como representação da nação seguiu-se a assunção desse espaço como propriedade física e espiritual inalienável, inclusive por via da linguagem e até da política e da história, agora é a desintegração do construído que consegue impor-se como reflexo de Havana na literatura cubana dos últimos tempos. Justamente a partir das obras de Reinaldo Arenas – em sua maioria escritas na década de 1980, mas reconhecidas e mais difundidas nos anos 1990, depois de sua morte –, a imagem do caos e da indefinição se alça como visão mais recorrente numa narrativa que se torna fantasiosa, alucinada, hiperbólica, porém ao mesmo tempo mais puramente realista, com personagens à beira – ou além – de todas as paixões e atitudes éticas, num meio que se desfaz no físico e no espiritual, que se desconecta como trama urbana única e a cuja decadência os escritores desse período dedicam parte significativa de suas obras.

O processo de desconstrução que se constata a partir de então torna-se evidente em componentes das obras como a linguagem – que se pulveriza, se vulgariza, se encerra em códigos novos, às vezes incompreensíveis – e atinge, inclusive, os domínios da ideologia, que deixa de ser monolítica (como se pretendeu na década de 1970, a década obscura, época lamentável para a literatura e o pensamento cubanos). Por outro lado, no aspecto físico da cidade, chega-se ao império das ruínas como labirinto possível, mas nunca como refúgio: a cidade dos narradores dos anos 1990 e início do século XXI é uma cidade que repele os personagens, que os expulsa, que os marginaliza – e as razões econômicas pesam tanto quanto as físicas e as morais –, transformando-se num verdadeiro campo minado em que se sobrevive mais que se vive, pelo qual se transita (se possível) mais que se cria, e do qual muitas vezes se foge para um exílio marcado pela impossibilidade do regresso, ou para a morte.

---

* Reinaldo Arenas, *Antes que anoiteça* (trad. Irêne Cubric, Rio de Janeiro, BestBolso, 2009). (N. E.)

A vocação contextual da narrativa cubana voltaria a se fazer evidente naqueles anos que começam, para o mundo, com a queda do Muro de Berlim e a desintegração da União Soviética e, para Cuba, com um rumoroso processo judicial por corrupção e narcotráfico contra altas figuras da oficialidade militar e policial e a chegada de uma crise econômica como jamais se vivera entre os limites da ilha. Desastres ideológicos e econômicos, ameaças de inanição e buscas de soluções individuais caracterizam um período do qual a narrativa se propõe a deixar a crônica mais contundente e variada, muitas vezes invisível na imprensa nacional e oficial, propriedade do Estado e do governo.

Obras ligadas por sua estética ao chamado "realismo sujo", como *O rei de Havana** (1999) e *Trilogia suja de Havana*** (1998), de Pedro Juan Gutiérrez; relatos como os de *Rumba Palace* (1995), e a novela *Perversiones en el Prado* (1999), de Miguel Mejides; obras de alto voo literário e indubitável qualidade estética como *Teu é o reino**** (1997) e, sobretudo, *Os palácios distantes***** (2002), de Abilio Estévez; contos do apocalipse social e humano como os do livro *La Habana elegante* (1995), de Arturo Arango; romances da desesperança e da alienação como *El paseante cándido* (2001), de Jorge Ángel Pérez, ou *Silencios* (1999), de Karla Suárez; contos do desespero e do racismo como os de Alberto Guerra; e mais outros romances e uma infinidade de relatos talvez carregados demais de marginais, prostitutas, arrivistas, mendigos, emigrantes (*balseros****** que se vão e *gusanos******* que voltam), loucos, drogados e, sobretudo, homossexuais (de todos os sexos e tendências), na maioria marcados pelo ceticismo, pela decepção e pela sordidez às vezes mais amarga – a multiplicação do desencanto –, refletem a crônica de um período de mudanças profundas e fazem do espaço urbano, com frequência descrito em minúcias, um turbilhão do caos e um anúncio do apocalipse que se aproxima, no qual se movem personagens quase sempre destroçados, às vezes definitivamente sem salvação, muito diferente dos promovidos pela privilegiada propaganda oficial.

---

* Pedro Juan Gutiérrez, *O rei de Havana* (trad. José Rubens Siqueira, Rio de Janeiro, Alfaguara, 2017). (N. E.)
** Idem, *Trilogia suja de Havana* (trad. Paulina Wacht e Ari Roitman, Rio de Janeiro, Alfaguara, 2017). (N. E.)
*** Abilio Estévez, *Teu é o reino* (trad. Sérgio Molina, São Paulo, Globo, 2005). (N. E.)
**** Idem, *Os palácios distantes* (trad. Bárbara Guimarães, São Paulo, Globo, 2004). (N. E.)
***** Emigrantes ilegais que saem de Cuba para os países vizinhos em precárias embarcações clandestinas. (N. T.)
****** Literalmente "vermes", "larvas". Assim são chamados os traidores do regime de Fidel Castro, sobretudo os que se instalaram nos Estados Unidos, os *gusanos de Miami*. (N. T.)

Sem dúvida, as realidades sociais e econômicas dos últimos anos – como nos romances de Balzac, "todo o mundo vive em função de algo que aconteceu", embora não o saiba – e um indubitável esgotamento do ponto de vista historicista e complacente que se impôs na narrativa dos anos 1970 e de boa parte dos 1980 (paralelo a um cansaço com respeito ao histórico e sua retórica) foram as razões mais evidentes que propiciaram, como reação, uma reflexão literária mais isenta sobre atualidade e a desintegração visível dos espaços da cidade.

A revulsão narrativa iniciada na década de 1990 foi tão profunda que atingiu até o politicamente correto e literariamente deplorável romance policial cubano, que, nos anos finais do século passado e nos primeiros do atual, começa a participar de maneira mais realista e literária do processo artístico cubano e, dentro dele, da nova visão da cidade como espaço caótico e em desintegração, como universo escuro em que, por diversos meios, engendram-se o ódio, o medo e a frustração. A nova narrativa policial cubana, gênero quase sempre citadino e corrosivo, escolheu com lógica preferência o espaço havanês como cenário de seus argumentos e, com eles, foi criando uma imagem sombria, problemática e, sobretudo, turva do âmbito urbano por meio da imagem proposta da cidade.

Novos personagens, realidades e contradições que deambulam pelas ruas de uma Havana diferente e igual, descrita em sua decadência física, voltaram a servir, novamente – como no remoto 1840 e no cada vez mais distante 1950 –, para recriar o espaço espiritual da nação e lhe dar voz e imagem por meio da literatura narrativa, a mais bem capacitada para propor esse tipo de construções globais. Talvez por isso, Havana, hoje, mais que espaço e cenário, tornou-se também personagem, perseguida pelas mesmas incertezas e pesares dos indivíduos que a habitam e a fazem palpitar, enquanto suas paredes se racham e suas colunas se inclinam, ao mesmo tempo que as vidas de seus habitantes se contorcem no exílio, na nostalgia e até no ódio ou se fixam na terra da ilha, nas ruas sujas e sombrias de Havana, empenhados – todos – em fazer a crônica de um tempo irrepetível, vivido numa cidade também feita por sua literatura.

2004

Alejo Carpentier (1904-1980).

Este livro foi publicado quarenta anos após a morte de Alejo Carpentier, escritor e músico nascido em Cuba, considerado por muitos – inclusive por Leonardo Padura nestas páginas – um dos grandes nomes da literatura daquele país. Composto em Adobe Garamond Pro, corpo 11/14,3, foi impresso em papel Avena 80 g/m², pela Rettec para a Boitempo, com tiragem de 6 mil exemplares.